Reinventar el cuerpo,

resucitar el alma

DEEPAK CHOPRA

Reinventar el

CUERPO,

resucitar el

ALMA

CÓMO CREAR UN NUEVO TÚ

VINTAGE ESPAÑOL

UNA DIVISIÓN DE RANDOM HOUSE, INC.

NUEVA YORK

Biblioteca del Congreso de los Estados Unidos
Información de catalogación de publicaciones
Chopra, Deepak.
[Reinventing the body, resurrecting the soul. Spanish]
Reinventar el cuerpo, resucitar el alma : cómo crear un nuevo tú /
by Deepak Chopra.
p.   cm.
Includes index.
ISBN: 978-0-307-47652-4
1. Mind and body.   2. Medicine and psychology.   3. Transcendental
Meditation.   4. Self-realization.   5. Self-help techniques.   I. Title.
BF161.C4618 2010
158.1—dc22
2010004897

Traducción de Aída Lara

www.grupodelectura.com

A mis queridos nietos
Tara, Leela y Krishan

Contenido

Reinventar el cuerpo,

resucitar el alma

INTRODUCCIÓN:

EL MILAGRO OLVIDADO

En mi primer semestre de la carrera de medicina entré al anfiteatro y me enfrenté a un cuerpo tendido bajo una sábana. Quitarle la sábana fue impresionante (y desde luego que también emocionante). Saqué mi bisturí e hice una incisión fina en la piel que recubría el esternón. El misterio del cuerpo humano estaba a punto de revelarse. En ese momento privé también al cuerpo de su naturaleza sagrada. Crucé una línea que es casi imposible volver a cruzar. Gracias a la ciencia, se ha adquirido una enorme cantidad de conocimiento, pero al mismo tiempo se ha perdido la riqueza de la sabiduría espiritual.

¿Por qué no tener los dos?

Para ello se necesitaría saltar hacia el pensamiento creativo, avanzar. A estos avances los llamo la reinvención del cuerpo. Quizá no te des cuenta, pero por principio tu cuerpo es un invento. Si tomas cualquier revista médica vas a acabar preso de los conceptos creados únicamente por el hombre. Un día me senté a hacer una lista de los artículos de fe que me habían enseñado en la carrera de medicina. El resultado fue la siguiente larga lista de propuestas dudosas:

El cuerpo es una máquina armada con piezas móviles que, al igual que toda máquina, se desgasta con el paso del tiempo.

El cuerpo se encuentra siempre en riesgo de contaminación y enfermedad; el ambiente hostil se une a los gérmenes invasores y a los virus que están esperando acabar con las defensas que inmunizan al cuerpo.

Las células y los órganos están separados entre sí y deben estudiarse por separado.

Las reacciones químicas al azar determinan todo lo que pasa en el cuerpo.

El cerebro crea a la mente por medio de un caudal de impulsos eléctricos combinados con respuestas químicas que pueden manipularse para alterar la mente.

Los recuerdos se almacenan en las células cerebrales, aunque nadie haya llegado a descubrir de qué manera ni en dónde.

Los genes determinan nuestra conducta; al igual que los microchips, están programados para decirle al cuerpo lo que debe hacer.

Todo lo relacionado con el cuerpo evolucionó por cuestión de supervivencia, con la meta final de encontrar pareja y reproducirse.

Antes me parecía que esta lista era muy convincente. Los cuerpos que examiné y traté en el ejercicio de la medicina lo comprobaban. Mis pacientes llegaban con piezas que se estaban desgastando. Yo podía reducir sus síntomas a problemas tratables. Les recetaba antibióticos para rechazar la invasión de las bacterias y otras cosas. Pero cada una de estas personas llevaba una vida que nada tenía que ver con las máquinas que se descomponen y necesitan repararse. Su vida estaba llena de esperanza, de emociones y aspiraciones, de amor y sufrimiento. Las máquinas no viven así. Tampoco sucede eso con los conjuntos de órganos. No tardé mucho en darme cuenta que ver al cuerpo a través de la lente de la ciencia resultaba inadecuado y artificial.

Sin duda, es necesario reinventar el cuerpo. Para tener una vida llena de sentido tienes que usar el cuerpo (nada puede experimentarse sin él), por lo cual también tu cuerpo debe tener un sentido. ¿Qué es lo que le daría a tu cuerpo su sentido principal, su objetivo, inteligencia y creatividad? Sólo el lado sagrado de la naturaleza. Esto me condujo a la expresión "resucita tu alma". Trato de evitar usar términos religiosos porque llevan una fuerte carga emocional, pero la palabra *alma* es inevitable. El 90 por ciento de la gente cree que tiene alma y que a través de ella su vida adquiere un significado profundo. El alma es divina; nos conecta con Dios. En la medida en que en nuestra vida haya amor, verdad y belleza, consideramos a nuestra alma como fuente de esas cualidades; no es accidental que se le llame alma gemela a la persona que amamos.

Existe una retroalimentación constante entre el alma y el cuerpo. Nosotros inventamos la separación entre los dos y llegamos a creer que esa separación es real.

Alguien podría objetar que jamás ha sentido el éxtasis o la percepción de la presencia de Dios, lo cual refleja nuestra estrecha concepción del alma, que la limita a la religión. Si estudiamos la sabiduría de las tradiciones de otras culturas, descubriremos que el alma tiene otros significados. Es la fuente de la vida, la chispa que anima a la materia muerta. Ella crea a la mente y a las emociones. En otras palabras, el alma es la base misma de la experiencia. Sirve como canal de la creación al desplegarse segundo a segundo. Lo que le confiere importancia a estas elevadas ideas es que todo lo que hace el alma se traduce en un proceso del cuerpo. Literalmente, no se puede tener cuerpo sin alma. Éste es el milagro olvidado. Cada uno de nosotros es un alma hecha carne.

Quiero probarles que el cuerpo necesita reinventarse y que cada uno tiene el poder de lograrlo. Todas las generaciones han jugueteado con el cuerpo, por raro que parezca. Durante la era precientífica, hubo una profunda desconfianza hacia el cuerpo, que contaba con ínfimas condiciones de salubridad, mala alimentación y una protección de los elementos casi nula para sobrevivir. De tal modo, era normal tener una vida breve, dura, plagada de dolor y enfermedad.

Y eso fue exactamente lo que produjo el cuerpo. Las personas vivían un promedio de treinta años y quedaban aterrorizadas de por vida a causa de las enfermedades de la niñez. Nosotros resultamos sumamente beneficiados al pasar de moda este panorama de la vida. Cuando empezamos a esperar más de nuestro cuerpo, dejamos de maltratarlo. En este momento, nuestro cuerpo está listo para el siguiente avance, que lo conectará con su significado, con los valores profundos del alma. No hay razón para privar al cuerpo de amor, belleza, creatividad e inspiración. Todos estamos proyectados para experimentar el mismo éxtasis que cualquier santo y al hacerlo nuestras células compartirán esta vivencia.

La vida debe ser una experiencia completa. La gente no deja de luchar contra problemas tanto físicos como mentales, y nunca imagina la verdadera causa: el nexo entre el alma y el cuerpo está roto. Escribí este libro con la esperanza de restaurar esa unión. Tengo el mismo entusiasmo y el mismo optimismo que el primer día que usé mi bisturí para descubrir los misterios que aguardaban debajo de la piel, sólo que ahora mi optimismo abarca también al espíritu. El mundo necesita sanarse.

En la medida en que cada uno despierte a su alma, la humanidad estará despertando el alma del mundo. Bien podría suceder que una ola de sanación nos cubriera, pequeña al principio, pero con la posibilidad de superar todas las expectativas imaginables en una sola generación.

REINVENTAR
EL CUERPO

DEL COLAPSO AL AVANCE

Para nosotros el cuerpo presenta problemas que sólo empeorarán. De niños amábamos nuestro cuerpo y rara vez pensábamos en él. Sin embargo, al ir creciendo nos fuimos quedando sin amor y por una buena razón. Se gastan miles de millones de dólares para curar las múltiples enfermedades y sufrimientos del cuerpo. Otros miles de millones más se van por la coladera en cosméticos, cuya finalidad es engañarnos haciéndonos creer que nos vemos mejor de lo que estamos. En pocas palabras, el cuerpo humano no es satisfactorio ni lo ha sido desde hace tiempo. Es indigno de confianza, puesto que la enfermedad suele atacarlo sin previo aviso. Se deteriora con el paso del tiempo hasta que muere. Abordemos este problema con seriedad. En vez de resignarnos a la forma física que recibimos al nacer, ¿por qué no buscar un avance, un modo completamente nuevo de ver a nuestro cuerpo?

Los avances suceden cuando empezamos a pensar en un problema de manera nueva y distinta. Los mayores avances se presentan cuando comenzamos a pensar de un modo que no tiene límites. Retiren la vista de lo que ven en el espejo. Si hubieran venido de Marte y nunca hubieran visto cómo envejece el cuerpo y se degrada con el paso del tiempo, podrían creer que funciona exactamente al contrario. Desde el punto de vista biológico, no hay razón para que el cuerpo se degrade. Empecemos por aquí. Una vez borrada toda posición de desgaste en nuestra mente tendremos la libertad de contemplar algunas ideas en cuanto al avance que cambiarán por completo la situación:

Tu cuerpo no tiene límites. Es el canal de la energía, la creatividad y la inteligencia de todo el mundo.

En este momento el universo está escuchando por tus oídos, viendo a través de tus ojos y experimentando a través de tu cerebro.

El sentido de que estés aquí es permitir la evolución del universo.

Nada de esto es descabellado. El cuerpo humano es el laboratorio experimental más desarrollado del universo. Nosotros estamos a la vanguardia de la vida. Lo mejor que podemos hacer para sobrevivir es aceptar ese hecho. La rápida evolución, más rápida que la de cualquier otra forma de vida de este planeta, nos confirió este estado actual de salud cada vez mejor, con mayores expectativas de vida, el auge de la creatividad y un panorama de posibilidades que progresa con la ciencia día a día. Nuestra evolución física terminó hace cerca de 200.000 años. Nuestros pulmones, hígado, corazón y riñones son iguales a los del hombre de las cavernas. De hecho, compartimos el 60 por ciento de nuestros genes con el plátano, el 90 por ciento con los ratones y más del 99 por ciento con los chimpancés. En otras palabras, todo lo demás que nos hace humanos ha dependido de una evolución que es mucho más ajena a lo físico, que física. Nosotros nos inventamos y al hacerlo invitamos a nuestro cuerpo a unirse a nuestro viaje.

Cómo te inventaste a ti mismo

Has estado inventando tu cuerpo desde el día en que naciste y la razón de que no lo veas así es porque el proceso ocurre de manera muy natural. Es fácil dar todo por sentado, y ése es el problema. Los defectos que ves actualmente en tu cuerpo no son inherentes. No son malas noticias que nos han dado nuestros genes o errores que cometió la naturaleza. Todas tus decisiones desempeñaron un papel en el cuerpo que tu creaste, consciente o inconscientemente.

A continuación aparece una lista de cambios físicos que tu has causado y que sigues causando. Es una lista muy elemental, todos sus puntos son válidos médicamente y casi ninguna parte del cuerpo ha quedado fuera.

Toda capacidad que aprendemos crea una nueva red neuronal en nuestro cerebro.

Cada nuevo pensamiento crea un patrón único de actividad cerebral.

Todo cambio de humor viaja por medio de "moléculas mensajeras" a todas las partes del cuerpo, alterando la actividad química básica de cada célula.

Cada vez que hacemos ejercicio producimos cambios en nuestro esqueleto y músculos.

Cada bocado de comida que consumimos altera nuestro metabolismo diario, el equilibrio electrolítico y la proporción entre grasa y músculo.

Nuestra actividad sexual y la decisión de reproducirnos afecta nuestro equilibrio hormonal.

El nivel de estrés al que nos sometemos fortalece o debilita nuestro sistema inmunológico.

Cada hora de inactividad total atrofia nuestros músculos.

Nuestros genes se sintonizan con nuestros pensamientos

y emociones y se encienden y apagan de maneras misteriosas según nuestros deseos.

Nuestro sistema inmunológico se fortalece o se debilita
en respuesta a una relación de amor o desamor.

Las crisis de dolor, pérdida y soledad aumentan el riesgo
de enfermedad y acortan las expectativas de vida.

Usar la mente mantiene joven al cerebro; no usar el cerebro lo conduce a su deterioro.

Con estas herramientas has inventado tu cuerpo y puedes
reinventarlo en cualquier momento. La pregunta obvia es: ¿Por
qué no lo hemos hecho todavía? Obviamente, hace mucho que
tenemos estos problemas. La respuesta es que ha sido más fácil
resolver partes pequeñas del rompecabezas que ver el todo.
La medicina se practica de acuerdo a especialidades. Si nos enamoramos, el endocrinólogo puede notar una baja de las hormonas del estrés en nuestro sistema endócrino. Un psiquiatra
puede informar sobre un mejor estado de ánimo, lo que el neurólogo puede confirmar por medio de un estudio del cerebro.
El nutricionista puede preocuparse por nuestra pérdida del
apetito; por otro lado, lo que comemos se digiere mejor. Y la
historia continúa. No hay quien nos dé un esquema completo.

Eso complica los problemas, dado que el cuerpo es tan flexible y tan capaz de desempeñar múltiples tareas espléndida-
mente, que resulta difícil imaginar que haya que dar un paso
para llegar a la transformación. En este momento puedes estar
enamorado, embarazada, recorriendo un camino rural, haciendo
una nueva dieta, durmiendo menos o más, desempeñándote
mejor o peor en tu trabajo. Nuestro cuerpo no es nada menos
que un universo en movimiento.

Reinventar el cuerpo significa cambiar todo ese universo.

Intentar andar jugando con el cuerpo hace perder el panorama del bosque por ver un árbol. Una persona se concentra en

su peso, otra se entrena para una maratón y una más adopta una dieta vegetariana mientras su amiga se enfrenta a la menopausia. Thomas Edison no se puso a jugar para construir una mejor lámpara de queroseno; abandonó el uso del fuego (la única fuente de luz generada por el hombre desde la época prehistórica) y avanzó hacia una nueva fuente. Ése fue un salto cuántico de creatividad. Si eres el creador de tu cuerpo, ¿cuál es el salto cuántico que te espera?

Regresar a la fuente

Si tomamos a Edison como modelo, la última gran reinvención del cuerpo siguió ciertos principios:

El cuerpo es un objeto.
Está armado como las máquinas complejas.
Las máquinas se descomponen con el tiempo.
La maquinaria del cuerpo recibe ataques constantes de gérmenes y otros microbios, que a su vez son máquinas diminutas a escala molecular.

Pero todas estas son ideas pasadas de moda. Si cualquiera de estas suposiciones fuera cierta, lo siguiente no sería posible: Acaba de aparecer un nuevo síndrome llamado *electrosensibilidad,* con el cual la gente se queja de que sufre incomodidad y dolor con sólo encontrarse cerca de la electricidad. La electrosensibilidad se ha tomado con suficiente seriedad, al punto de que por lo menos un país, Suecia, correrá con los gastos para que la casa de una persona electrosensible esté protejida del campo electromagnético.

El temor generalizado de que el teléfono celular daña al cuerpo no ha llegado a una conclusión definitiva, pero parece mucho más sencillo hacer pruebas para ver si existe la electrosensibilidad. En un experimento se puso a ciertos sujetos dentro de un campo electromagnético (estamos rodeados de ellos a diario en forma de microondas, señales de radio y televisión, transmisiones de teléfono celular y cables eléctricos) y se les preguntó qué sentían al encender y apagar el campo. Resultó que nadie dio otro resultado que no fuera fortuito. Las personas que dijeron ser electrosensibles no dieron mejores resultados que las demás, lo cual significa que sus respuestas fueron al azar.

Sin embargo, esto no resolvió el problema. En un experimento de seguimiento, se entregó teléfonos celulares a las personas y se les preguntó si sentían dolor o incomodidad al colocar los teléfonos contra su cabeza. Las personas electrosensibles describieron un rango de incomodidad, incluso dolor agudo y dolor de cabeza, y al practicarles una resonancia magnética del cerebro se vio que estaban diciendo la verdad. Los centros de dolor de su cerebro estaban activados. El truco fue que los teléfonos celulares eran falsos y no emitían señales eléctricas de ningún tipo. Por tanto, la sola *expectativa* de sentir dolor basto para generar dolor en ciertas personas, de modo que al usar después un teléfono celular real sufrirían el síndrome.

Antes de que descalifiquen esto como efecto psicosomático, hay que detenerse a pensar. Si alguien dice que es electrosensible y su cerebro actúa como si la persona fuera electrosensible, la condición es real (al menos para esa persona). Las condiciones psicosomáticas son reales para quienes las experimentan. Pero es igualmente verdadero decir que fueron ellos quienes crearon tales condiciones. De hecho, aquí existe un fenómeno mucho mayor (el flujo y reflujo de nuevas enfermedades que pueden ser nuevas creaciones). Otro ejemplo es la anorexia y otros desórdenes alimenticios como la bulimia. En la generación anterior, dichos desórdenes eran raros y ahora resultan endémicos, especialmente entre las jóvenes adolescentes. El síndrome premenstrual, o SPM, tuvo sus días de gloria y hoy parece estar desvaneciéndose. Después de un periodo de oscuridad casi total, ahora ha aumentado el número de personas que se cortan la piel, en una forma leve de automutilación. Por lo general son mujeres jóvenes, que en secreto se hacen heridas superficiales con una hoja de rasurar o un cuchillo.

Cuando aparecen este tipo de desórdenes nuevos, la primera reacción es pensar que las víctimas crearon una enfermedad imaginaria o psicótica.

Cuando el desorden se generaliza y los doctores se dan cuenta de que los pacientes no pueden apagar el interruptor que encendió la enfermedad, se llega a una sola conclusión: los síndromes creados por ellos son reales.

Las máquinas no pueden crear desórdenes nuevos, digamos que el modelo general de la máquina es imperfecto desde el principio. Si uno maneja un coche durante un tiempo prolongado, sus piezas móviles se desgastan por fricción. Pero si uno usa un músculo, lo fortalece. El poco uso, que ayuda a conservar una máquina en condiciones óptimas, produce atrofia en nuestro cuerpo. Las articulaciones artríticas y que crujen son un ejemplo ideal de las piezas que se mueven y desgastan, pero en realidad la artritis se produce debido a una serie de desórdenes y no únicamente a causa de la fricción.

Este modelo anticuado del cuerpo no se ha modificado durante nuestra vida, pero en cambio se ha jugado con él. ¿Qué es entonces nuestro cuerpo, si no es una máquina? Nuestro cuerpo entero es un proceso holístico, dinámico que nos ayuda a estar vivos. Cada quien se encarga de su proceso y nadie nos ha enseñado cómo desempeñar este trabajo. Quizá se deba a que se trata de una labor gigantesca: abarca todo y nunca cesa.

El proceso de la vida

En este momento nuestro cuerpo es un río que nunca permanece igual; una corriente continua en la que ocurren cientos de miles de cambios químicos a nivel celular. Esos cambios no se dan al azar; funcionan constantemente con el fin de hacer que la vida avance y preservar lo mejor del pasado. Nuestro ADN es como una enciclopedia que guarda toda la historia de la evolución. Antes de nacer, nuestro ADN revisó muchas páginas para asegurarse que todas las partes del conocimiento estuvieran en su lugar. Dentro del útero, un embrión se forma a partir de una sola célula, la forma más sencilla de vida. Progresa y se convierte en una mancha dispersa de células unidas. Luego, paso a paso, el embrión recorre las etapas de evolución de un pez, un anfibio y un mamífero inferior. Aparecen las branquias primitivas para luego desaparecer, dando lugar a los pulmones.

Para cuando el bebé llega al mundo, la evolución ha superado la meta. Nuestro cerebro es demasiado complejo para un recién nacido, con millones de conexiones neuronales innecesarias, como en un sistema telefónico con demasiados cables. Pasamos nuestros primeros años reduciendo esas millones de conexiones excedentes, descartando las innecesarias, manteniendo las que funcionaron para hacernos exactamente quienes éramos. Pero en ese punto la evolución física llega a un territorio desconocido. Hay que tomar decisiones que no están automáticamente proyectadas en nuestros genes.

Un bebé se encuentra en el límite de lo desconocido y a sus genes ya no les quedan páginas de la antigua enciclopedia. Nosotros mismos tenemos que escribir la página siguiente. Al hacerlo, iniciamos el proceso de constituir una vida totalmente única y nuestro cuerpo mantiene el ritmo: nuestros genes se adaptan a la manera en que pensamos, sentimos y actuamos.

Quizá ustedes no sepan que los gemelos idénticos, que nacen con exactamente el mismo ADN, resultan muy diferentes genéticamente cuando crecen, puesto que ciertos genes se han encendido y otros se han apagado. Hacia los setenta años, las imágenes de los cromosomas de dos gemelos no se parecen ni remotamente. Los genes se adaptan a la divergencia de la vida.

Tomemos una habilidad sencilla como el caminar. Con cada pasito torpe un niño empieza a hacer cambios en su cerebro. Los centros nerviosos responsables del equilibrio, que se conocen como el sistema vestibular, empiezan a despertar y muestran actividad; esta área del cerebro no puede desarrollarse dentro del útero. Una vez que el niño domina la marcha, el sistema vestibular termina una fase de su función.

Pero más adelante, cuando crecemos, posiblemente queramos aprender a manejar un coche, una motocicleta o a caminar en una barra de equilibrio. El cerebro, aunque ya esté maduro, no se detiene ahí. Todo lo contrario: cuando queremos aprender una nueva habilidad, nuestro cerebro se adapta a nuestros deseos. Una función básica como el equilibrio puede sintonizarse finamente y entrenarse a niveles muy superiores al elemental. Éste es el milagro de la conexión mente-cuerpo. No tenemos cables rígidos. Nuestro cerebro es flexible, capaz de crear nuevas conexiones hasta edades muy avanzadas. Lejos de deteriorarse, el cerebro es un motor de la evolución. Donde la evolución física pareció detenerse, en realidad dejó una puerta abierta.

Quiero llevarlos a través de esta puerta, porque tras ella hay mucho más de lo que nunca imaginaron. Fuimos diseñados para abrir posibilidades ocultas que sin nuestra ayuda permanecerían escondidas. Viene a mi mente la imagen de la mayor hazaña de equilibrio que probablemente haya logrado un ser humano. Quizá vieron fotos de esto. El 7 de agosto de 1974, un acróbata francés llamado Philippe Petit burló la seguridad del World Trade Center. Se subió al techo y, con ayuda de sus colaboradores, tendió un cable de 204 kilos entre las dos torres. Petit mantuvo el equilibrio sosteniendo un palo de 8 metros mientras caminaba sobre el cable de 42,5 metros de longitud. Ambas torres se balanceaban; soplaba un viento fuerte, debajo de él había 104 pisos o un poco más de 400 metros. Petit era un artista profesional del cable a gran altura (como se describía a sí mismo), y llevó una habilidad básica del cuerpo, el equilibrio, a una nueva etapa.

Lo que aterrorizaría a una persona normal se convirtió en normal para otra persona. En esencia Petit se encontraba a la vanguardia de la evolución. Cruzó ocho veces el cable de sólo 2 centímetros de diámetro. En un momento Petit se sentó en el cable e incluso se acostó sobre él. Se dio cuenta de que esto era más que una hazaña física. Por la férrea concentración que esto requería, Petit comenzó a pensar en lo que hacía como en algo místico. Debía concentrar su atención sin permitir que el miedo o la distracción penetraran ni un solo segundo. Normalmente el cerebro es totalmente incapaz de un foco tan férreo; las distracciones deambulan por la mente a su antojo; el miedo responde automáticamente al primer indicio de peligro. Pero la clara intención de un hombre resultó suficiente: el cuerpo y la mente se adaptaron; la evolución dio un paso hacia lo desconocido.

Ya no habrá colapsos, sólo avances

Nosotros, en este preciso momento, estamos en el extremo de crecimiento de la evolución. Nuestro próximo pensamiento, nuestra próxima acción, nos creará nuevas posibilidades o hará que el pasado se repita. Las áreas de crecimiento posible son enormes y la mayoría permanecen inexploradas. Vale la pena hacer una lista para examinar el aspecto del territorio que tenemos delante. Yo tomé un papel y escribí lo más rápido posible todos los aspectos de mi vida que necesitan crecimiento. No me puse ningún límite. Cualquier cosa que quisiera experimentar, cualquier obstáculo que estuviera deteniéndome, cualquier ideal en función del cual quisiera vivir, quedó dentro de la lista. Esto fue lo que se me ocurrió:

Amor	Resistencia	Eternidad
Muerte	Culpa	Extemporaneidad
Transformación	Esperanza	Acción
Vida después	Fe	Deseo
de la muerte	Intención	Motivación
Inocencia	Visión	Karma
Gracia	Egoísmo	Opciones
Renovación	Inspiración	Vulnerabilidad
Pérdida	Poder	Ilusión
Inseguridad	Control	Libertad
Miedo	Rendición	Presencia
Intuición	Perdón	Desapego
Crisis	Rechazo	Atención
Energía	Carácter juguetón	Silencio
Confianza	Apreciación	Existencia

Si queremos saber hacia dónde quiere el universo que nos dirijamos, esta lista ofrece muchas opciones para elegir. Nuestra alma canaliza energía e inteligencia que pueden aplicarse a cualquiera de estas áreas. Tomemos, por ejemplo, el amor. Actualmente, nos encontramos ya sea enamorados, desenamorados, cuestionándonos sobre el amor, tratando de recibir más amor, desplegando amor en torno nuestro o en duelo por la

pérdida del amor. Todas estas actividades mentales, tanto conscientes como inconscientes, tienen consecuencias sobre el
cuerpo. La fisiología de una viuda en duelo por su esposo que
murió de un ataque al corazón es muy diferente a la fisiología
de una joven que acaba de enamorarse. Podemos medir las
diferencias aproximadamente, tomando una muestra de sangre
para examinar los niveles hormonales, la respuesta inmune y
niveles de diversas moléculas mensajeras que usa el cerebro
para enviar información al cuerpo. Podríamos ser más sutiles y
hacer una resonancia magnética, para ver qué áreas del cerebro
se iluminan al sentir una emoción en especial. Pero es obvio
que el dolor y el amor constituyen mundos separados y cada
célula de nuestro cuerpo lo sabe.

Una vez que nos damos cuenta de cuántos avances quisiéramos lograr, lo difícil es elegir por dónde empezar. Por eso la
humanidad se ha apoyado con tanta fuerza en los grandes guías
espirituales que nos dan un sentido de dirección. Imagínense
que fueran a ver a un médico y éste resultara ser Jesús o Buda.
Si llegáramos con dolor de estómago, Jesús podría decir: "Es
sólo una gripe. El problema real es que no has encontrado el
Reino de Dios en tu interior". Después de hacer pruebas de
funcionamiento cardíaco, Buda tal vez diría: "Existe un bloqueo menor en la arteria coronaria, pero lo que realmente
quiero que haga es superar la ilusión del yo separado". En la
vida real no sucede nada parecido a esto. Los médicos estudian
para ser técnicos. No piensan en el alma y mucho menos trabajan para sanarla. Una visita al médico constituye un ritual que
no difiere mucho de llevar el coche a un taller mecánico y preguntar por qué no funciona bien.

Jesús y Buda incluyeron todos los aspectos de la vida. Diagnosticaron al ser en su totalidad (física, mental, emocional,
social) con una precisión extraordinaria. Nuestra alma puede
asumir la función del médico ideal, porque se encuentra en el

punto de unión entre nosotros y el universo. Es probable que podamos ir al lugar de donde han venido Jesús y Buda. El secreto está en abrir nuestras mentes. Nunca sabemos de dónde vendrá el siguiente avance. La puerta se abre y desde ese momento nuestra vida se transforma.

Cuestionario: ¿Estás listo para el cambio?

Aunque todos hemos vivido con ideas pasadas de moda en cuanto a nuestro cuerpo, el momento del cambio está acerca. El modelo antiguo muestra muchos signos de estar derrumbándose. ¿Has sido parte de este cambio? El siguiente cuestionario examina cuán receptivos somos al cambio personal. Todos podemos volvernos más abiertos, pero es bueno tener un punto de partida antes de emprender el viaje.

Contesta las siguientes preguntas:

Sí____ No____ Creo que la mente influye sobre el cuerpo.

Sí____ No____ Creo que algunos enfermos han tenido recuperaciones sorprendentes sin que los médicos puedan explicárselo.

Sí____ No____ Cuando aparecen síntomas físicos, busco un tratamiento alternativo.

Sí____ No____ La sanación con las manos es un fenómeno real.

Sí____ No____ Las personas pueden causarse enfermedades sin motivo físico.

Sí____ No____ No tengo que ver la sanación para creer que existe.

Sí____ No____ La medicina tradicional posee conocimientos que la medicina científica todavía no ha descubierto.

Sí____ No____ Puedo modificar mis genes con mi manera de pensar.

Sí____ No____ Las expectativas de vida humana no están determinadas por los genes.

Sí____ No____ Los científicos no descubrirán un solo gen del envejecimiento (el proceso es mucho más complejo).

Sí____ No____ El uso de mi cerebro evitará que este envejezca.

Sí____ No____ Tengo la habilidad para influir en que no me dé cáncer.

Sí____ No____ Mi cuerpo responde a mis emociones: cuando cambian, mi cuerpo cambia también.

Sí____ No____ Envejecer implica un gran componente mental. Tu mente puede determinar si envejeces más rápida o más lentamente.

Sí____ No____ En general me siento feliz con mi cuerpo.

Sí____ No____ No siento que mi cuerpo me vaya a traicionar.

Sí____ No____ Le pongo atención a la higiene, pero los gérmenes no son asunto importante para mí.

Sí____ No____ Me he curado a mí mismo al menos una vez.

Sí____ No____ He experimentado la medicina oriental al menos una vez (acupuntura, *qigong, ayureveda, reiki,* etc.).

Sí____ No____ He usado remedios de hierbas que fueron efectivos.

Sí____ No____ He practicado meditación u otras técnicas para reducir el estrés.

Sí____ No____ La oración tiene el poder de sanar.

Sí____No____ Las curaciones milagrosas son posibles y legítimas.

Sí____ No____ Mi cuerpo tiene grandes posibilidades de encontrarse en su estado de salud actual dentro de diez años.

Sí____ No____ A pesar de que las personas mayores toman en promedio siete medicinas diarias, preveo que llegaré a los setenta sin ninguna medicina.

Respuestas afirmativas _____

Evaluación del resultado:

0–10 respuestas afirmativas: Aceptas la noción convencional de que al cuerpo lo definen básicamente los genes o los procesos mecánicos de deterioro o envejecimiento. Esperas que ocurra un desgaste al envejecer. Tu optimismo en cuanto a la medicina alternativa es sumamente limitado y puede verse opacado por la sombra del escepticismo. Nunca confiarías en sanadores, y lo que se conoce como curas milagrosas te parece o fraude o autoengaño. Por un lado, confías en la ciencia médica y esperas que los médicos te curen, pero por otro, no le prestas mucha atención a tu cuerpo y eres fatalista sobre lo que puede fallar en tu cuerpo. Ante la posibilidad de un avance mayor, te muestras precavido para realizar cualquier gran cambio en tu vida.

11–20 respuestas afirmativas: Tu experiencia con el cuerpo ha provocado que te retires de la sabiduría convencional. Estás abierto al cambio y has ampliado tus ideas respecto a la sanación. Ya sea tú o tus amigos han pasado por alguna forma de tratamiento alternativo con éxito y ya no crees que la medicina convencional sea la única respuesta. Sin embargo, las propuestas de sanación con las manos te despiertan cierto escepticismo. En general, no has encontrado una manera de comprender tu cuerpo más satisfactoria que la del modelo científico occidental, aunque eres consciente de que las propuestas no convencionales pueden ser válidas. Te atrae la posibilidad de hacer un gran cambio en tu vida, pero no has decidido cuál es el camino indicado para ti.

21–25 respuestas afirmativas: Has hecho un esfuerzo consciente para salir del viejo paradigma. Aceptas con seguridad las terapias alternativas. Buscas tratamiento convencional sólo después de haber probado la medicina holística, e incluso entonces te opones a las medicinas y a la cirugía. Tu concepto del cuerpo probablemente esté ligado a un camino espiritual que tomas muy en serio. Te identificas con otros que buscan una consciencia superior. Crees con firmeza en la sanación con las manos. Te cuestionas si cualquier forma de materialismo puede realmente desentrañar los misterios profundos de la vida.

Has asumido tu transformación personal como una de las metas principales de tu vida y quieres cambiar lo más rápido posible.

Avance 1
Tu cuerpo físico es ficción

Los avances dependen de ideas audaces, de modo que empecemos con la más audaz de todas. Nuestro cuerpo físico, al que siempre hemos considerado real, es de hecho ficticio. Si pudiéramos ver que nuestro cuerpo físico es una idea a la que la mente se aferra con terquedad, tendría lugar un enorme avance. Dejaríamos de ser prisioneros de una masa de materia. Pero lo mejor de todo es que podríamos adoptar una idea mucho mejor en cuanto a nuestro cuerpo.

Sin duda, los cinco sentidos tienden a confirmar nuestra condición física. Darnos cuenta de que el tacto de una piel tibia y suave es sólo una idea podría perturbarnos. Pero así es. Otras culturas han ofrecido ideas muy diferentes. Para los primeros cristianos, el cuerpo era espíritu hecho carne y la parte carnal ilusión. Tocar una piel tibia era tocar la tentación. Para los indios hopi todo el universo es un flujo de energía y espíritu, por lo que el cuerpo es un evento transitorio en ese flujo; tocar una piel tibia es como tocar una ráfaga de viento. Los budistas combinan las nociones de fugacidad e ilusión; para ellos el cuerpo es como un río fantasmal y apegarse a él constituye la fuente de todo sufrimiento. Tocar una piel tibia es hundirse más en esa ilusión.

Esas ideas son tan válidas como la nuestra en cuanto al cuerpo físico (cosa u objeto), y apuntan hacia un hecho muy sencillo: siempre resultó muy sospechoso que los seres humanos encajaran tan bien en el mundo material. Las piedras son materia, pero carecen de emociones. Los árboles son materia, pero carecen de voluntad. Toda célula está constituida de materia, pero las células no componen música ni crean arte. El universo llevó a la evolución humana mucho más allá de lo físico.

Piensen en lo extraño que sería considerar que un libro es sólo un objeto físico. Lo podríamos quemar como combustible o usarlo para detener una puerta. Podríamos arrancarle las páginas, hacerlas bola y jugar al baloncesto con el bote de basura. Si el libro fuera de tamaño suficiente, podríamos lanzárselo a alguien a manera de arma. Así, obviamente se perdería el sentido del libro, la razón esencial por la que existe. ¿Qué es un libro, sino una fuente de información, inspiración, placer y belleza? Darle otro uso resultaría tan equivocado como pensar en nuestro cuerpo como un objeto físico, aunque también queme combustible, juegue y se convierta en arma cuando se desata una pelea a golpes o una guerra.

Tu cuerpo ya sabe que su sentido en la vida no es físico. Si te asomas al microscopio y ves que un leucocito rodea a un germen, se lo traga y lo destruye en tanto célula *macrófaga* (literalmente, "gran comedora"), pensarás que no puede haber algo más físico. Pero tus ojos te están traicionando. Lo que estás viendo en realidad es cómo funciona la inteligencia. Un macrófago primero debe identificar al intruso. Debe decidir si el intruso es un amigo o enemigo. Una vez tomada la decisión, el macrófago debe acercarse para atacar y soltar después su químico arsenal tóxico para matar al enemigo.

Las entidades puramente físicas no toman decisiones, mucho menos decisiones tan delicadas y potencialmente letales. Si los leucocitos se equivocan, un macrófago puede empezar a comerse las células del cuerpo, creando una enfermedad autoinmune como la artritis reumatoide o el lupus, ambas provocadas por decisiones drásticamente equivocadas. Pero la inteligencia de un leucocito es tan profunda que orquesta su propia muerte cuando ya no es útil. Una vez que consume al microbio invasor, el macrófago muere, víctima de sus propias armas químicas. Su suicidio es voluntario y altruista. Un solo leucocito sabe que el bien de muchos invalida el bien individual (de este modo la célula realiza su último sacrificio para apoyar ese concepto).

Si lo físico es un modelo del cuerpo pasado de moda, el cambio hacia un modelo nuevo resulta urgente, pues la manera en que vivimos está basada en nuestras creencias subyacentes.

La historia de Aiden

Hay personas que ya empezaron a inventar su nuevo cuerpo sin basarlo en el viejo modelo físico. Aiden es un hombre de más de cincuenta que posee estudios suficientes para haberse desempeñado profesionalmente y con éxito en cualquier campo que eligiera. Sin embargo hace treinta años decidió emprender una búsqueda espiritual que empezó casi por casualidad.

"Todo empezó de modo muy normal, sin señales de que nada extraño fuera a suceder", comenta Aiden. "Yo era el clásico joven de clase media. Entré a la universidad tras la desgracia de Vietnam, aunque no era ni idealista ni manifestante. Pero poco después de cumplir los veinte empezaron a suceder cosas que no podía controlar. En la noche, en mis sueños, sentía que estaba despierto. Me encontraba dentro de una especie de burbuja en la que podía viajar a cualquier parte. Estar dentro de esa burbuja era como salir de mi cuerpo. Veía lugares que no reconocía, incluso sitios y paisajes fantásticos. Veía gente a la que conocía y podía ver su carácter oculto con rayos X. Esas experiencias eran notablemente reales. No podía descartarlas como simples sueños, porque ya había tenido a veces experiencias similares sentado en una silla. En vez de estar adentro de la burbuja, sentía cómo me elevaba para salir de mi cuerpo. Una vez me expandí más allá de las paredes de mi cuarto y pude ver lo que había fuera de mi casa, la gente y los coches que pasaban".

Quizá los neurólogos etiquetarían estas experiencias como ilusiones del cerebro, como el tipo de distorsiones sensoriales que crean los alucinógenos, la epilepsia y las enfermedades mentales severas. Pero sea así o no, parece que las limitaciones físicas del cuerpo pueden desaparecer de manera súbita e inesperada. Aiden continuó.

"Ahora sé que este tipo de experiencia no es la locura que parece. Hay gente que tiene experiencias fuera de su cuerpo todo el tiempo. Ven ángeles, intuyen episodios antes de que sucedan. ¿Quién no ha pensado en un amigo que te llama por teléfono un minuto después? Pero la gente olvida pronto estas experiencias, o las descarta como bromas de la mente. Yo me fui al lado opuesto. Tomé en serio mis experiencias. Me salí del mapa".

Estábamos conversando en un centro de meditación ubicado en el corazón de Manhattan, donde nos cruzábamos con frecuencia. Yo conocía a muchas personas con historias similares, la mayoría fascinadas con el prospecto de alcanzar niveles superiores de consciencia, igual que él.

"Creemos saber qué es real y qué no lo es, pero la frontera es mucho más tenue de lo que la gente piensa", dijo. "Vi una noticia sobre un sacerdote de Brooklyn que cura a los fumadores compulsivos. Sienta en la sala de su casa a un grupo de estos fumadores y al parecer no hace nada. Pero se mete dentro de sí mismo y percibe un rayo de luz sagrada que entra a su cuerpo. Le pide a Dios que les quite a todos los que están en ese cuarto su hábito de fumar, y eso es todo. Salen de ahí y están curados para siempre. Hay un sanador en Santa Mónica que descubrió sus dones cuando una vecina llamó a su puerta. Había desarrollado una evolución de verrugas que le cubría ya todo el cuerpo. Una noche soñó que su vecino podía curarla con sólo tocarla. De modo que llamó a su puerta y le contó su sueño. Él estaba impresionado, lo que quería era que ella se fuera. Pero esa mujer estaba desesperada y para animarla, la tocó. Al cabo de un día o dos todas sus verrugas habían desaparecido".

"¿Tu mismo viste esa curación?", le pregunté. Aiden asintió. "La curación existe en todas partes, pero hay un nivel general de resistencia que evita que la gente la vea y la acepte". Su convicción era obvia. Y en cuanto a dónde se encuentra él hoy en su camino, se ve a sí mismo como un trabajo continuo.

"He pasado por muchas fases", dice. "He perseguido muchos ideales y sufrido muchas decepciones. ¿Que si me acerqué a Dios? ¿Si creo ser un iluminado? Ya dejé de preocuparme por esas cosas".

"Y entonces, ¿qué aprendiste?", le pregunté.

"Aprendí a integrarme. Mi vida ya no es confusa. Sé que tengo una fuente, y estar cerca de esa fuente es un millón de veces mejor que darle vueltas a quién eres sin ninguna pista".

"¿O sea que eres la misma persona que inició este camino?", le dije.

Aiden se rió. "Ni remotamente me reconocería. Cuando miro hacia atrás, me doy cuenta de que vivía disfrazado. Me quité la máscara y todo cambió".

Hablaba de autotransformación, palabra convertida en cliché, pero todavía con bases muy reales. La clave de la transformación es que generes un cambio que quieras ver en ti mismo (eco del consejo de Gandhi sobre que tú debes convertirte en el cambio que quieres ver en el mundo). En este caso, los primeros cambios llegaron al cuerpo de Aiden. Nunca tuvo por naturaleza una búsqueda espiritual. Tal vez le ayudó el no haber tenido absolutamente ninguna religión ni ideas espirituales. Al no tener preconcepciones, estaba abierto al cambio cuando llegó el momento.

El futuro de una ilusión

El cambio también es una elección. Tu cuerpo está lleno de habilidades desconocidas, pero te necesita para que lo dirijas. Cuando presentas una nueva intención, tu cuerpo mismo encuentra el camino para adaptarse a lo que tú quieras. Un ejemplo de esto ocurrió hace unos cuantos años. La generación más joven ha estado desarrollando un cerebro con capacidades nuevas. Los investigadores han descubierto que los niños que crecen con videojuegos, iPods, correo electrónico, mensajes de texto e Internet (conocidos como "digitales natos") generan actividades cerebrales diferentes a las de quienes crecieron en la generación anterior. Sus cerebros agudizaron un área (por ejemplo, la de las habilidades necesarias para acceder rápidamente a información en los videojuegos), pero entorpecieron otras: las que enfatizan los nexos sociales y la habilidad para reconocer las emociones. Si eres lo contrario a un digital nato (la expresión para ti es "digital ingenuo"), con una semana de someterte intensamente a los videojuegos y al uso de Internet estimularás tu cerebro para que se ajuste al nuevo ambiente digital.

Cuando cambias tu cerebro, las normas sociales cambian a la par. Las generaciones de niños anteriores conocían el mundo dentro de un núcleo familiar muy sólido, por lo que se convertían en criaturas sociales. Por su parte, las generaciones más recientes pasan muchas horas del día en soledad frente a la computadora y viven en familias menos sólidas o, muchas veces, sin familia. Por ello se han vuelto hoscos en cuanto a la empatía y el contacto social. Los investigadores saben, gracias a un avance que ocurrió hace veinte años, que el cerebro es "plástico" (adaptable al cambio) y no queda fijo al nacer. Se enfrentan ahora al hecho de que una actividad diaria sencilla crea

rápidamente nuevas redes neuronales, y al parecer no hay límites para lo que pueda llegar a hacer el nuevo cerebro.

Puede emitir experiencias espirituales. De hecho, si el cerebro no hubiera creado una red neuronal para sintonizarse con
el espíritu, no existiría la experiencia de Dios. Fue apenas en los
últimos años que la ciencia médica se percató de este hecho.
Con la cooperación de Su Santidad el Dalai Lama, los investigadores del cerebro pudieron estudiar a monjes budistas avanzados que habían estado meditando entre quince y cuarenta
años. En un laboratorio se instaló a los monjes en aparatos de
resonancia magnética capaces de monitorear cambios en
tiempo real.

Se les pidió a los monjes que meditaran sobre la compasión.
En la enseñanza budista tibetana, la compasión es la capacidad
de ayudar a cualquier criatura viva en cualquier momento.
Mientras meditaban, los monjes empezaron a generar las ondas
gama más intensas que jamás se hayan visto en un cerebro normal. Las ondas gama mantienen al cerebro funcionando como
un todo y están asociadas con el pensamiento superior. El área
de actividad más intensa que se observó en los monjes fue la
corteza izquierda prefrontal, justo detrás del lado izquierdo de
la frente. Esta zona se asocia con la felicidad y los pensamientos
positivos.

Los investigadores quedaron fascinados con sus descubrimientos, pues ésta fue la primera vez que alguien pudo demostrar que *la actividad mental por sí misma puede modificar el
cerebro*. Se sabía ya que el cerebro puede entrenarse para un
desempeño físico: por ejemplo, los atletas mejoran cuanto más
entrenan. Los admiramos por su talento, voluntad y valor.
Todo eso puede ser cierto. Pero para un neurólogo, los corredores, nadadores y tenistas más destacados han entrenado muchísimo su corteza motriz, que es la responsable de coordinar los

movimientos complicados necesarios en cualquier deporte difícil. Lo que se logró ahora fue demostrar que un mínimo deseo (en este caso el de ejercer compasión) entrena al cerebro para adaptarse de la misma manera.

Aquí también funciona el misticismo. Hay una forma de amor que domina a la materia sólida. Jesús debió hablar en metáfora cuando dijo que una fe más pequeña que un grano de mostaza puede mover montañas, pero la fuerza del amor puede mover el cerebro literalmente. Todos somos pensamiento y hemos aceptado sin cuestionar que el cerebro "es una computadora hecha de carne", para usar la frase contundente de un destacado experto en inteligencia artificial en MIT. Una pieza del sistema, la corteza, está programada para pensar, mientras la otra, el sistema límbico, está programado para las emociones. Pero esta rígida división resulta ser falsa. Si tomaran una fotografía de la actividad de su cerebro en el preciso instante de tener una idea, habría docenas de áreas del cerebro iluminándose, y por cada nueva idea se vería un delicado y nuevo patrón. La computadora, por el contrario, ilumina las mismas tabletas de circuito cada vez que se le da una orden. La noción de "cableado rígido", concuerda con la computadora. El cerebro, que puede tender cableados en menos de un segundo, obedece a fuerzas invisibles sin ninguna relación con las computadoras.

Entonces, ¿podemos traducir esto a la vida cotidiana? Investigadores de Harvard han demostrado mediante experimentos el efecto inmediato del amor sobre el cuerpo. Los participantes se sentaron en una sala para ver una película de la Madre Teresa y su trabajo con niños abandonados en Calcuta. Mientras los espectadores observaban esas imágenes tan conmovedoras, cambiaron su tasa respiratoria y su química sanguínea, revelando mayor calma y menos estrés. Estas respuestas las controla el cerebro.

Incluso una exposición breve a un amor superior crea una nueva respuesta cerebral, ¿qué sucede con los efectos del amor a largo plazo? Se ha estudiado a parejas mayores que disfrutan de un buen matrimonio, y estas han informado que se aman más ahora, treinta o cuarenta años después de haberse enamorado. Pero también han informado que se trata un tipo diferente de amor, no el enamoramiento apabullante que los poetas comparan con la locura, sino un amor más constante, firme y profundo. Esto sugiere que al igual que los monjes tibetanos, las parejas felizmente casadas experimentan un cambio en el cerebro. Existen sin duda semejanzas sorprendentes entre los dos grupos. Los monjes exponen su mente a un estado de calma, apertura, paz y a "no hacer nada", para usar una frase budista común. El cerebro se acostumbra a ese estado sin restricciones, de modo que escapa de su propia determinación. Los enamorados a largo plazo experimentan calma, paz y apertura con su compañía mutua. La presencia de uno y de otro ha funcionado como la meditación.

Acción sutil

He dicho que el aspecto no físico de la vida es más fuerte que el físico. Hablar de fuerzas invisibles puede resultar exageradamente místico, pero a nivel personal no podemos desconectar al amor, una fuerza puramente invisible, del cuerpo. No necesitamos de la ciencia para demostrar que enamorarse pone en marcha un cambio físico intenso. En cuanto dejemos de aferrarnos a la idea de que nuestro cuerpo es una cosa, nos daremos cuenta de lo que debió ser obvio: nuestro cuerpo es la intersección entre el mundo visible y el invisible. Al encontrarnos en esta intersección, avanzamos constantemente hacia regiones nuevas del mundo invisible. Nuestro cuerpo sigue cada paso nuevo que damos.

A estos nuevos pasos les llamo *acciones sutiles,* porque en ellos participa únicamente la mente, en tanto que las acciones visibles involucran contacto directo con el mundo material. Aunque la acción sutil llega de manera natural a cada uno de nosotros, se puede dividir en pasos de la siguiente manera:

Cómo funciona la acción sutil

1. Entras en ti y das a conocer tu intención.
2. Crees en obtener resultados.
3. No te resistes al proceso del cambio.
4. Tu cuerpo cambia sin esfuerzo a nivel físico.
5. Repites tu acción sutil hasta que dominas el cambio que deseas.

Los monjes tibetanos lograron todos estos pasos. Meditaban para ponerse en contacto con su consciencia superior (los budistas no manejan la palabra *alma*). Se sentaban en silencio, confiando en alcanzar su propósito. Practicaban su disciplina con dedicación, manteniendo su objetivo en la mente. A través de la acción sutil exclusivamente, sin ningún esfuerzo ni reto físico, la compasión fluyó hacia ellos. (Me recuerda un famoso proverbio indio que dice que la sabiduría no se aprende sino que se recibe).

Si las fuerzas invisibles de verdad tienen poder, entonces la acción sutil (localizada por completo en la mente) debe tener la capacidad de crear un cambio incluso mayor que la acción visible. Y así es. La acción sutil se traduce en habilidad física extraordinaria. Existe otro tipo de meditación tibetana llamada *tumo* que protege al cuerpo de los elementos. Los monjes que practican el *tumo* pueden pasar la noche sentados en cuevas a temperaturas bajo cero vistiendo sólo su ligera túnica de seda, y amanecen sin problemas. El secreto, según los observadores médicos occidentales, es que los monjes han aumentado su temperatura interna hasta 8 grados Fahrenheit, temperatura que utiliza un área específica del cerebro, el hipotálamo. La temperatura corporal es normalmente una respuesta automática, pero por medio de la acción sutil se puede manejar esta respuesta voluntariamente.

En Occidente, se han conducido experimentos de bioretroalimentación con personas normales siguiendo este ejemplo. Se pide a los participantes que se enfoquen en una pequeña área del dorso de la mano para que esta se caliente. Sin demasiada práctica, varias personas lograron subir la temperatura de su piel con sólo enfocar su atención, de modo que apareció una mancha roja en el dorso de su mano.

Sin embargo, la medicina occidental ve con desconcierto las prácticas de yoga de la India, que van un paso más allá. Los yoghis se han entrenado utilizando la meditación para requerir un mínimo de alimento, apenas cien calorías al día. Los han sepultado en ataúdes durante días, y sobreviven con pequeñas cantidades de aire reduciendo sus tasas respiratorias y su metabolismo basal. Los observadores occidentales saben que los yoghis más avanzados pueden sentarse con tal firmeza en *samadhi* (consciencia profunda) que es imposible moverlos con fuerza física.

Esto no significa que la acción sutil funcione sólo en un laboratorio de bioretroalimentación o después de años de disciplina espiritual. Los poderes invisibles que pueden manipularse de esas maneras específicas se encuentran en todos lados y desempeñan su papel en todos los aspectos de la vida. Los llamamos inteligencia y creatividad, y los vemos en acción cuando un leucocito devora a una bacteria invasora.

Se han concedido premios Nobel por explicar apenas una mínima parte de la química que se desarrolla en las células inmunes, algo que resultó ser tan complejo que ahora al sistema inmunológico se le conoce como el "cerebro flotante".

No obstante, el descubrimiento de las células inteligentes no logró acabar con el antiguo modelo del cuerpo físico. Más bien, quedamos en medio de una paradoja. Si un leucocito es inteligente, ¿cómo llegó a serlo? No es parte de los miles de millones de neuronas que interactúan en el cerebro. El biólogo celular debe ubicar la inteligencia del leucocito en sus proteínas y enzimas, pero estas son simplemente moléculas unidas, ¿entonces, una simple molécula es inteligente? Están compuestas por átomos más simples. Resultaría muy raro pensar que el mismo carbono que encontramos en un trozo de carbón posee la inteligencia necesaria para construir un macrófago junto con un puñado de otros átomos como oxígeno e hidrógeno.

¿El carbono debería compartir el premio Nobel, puesto que forma parte de todo cerebro brillante? Aquí nos bloquea este *reductio ad absurdum,* a menos que dijéramos que la inteligencia es una fuerza invisible que se expresa mediante los leucocitos. Y ése es el punto que ni el biólogo celular (ni otros científicos físicos) puede concluir, puesto que todo lo relacionado con la vida, del ADN en adelante, debe tener una base material. Sería tan sencillo admitir lo obvio: que la inteligencia es una fuerza invisible que nuestro cuerpo usa con extravagancia. El objetivo global de nuestro cuerpo es unir el ámbito visible con el invisible, y la inteligencia no es la única fuerza que desea expresarse a través de nosotros. También están la creatividad, la verdad, la belleza y el amor.

Para comprender lo anterior suele ser necesaria una revelación importante. Un hombre llamado Damon va hacia Denver de regreso a casa después de un viaje de negocios rutinario. Damon se baja del avión esperando recoger su equipaje y tomar un taxi. Con el rabillo del ojo ve a su esposa, que decidió sorprenderlo e ir a recibirlo al aeropuerto.

Damon comenta: "Sólo estaba ahí de pie, sonriendo. Pero sentí un salto de alegría en el pecho. No recuerdo haber sentido lo mismo desde que nos enamoramos. Me sorprendió por completo con la guardia baja, tanto que cuando mi esposa llegó hasta mí, notó cierta expresión en mi cara. Me preguntó cómo me sentía. Quería responderle "te amo" más que nada en el mundo. Pero no lo hice. Habíamos tenido ciertos problemas; ella no estaba de excelente humor. Entonces, sólo le dije que estaba bien y empezamos a caminar hacia la banda de equipaje. Pero ese momento fue inolvidable. No sé de dónde salió un amor tan intenso, pero fue tan agudo y tan claro; es triste decirlo, pero nunca me animé a comentarlo".

El amor nos sorprende con la guardia baja, porque andamos por ahí con la prisa de nuestras intensas actividades y eventos predecibles. Para lograr un avance hay que conectarse conscientemente con las fuerzas invisibles que están en torno nuestro en todas partes, invitándonos con insistencia a superar nuestra vieja condición. Una explosión súbita de amor debe expresarse y se debe actuar, sino desaparece, y la vida ordinaria vuelve a tomar las riendas. La acción sutil es urgente y necesaria. Invoca a estas fuerzas invisibles para llevarlas a nuestro cuerpo. Una vez que se experimenta el cambio que éstas generan, no hay razón para aferrarse a la ficción de seguir siendo físico.

En tu vida: la acción del amor

La acción sutil puede marcar la diferencia entre soñar con un amor ideal y tenerlo. En la vida cotidiana, el amor se ha enredado con otras cosas, en general con el ego. El ego es por naturaleza egoísta, y aunque el amor lo convoca, el ego quiere amor en sus términos particulares. Esto debe ajustarse. Quizá una persona quiere tener el control y otra espera que la cuiden. Alguien puede sentirse inseguro, independientemente del amor que le profesen, en tanto que otro tal vez necesite dominar a su pareja para no sentirse vulnerable. Pero el amor puro existe, se puede encontrar. Igual que con todo, esto requiere un proceso. Empiezas desde donde estás y creces a través de la acción sutil (es decir, alientas en silencio el tipo de amor que realmente quieres).

Considera cuáles son las cualidades del amor a su nivel más alto en tu vida. El amor del alma es:

opuesto al egoísmo
generoso
gozoso
cálido y seguro
autosuficiente, sin necesidad de validación externa
inocente
amable, compasivo
constante
en expansión
reconfortante
sagrado

Estos son términos que hemos oído toda la vida y experimentado en muy pequeña medida o en gran cantidad. Siéntate en silencio y trae a tu memoria una de esas cualidades, como la amabilidad, incluyendo tus recuerdos, imágenes visuales, emociones y las personas relacionadas con esta cualidad. Piensa en esta experiencia unos cuantos minutos. Deja que se profundice por sí misma. De hecho, estás dirigiendo tu mente para que acceda a la cualidad de lo amable, lo cual forma un patrón neuronal que difiere del de una mente que no vive con amabilidad.

De la misma manera, puedes meterte en ti mismo y sentir, en todo lo posible, lo que significa para ti ser "generoso" o "sagrado". Toma las cualidades una por una, ponles atención hasta que tengas un sentido claro de su significado individual.

¿Qué momento de amor fue el menos egoísta en tu pasado? ¿Puedes rescatar un sentido de inocencia, quizá caminando por el bosque o mirando el mar? No trates de recorrer toda la lista en una sola sesión. Vuelve a ella todos los días, y al hacerlo, construye un sentido interior de tu conexión con el amor. La acción sutil funciona al buscar un nivel más profundo de consciencia. Al ser más conciente del amor que hay dentro de ti te alineas con una fuerza invisible. Silenciosamente, pero con seguridad, descubrirás que las cualidades superiores del amor empiezan a entrar en tu vida.

Es natural que te enfrentes también con momentos en que el amor falló o pareció evadirte. Afronta estos sentimientos y recuerdos. No se trata de un ejercicio de fantasías felices. Tampoco es necesario enfocarse en lo negativo. No entres en la soledad, la autocompasión, el enojo ante un amor que fracasó o el aburrimiento de una relación actual. A muchos les parece difícil hacer esta distinción. Nadie está entrenado para la acción sutil; por tanto, nos enredamos con toda clase de sentimientos a los que se les llama amor, y el resultado es la confusión y el sufrimiento innecesario.

La acción sutil desenreda la confusión, de manera suave y sin esfuerzo, permitiendo que la fuerza invisible del amor se dé a conocer con claridad. Dejarás de confundir otras cosas con el amor. He aquí un ejemplo:

Loreen, una joven de Iowa, se muda a una nueva ciudad por una oferta de trabajo. Se trata de un ascenso, pero Loreen se encuentra en un ambiente desconocido sin sus antiguos amigos. Muy pronto se fija en un compañero de trabajo que le llama la atención. Aunque suele ser retraída en sus relaciones, su sentimiento inicial se convierte rápidamente en una profunda infatuación. Loreen coquetea con este hombre, que es soltero y está disponible. Él responde amistoso, pero no la invita a salir.

Ella se da cuenta de que su atracción hacia él se está convirtiendo en sueños y fantasías. A medida que éstas se vuelven más eróticas ella le demuestra a él su interés romántico con más intensidad. Para sorpresa de Loreen, él le dice que sabe que está enamorada de él, pero que él no siente lo mismo. Se comporta solidario y comprensivo, lo cual lo hace más atractivo. Loreen se siente dividida entre su intenso deseo y la seguridad de que él no está disponible. Intensifica su campaña, dejándole algunos mensajes sugerentes en el teléfono y buscando la ocasión en el trabajo de cruzarse "por casualidad" con este hombre. Las cosas llegan al punto culminante en el festejo de Navidad de la compañía cuando ella, tras haber bebido demasiado, se lanza a sus brazos frente a otras personas. Loreen lo estrecha con tanta fuerza que él tiene que apartarla.

Al día siguiente, el hombre le deja una nota en su escritorio recomendándole que busque ayuda profesional. Loreen se siente confundida y avergonzada. Decide ver a un psicólogo. En la primera sesión describe su caso entre llantos. "Lo amo tanto, estoy fuera de mí", dice. El psicólogo la corrige: "Lo que usted expresa no es amor". Sorprendida, Loreen pregunta: "Si no es amor, ¿qué es?".

"Es abuso", le contesta. "Usted podría darse cuenta si no estuviera tan desesperada. Le está llamando amor a algo que abarca sentimientos más profundos que teme enfrentar". Loreen se siente sacudida, pero en un nivel más profundo reconoce la verdad en las palabras del terapeuta.

Con frecuencia, las personas quieren que el amor las rescate, y entonces el amor se ata al escapismo y al miedo. Las cosas a las que tememos, como la soledad, el aislamiento, el no encontrar un lugar, deben separarse para poder sanarlas independientemente, sin enmascararlas sumergiéndonos en una relación con alguien que pensamos que resolverá nuestros temores. Las personas como Loreen suelen enredarse sin afrontar su necesidad. El cerebro forma un patrón de conducta tan conocido, que ni siquiera la opinión más negativa logra cambiarlo. Sólo la acción sutil puede cambiar el cerebro introduciendo una nueva intención. (Recordemos a los monjes tibetanos y su postura de compasión. Tuvieron que crear un nuevo patrón cerebral). Cuando se aprende a sanar por medio de la acción sutil, ya no se incurre en situaciones que propician el fracaso o el rechazo, que son reflejo del viejo estado interior, del cual se sale poco a poco.

Cuando surgen impresiones y recuerdos negativos, el simple hecho de prestarles atención posee un efecto sanador. La acción sutil funciona al ver, observar y ser consciente, pero sin juzgar, condenar ni rechazar. Las cosas negativas grabadas en tu pasado no son realmente tú. Son cicatrices de la experiencia, en tanto que las cosas buenas de tu pasado son señales que te guían hacia una apertura. Al sentir por dentro cómo es el amor, activas aquí y ahora tus impulsos amorosos dormidos. Le indicas al universo que estás abierto, receptivo y preparado para cambiar.

Entonces aparecerá el cambio; primero como sentimientos frescos en tu interior, el frágil capullo del amor en su forma más sublime. Ten paciencia y sigue siendo consciente. Llegarán más momentos en los que te sentirás más amable o menos egoísta, más compasivo o generoso. También verás reflejos de estas cualidades en el exterior. Los descubrirás en otras personas, que empezarán a dirigirlos hacia ti. Permite que el proceso se expanda. No exijas amabilidad o generosidad de ti mismo ni de nadie. Vuelve a ser niño, anhelando crecer sin forzar nada; arriésgate, aunque sea muy poco, a ser vulnerable.

Sobre todo, no permitas que tu imagen de ti mismo te obstaculice el camino. La imagen de uno mismo es obra del ego. Te da una fachada que puedes mostrarle al mundo, pero también se convierte en un escudo tras el cual te escondes. Si permites que tu propia imagen impida tu camino, no lograrás abrirte ni ser receptivo. El verdadero cambio requiere de una actitud natural y relajada. Por desgracia, la mayoría de la gente desperdicia energía protegiendo su imagen, defendiéndola de ataques tanto reales como imaginarios. Por el contrario, hay que tomar la actitud de que no hay nada que proteger ni nada que defender. Quieres ser fuerte, pero la verdadera fuerza emana del amor seguro y autosuficiente. La fuerza falsa surge al levantar una muralla de autodefensa. Concéntrate en sentir lo que es para ti el amor y en querer expandirte con suavidad.

Éste es un ejemplo importante de cómo la acción sutil puede lograr mucho más que la acción visible, puesto que sólo a nivel sutil puedes entrenar a tu cerebro para que se renueve por completo.

Avance 2
Tu cuerpo real es energía

Un avance no sólo debe ser audaz, sino también útil. El siguiente avance, que establece que tu cuerpo es energía pura, pasa la prueba de manera dramática. Puedo tomar cualquier objeto (un trozo de madera, un fósforo, un alambre de tungsteno) y hacerlo desaparecer del mundo físico. Cualquier pieza de materia física que se examine bajo un microscopio electrónico se convierte en una nube difusa tan sólida como la neblina. Con un grado más de aumento la neblina se borra convirtiéndose en vibraciones puras e invisibles. Liberar la energía de esas vibraciones es extraordinariamente útil, es por eso que el mundo cambió cuando el ser humano descubrió que la madera podía quemarse, los fósforos podían transportar el fuego de un lugar a otro y el tungsteno podía proporcionar tanto calor como luz si a través de él corría electricidad.

En todos los casos, la energía sin explorar se ubica en el punto de unión entre el mundo visible y el invisible, que es la manera en que hemos descrito nuestro cuerpo. Para un trozo de madera es suficiente encontrarse en ese punto de unión sin hacer nada, pero para el cuerpo no. Nuestras células se mueven constantemente de un lado a otro de esa frontera, encendiendo un fuego interior. Cómo aprendió el ADN a hacer esto sigue siendo un misterio, porque sería como si el alambre de tungsteno hubiera aprendido a brillar, o un fósforo se encendiera solo, sin ayuda externa. Pero el milagro alcanza profundidades mucho mayores. Cuando encendemos leña, esta se reduce a cenizas y desaparece. Cuando el tungsteno irradia luz, se sabe que algún día se apagará. Pero al liberar energía el ADN crece y se multiplica. De hecho, lo único que hace el ADN es convertir la energía bruta (calor e impulsos eléctricos) en innumerables procesos complejos. Dado que el ADN, al igual que cualquier otro compuesto químico, está constituido por energía, nuestro cuerpo es una nube de energía que se mantiene viva alimentándose de más energía.

Mientras más se examina, se ve con mayor claridad que aquí hay misterios ocultos dentro de otros misterios. La India en la que me crié era un país muy religioso, incluso más que hoy, y había entonces un tipo especial de fanáticos espirituales, personas a las que les gustaba acercarse a los santos (*santo* es un término honorario que se le aplica al que tiene un estado de consciencia superior). La gente normal los rodeaba para absorber su energía. Cuando yo era niño, a uno de mis tíos le encantaba que fuéramos a verlos. Yo tenía ocho o diez años, cuando me hizo sentarme en el suelo con las piernas cruzadas, para hacerle una reverencia a un santo y tocarle los pies a manera de homenaje. Mi tío solía conversar con el yogui o *swami,* pero el objetivo real de esta visita era recibir *darshan,* que es la manera de absorber la energía del santo.

El término *darshan* es muy sencillo, básicamente significa "ver" en sánscrito. Pero a mí me parecía mucho más que eso, la experiencia de recibir la energía de otro era realmente maravillosa. Algunos santos me hacían sentir fuerte y sin preocupaciones. Otros aquietaban mi mente, de modo que el estar en presencia del santo me llenaba de paz. A veces el *darshan* se sentía femenino sin lugar a dudas, era como si mi madre me estuviera sonriendo a pesar de que el santo era hombre (quizá era devoto de Devi, la Divina Madre).

En estas visitas tambien me percaté de otras cosas. El efecto disminuía con la distancia. Al ir caminando a la choza del santo (en general son personas pobres que viven en un aislamiento austero), mientras más nos acercábamos, más se disolvía la sensación de problemas y el proceso se invertía. La mente empezaba a llenarse de la convicción de que Dios estaba en el cielo y de que todo estaba bien en el mundo. Este estado de elevación duraba un rato, pero cuando mi tío nos llevaba de regreso a Delhi en coche, me sentía menos inspirado y más normal, como una batería a la que se le fuga la carga eléctrica. Al cabo de un tiempo, varias horas o días, la presencia del santo se apagaba en mi memoria.

Las personas como mi tío no iban sólo a absorber energía. También creían que la presencia de un alma sagrada (*atman darshan*) elevaba su consciencia. Por el momento no es necesario decidir si eso es válido o no. Pero sería un error decir que el *darshan* es puramente místico. Cuando ves a alguien que amas, tu cerebro se alinea con el amor que esa persona siente por ti y la energía pasa entre los dos (por eso el primer impacto del amor puede ser tan apabullante). En el Nuevo Testamento Jesús no sólo habla, sino que también se pasea entre la gente para que lo vean y lo toquen, y obviamente su energía personal tiene un papel absolutamente propio.

Piensa en todas las cualidades de otra persona que elijas intuitivamente a nivel energético. Además de saber si alguien está triste o contento, puedes percibir si está en paz o no. Mirando a sus ojos se descubre tensión o aburrimiento, ternura o indiferencia. Es difícil pensar en cualquier cualidad humana que no tenga una especie de "firma" en su energía. Lo útil de esto es que al cambiar tu firma personal, puedes atraer la cualidad que quieras. Las complicaciones pueden volverse paz, la tristeza felicidad, el aburrimiento atención. Tu cuerpo es un transformador de energía a un nivel muy sutil, por el cual se puede acceder a los aspectos más anhelados de estar vivo. Los santos saben muy bien que se encuentran en el punto de unión entre lo visible y lo invisible, porque se sienten en presencia de Dios. La energía que transmiten es más sutil que la del calor o la luz. Es la misma energía que usa nuestro cuerpo de maneras que la ciencia todavía no comprende.

Energía y salud

Vamos a considerar la función más básica de la energía, que es mantener a nuestro cuerpo con vida. Nuestro cuerpo se encuentra en estado saludable cuando su energía se encuentra en estado saludable. Tal noción rebasa el panorama general de la medicina convencional. Hace cien años, los gérmenes eran las estrellas de la medicina. Era emocionante descubrir nuevas bacterias y virus, asociarlos con las enfermedades que causaban y luego eliminar a los gérmenes antes de que dañaran al cuerpo… Hoy en día los genes son las estrellas del escenario y se repite el mismo patrón. El interés principal está centrado en encontrar genes nuevos, relacionarlos con enfermedades específicas, luego y tratar de manipularlos o empalmarlos antes de que dañen al cuerpo. Pero la estrella debió haber sido la energía, porque tanto los gérmenes como los genes, al igual que cualquier objeto, se reducen a energía, y por tanto todo daño causado al cuerpo emana de su fuerza fundamental.

A pesar de estos hechos, la medicina se resiste a continuar aprendiendo. La energía resulta demasiado dinámica. Se mueve y cambia. Deja pocas huellas a su paso y no se comprende bien la razón de sus miles de cambios. En contraste, los químicos son concretos, predecibles y vienen en paquetitos perfectos. Si se los convierte en drogas, se les puede administrar a los pacientes en dosis definidas. Pero esto no escapa a la verdad subyacente de que incluso las drogas son paquetes de energía, y los efectos que producen en nuestro cuerpo (hasta los secundarios) no son más que energía. Sería un gran avance poder manipular la energía del cuerpo sin recurrir a las drogas, pues la mayoría de ellas son muy agresivas para el cuerpo. Si tienes una herida superficial y el doctor te inyecta penicilina, el antibiótico circula por todo tu cuerpo. Mientras mata a los gérmenes que se encuentran en la herida, también llega al intestino y destruye la flora intestinal unicelular que propicia el proceso digestivo. A eso se debe que la diarrea sea un efecto secundario de la penicilina V, la forma actual de la droga original que se creó hace sesenta años.

Matar demasiados organismos unicelulares puede parecer una acción sencilla, como que se rebalse el agua de la tina, pero los efectos químicos de la penicilina pueden generan varios efectos secundarios, algunos muy extraños, como el de la "lengua con pelos negros". Otros posibles efectos secundarios son: irritación de la boca o garganta, náuseas, dolor estomacal y vómitos. Pero las personas alérgicas a la penicilina pueden presentar cuadros todavía más alarmantes, como erupciones en la piel, líquido en la laringe y anafilaxis (este último es un estado repentino de shock que puede ser letal). La razón de este amplio, confuso e impredecible rango de efectos secundarios es que la energía es compleja. Nuestro cuerpo mezcla la energía de innumerables formas, y cuando se agrega una droga activa, se altera todo el estado energético.

Las drogas son potentes y problemáticas, pero los actos cotidianos también modifican el cuerpo profundamente. Cuando entras a una habitación para dar a alguien buenas o malas noticias, quizá no pienses que estás manipulando su energía, pero así es. Provocar que otra persona se ponga contenta o triste significa mucho más que un simple cambio de humor: el cuerpo recibe una influencia directa, pues las moléculas mensajeras viajan por la corriente sanguínea para llevarle a miles de millones de células el efecto energético de lo que el cerebro piensa o siente. (No por nada decimos: "Me enfermé por esa mala noticia". Tu cerebro toma la información, la convierte en sustancias químicas y le comunica a todo tu cuerpo que hay problemas en el mundo. Literalmente, estás metabolizando las noticias y cargando con las toxinas que éstas contienen).

El mínimo cambio de energía, quizá unas pocas palabras, puede provocar alteraciones físicas masivas. Un hombre puede sentirse feliz, hasta que de pronto recibe una demanda de divorcio o se entera de que se ha vaciado su cuenta bancaria. Inyectarle esta información al cuerpo tiene el mismo efecto que inyectarle una sustancia física: suceden cambios químicos de inmediato. El estrés, la debilidad y el abatimiento de las funciones avanzarán de órgano en órgano. Lo mínimo que sufrirá esta persona es una depresión, pero si la noticia es demasiado devastadora, quizá no recupere sus patrones normales de energía. El duelo es un estado de energía distorsionado que puede durar años. La pérdida de la pareja puede aumentar la susceptibilidad a enfermedades y acortar la vida. (Esto se ha comprobado estadísticamente entre viudas, quienes están sujetas a tasas de infarto más altas y expectativas de vida más breves).

Desde una perspectiva superficial, los infartos, la muerte temprana, la depresión y los efectos físicos colaterales de una droga como la penicilina parecen completamente diferentes. Pero todos comparten la misma causa: la distorsión de los patrones de energía del cuerpo. No se requiere más que una semilla de distorsión, como una sola célula maligna, para que la incoherencia se extienda por todos lados; si se permite que la semilla crezca, se destruirá la energía de todo el cuerpo. Puede parecer extraño pensar que el cáncer es energía distorsionada, pero es justamente eso. Para poder eliminar ese problema, hay que empezar a pensar en todo el cuerpo en términos de energía. Lidiar con tu propia energía es la manera más sencilla de curarte a ti mismo, porque estás yendo directamente a la fuente. Cuando el patrón de energía distorsionado regresa a la normalidad, el problema desaparece. La experiencia cotidiana demuestra que esto es verdad. Un niño pequeño que piensa que su madre lo abandonó en el supermercado mostrará múltiples signos de aflicción física y mental. Pero cuando su madre aparece se eliminará la causa de la ansiedad y recuperará el patrón normal de sentirse amado, deseado y seguro. De la misma manera en que se da esta recuperación automática, sucede sin esfuerzo cualquier tipo de sanación.

La historia de Graham

El hecho de que la energía esté siempre creando patrones en, alrededor de y a través del cuerpo ha resultado de gran utilidad para la gente que puede sintonizarse con su propia energía.

"Hace varios años, estaba cenando en una fiesta cuando vi temblar la mano de un invitado al tomar la sal", recuerda Graham, un amigo mío mayor de cuarenta, que trabaja como sanador de energía. "El hombre tenía casi cuarenta años, y cuando le pregunté si le pasaba algo, me comentó con naturalidad que padecía de Parkinson. Se llamaba Sam, tenía una pequeña compañía y le habían diagnosticado la enfermedad hacía siete años. Sam controlaba su Parkinson cuidadosamente con una mínima dosis de medicamentos, pero sabía que eso era temporario, pues los temblores aumentarían poco a poco hasta que su Parkinson lo dominaría".

En el momento de este encuentro, Graham estaba empezando a interesarse en el trabajo energético. Invitó a Sam a un taller de entrenamiento en California sobre una forma antigua de sanación china llamada *qigong*.

"Yo jamás había practicado ningún tipo de sanación con las manos, pero siempre estuve abierto", dijo Graham. Hacía años que meditaba y había leído mucho sobre espiritualidad oriental. "A diferencia de muchos escépticos, yo no rechazaba la idea de que el cuerpo se compone de energías sutiles.

"Mi nuevo conocido tenía dudas, pero a la vez sentía deseos de acompañarme al curso de sanación. Cuando pasé a buscarlo para ir al aeropuerto, sus temblores eran mucho más intensos que la primera vez que lo vi. Pero no hablamos sobre ello y al día siguiente nos encontrábamos sentados con otras cincuenta personas para aprender acerca del *qigong*".

El *qigong*, como otros tratamientos médicos de la tradición china, se basa en controlar y dirigir el *qi* (o ch'i), la fuerza básica de la vida que sustenta al cuerpo. Dado que algunas prácticas del *qigong* se asocian con creencias espirituales ajenas al comunismo, el gobierno de la República Popular China ha regulado e incluso a veces prohibido su ejercicio.

"Nuestro maestro, proveniente de Hong Kong, nos dijo que el *qi* existe en el cuerpo a un nivel sutil. Su flujo natural mantiene saludables a las personas, pero cuando estas energías sutiles pierden su equilibrio, se presenta la enfermedad. En general, requiere años de entrenamiento disciplinado poder controlar y cambiar el *qi* de nuestro cuerpo, pero el maestro tenía una idea nueva: que cada pensamiento provoca un pequeño cambio en los patrones del *qi*. Creía incluso que las enfermedades y los traumas graves podían desenredarse, por así decidirlo, sanando pequeños errores del *qi*, uno por uno, como si fueran pequeños eslabones en una cadena".

Graham tomó el entrenamiento en serio y aprendió rápido. Sam resultó menos disciplinado; empezó muy emocionado, pero aprendió a trompicones.

"Nuestro maestro llamó al frente a personas del público que padecían condiciones críticas, como dolor en la parte baja de la espalda o en el cuello. Hizo un diagnóstico sencillo y luego ajustó su *qi*", agregó Graham. "El método era simple. En su mente, el sanador preguntaba si ciertos aspectos de la persona estaban débiles o fuertes. Si sentía que algún aspecto estaba débil, pedía que recuperara a su fortaleza, tal como la tendría una persona sana. Estos aspectos pueden ser físicos, psicológicos o ambientales. Por ejemplo, si alguien tenía asma, nuestro maestro no se limitaba a preguntar sobre los pulmones y el sistema respiratorio. Preguntaba si el sistema nervioso se encontraba débil o fuerte, y si existía depresión y fatiga general. Todo desorden requiere buscar dónde se rompió la cadena de energía, para después repararla, eslabón por eslabón. Lo más sorprendente fue que los voluntarios que se acercaban con dolor en la espalda o el cuello quedaban curados en el momento".

Para muchos occidentales, esta historia contiene dudas sin resolver. ¿Puede alguien detectar la energía de otro cuerpo? Sabemos lo que es sentir que alguien esté enojado o triste, pero tendemos a llamarlos estados emocionales y no estados de energía. ¿Podríamos ir más allá y llamar a la enfermedad un estado de energía? Es importante ver que muchas veces el paciente es el primero en detectar su cáncer, pues experimenta una baja repentina de energía o una inexplicable depresión o ansiedad. El *qigong* definiría esto como un colapso en el patrón del *qi*, en tanto que la medicina occidental espera a que haya más cambios físicos concretos antes de actuar.

Aunque entendamos en teoría que los patrones de energía del cuerpo se ven afectados a nivel cuántico, los occidentales no reconocen que el paciente o el sanador pueden detectar la energía de manera subjetiva. El punto más delicado de la historia de Graham, la noción de que un sanador de *qigong* pueda cambiar la energía de otra persona valiéndose de su intención, se ajusta en realidad bastante bien al modelo de la física. En la medicina china, el *qi* es un campo exactamente igual a un campo magnético, y abarca al paciente y al sanador sin que ninguna barrera los separe. Un imán de bolsillo, en apariencia separado y aislado, está unido al campo magnético de toda la tierra.

Graham descubrió que esa sencilla demostración contribuía a disipar su desconfianza inicial. "En el *qigong* el sendero principal de la energía recorre toda la columna vertebral. Formamos parejas e hicimos una prueba muscular sencilla. Yo mantuve mi brazo estirado mientras que mi compañero lo empujaba hacia abajo. Nadie tuvo problema para resistir la presión que se ejerció para tratar de bajarle los brazos. Luego nos pidieron que visualizáramos la energía que corría hacia abajo por nuestra columna vertebral y que la siguiéramos con el ojo de la mente. En cuanto lo hice, dejé de resistir la presión sobre mi brazo, que instantáneamente quedó débil.

"Después revertimos el ejercicio. En tanto que mi compañero seguía empujando hacia abajo mi brazo tendido, yo me imaginaba la energía corriendo hacia lo alto de mi columna. Esta vez fue fácil resistir la presión sobre el brazo; de hecho, me sentí más fuerte. Primero hicimos la prueba muscular con el brazo extendido (una manera simple de kinesiología), pero un rato después el sanador podía llevar a cabo la prueba en su mente, preguntando '¿débil o fuerte?', sin tocar el cuerpo del paciente. Sé que parece increíble, pero en eso se basa la sanación que practico hace varios años".

Y ¿qué pasó con Sam, el hombre que sufría principios de Parkinson?

"Mientras estábamos en el curso sus temblores disminuyeron notablemente", dijo Graham. "Sam estaba muy emocionado y habló de abandonar sus medicamentos. En el coche, de regreso del aeropuerto, parecía una persona diferente, entusiasta y sin ningún síntoma visible. Pero le pedí a Sam que me prometiera que no dejaría sus medicamentos. Ahí nos separamos, y no sé qué sucedió después. Sólo espero que haya continuado practicando el *qigong*".

Esta historia no trata sólo del *qigong*; ilustra un punto mayor: El cuerpo está compuesto de patrones de energía que estamos manipulando de manera consciente o inconsciente. "Energía" es una palabra muy general, que no alcanza a denotar lo vivo que está el cuerpo, la manera en que miles de millones de células pueden cooperar para crear un todo y el modo en que, si la energía positiva de alguien aumenta, esa persona cobra mayor vida.

El concepto de energía vital no se ha comprendido en Occidente porque éste no deja huella física. Sin un mapa del flujo de esta energía, comparable al mapa del sistema nervioso central, los escépticos pueden decir que la energía de la vida es imaginaria. Pero existen muchos tratamientos médicos en la India y en China que están basados precisamente en esos mapas, trazados con sólo ver los canales de energía a través de la intuición. La acupuntura y la acupresión son los sistemas chinos más conocidos.

Esta historia me la contó Henry, un amigo que fue a ver a un acupunturista local en Los Ángeles. "Me había lastimado un músculo del brazo haciendo reparaciones en casa, y aunque pensé que el dolor se iría solo, al cabo de tres semanas empeoró. Yo sabía, porque me había pasado antes, que se trataba de una tendinitis. En vez de ir a mi médico de cabecera, decidí acudir primero a un tratamiento alternativo.

"Me dieron los datos y pedí una cita con un buen acupunturista. Este me dijo que podría ayudarme y, tendido en su mesa de exploración, me clavó agujas en algunos lugares, no sólo en el músculo afectado, sino también en otras áreas del cuello y del hombro. Cuando terminó el tratamiento y yo estaba a punto de irme, el acupunturista me sorprendió al preguntarme si estaba deprimido. Mi madre había muerto el año anterior y le dije que me sentía decaído, aunque no creía estar todavía en duelo.

"Me dijo que había detectado energía débil a mi alrededor. Fue así como descubrió que estaba deprimido, y me sugirió que le permitiera hacer algunas cosas. Yo no quería que me pusiera más agujas, pero eso no fue lo que hizo. Me presionó unos cuantos puntos a lo largo de la columna vertebral, muy suavemente. También me dijo que haría algo de labor psíquica al mismo tiempo. El proceso no duró más de diez minutos y no me cobró.

"De regreso hacia mi coche no sabía si la tendinitis había mejorado, pero mi estado de ánimo era otro. De pronto me sentí muy bien. Estaba encantado, caminaba más ligero. Sólo entonces, cuando desapareció la nube gris que traía encima, me di cuenta de que llevaba mucho tiempo decaído. Al día siguiente seguí de buen humor, casi eufórico. Mi hombro mejoró lo suficiente como para no regresar al acupunturista. Esa visita comprueba una sanación que jamás esperé".

La energía para cambiar

La diferencia entre la energía saludable y la no saludable puede resumirse así:

La energía saludable fluye, es flexible, dinámica, balanceada, suave y está asociada con sentimientos positivos.

La energía no saludable está estancada, congelada, es rígida, quebradiza, dura, desbalanceada y está asociada con emociones negativas.

Cambiando un estado de energía no saludable a uno saludable se puede sanar cualquier aspecto de la vida. La gente que no encuentra la manera de cambiar está enredada en una o más de las cualidades enumeradas. Las miradas duras, gélidas, de odio, que se dirigen los cónyuges de un mal matrimonio expresan un tipo de energía; en tanto que las miradas suaves y amorosas que intercambia un matrimonio feliz expresan la otra clase de energía. La diferencia entre lo físico y lo no físico ya no es importante. En nuestro cuerpo las grasas suaves y saludables que fluyen en la sangre se pueden endurecer y convertirse en depósitos obstructivos dentro de las arterias coronarias, afectando la salud. En lo social, el intercambio suave que fluye entre las personas mutuamente tolerantes puede convertirse en un sentimiento duro y estancado de prejuicio y rencor.

Existen claros indicadores de que la energía es más poderosa que la materia. Por ejemplo, los estudios sobre longevidad examinan por qué algunas personas llegan a la vejez con buena salud. Su secreto no son los buenos genes, la dieta, el no fumar y, ni siquiera, el hacer ejercicio, por más benéfico que sea todo lo anterior. La correlación más alta para llegar a los noventa o a los cien años en buena forma es la resistencia emocional; la habilidad para recuperarse de los reveses de la vida, que encaja perfectamente con una de las cualidades de la energía saludable: la flexibilidad.

A finales de la década de 1940, la escuela de medicina de Harvard realizó un estudio en hombres jóvenes para investigar por qué algunos presentaban infartos prematuros. La correlación principal no fue el colesterol elevado, la mala alimentación, el tabaco o un estilo de vida sedentario. Los hombres que no sufrieron de infartos prematuros fueron en general los que enfrentaron sus problemas psicológicos entre los veinte y los treinta años, en vez de ignorarlos. Los problemas psicológicos conllevan actitudes estancadas, rígidas y emociones distorsionadas, lo cual nos demuestra una vez más la importancia de la energía.

Conozco a una mujer de carácter explosivo que hace poco recibió un video de broma que andaba circulando, de esos que ponen tu nombre en un escenario cualquiera. Era época de elecciones, y el video llevaba por título: "La persona que causó que se perdiera la elección". Un noticiero ficticio informaba que la presidencia se había perdido por una sola votante que se había quedado en casa el día de las elecciones. Allí habían insertado su nombre. La mayoría de la gente tomó este video como un inofensivo recordatorio de votar, pero esta mujer estalló. Escribió correos electrónicos de reclamo a la organización que hacía circular los videos, acusándola de irrumpir en su privacidad. Pasaron varias horas para que dejara de echar fuego, y durante gran parte del día su familia prefirió mantenerse lejos de ella.

Aquí se ven en acción todos los signos de energía no saludable. Ella ya estaba estancada en un patrón de enojo. Reaccionó rígida e implacablemente. Tardó mucho en calmarse a causa de su asociación con emociones negativas (no sólo enojo, sino también resentimiento, victimización y autocompasión). Una vez que explotó, de nada ayudó tratar las manifestaciones exteriores, afirmándole que el video era sólo una broma, rogándole que entrara en razón, calmándola con distracciones o animándola, pues se omitió la causa subyacente, su energía.

La medicina tradicional poco entiende sobre la manera en que las emociones negativas se derraman hacia los síntomas físicos. Pero hay dos problemas que han bloqueado el éxito de estos tratamientos. Primero, la energía distorsionada es demasiado general y está muy difundida. Por ejemplo, no es posible definir una "personalidad de cáncer", porque la gente que tiende a la enfermedad está abierta a todo tipo de desórdenes; no existe una relación de uno a uno, por ejemplo, entre la ansiedad y el cáncer. Tampoco ha funcionado encontrar una correlación sencilla entre el pensamiento negativo y un desorden en especial; los pensamientos positivos en general tampoco protegen de un desorden en particular. Nuestros factores de riesgo serán menores en un cierto porcentaje (normalmente bajo) en comparación con la gente negativa, pero fuera de eso, las estadísticas no presentan mayores respuestas.

Segundo, aún habiendo decretado patrones de energía no saludables, la medicina convencional no está capacitada para ofrecer curación. La psiquiatría es la disciplina que más se acerca, pero ésta es lenta e impredecible, la terapia tradicional de conversación o "asesoría" puede prolongarse años. La solución rápida de recetar medicamentos contra la ansiedad y la depresión alivia el síntoma pero no cura el desorden subyacente. La efectividad de una pastilla termina el día en que dejas de tomarla. Aún así, la psiquiatría nos acerca a la región de la energía, donde las palabras y los pensamientos cuentan con suficiente poder para movilizar a las moléculas. Para dar sólo un ejemplo, el Prozac, un antidepresivo que inauguró la era de las drogas en miles de millones de dólares, tuvo un efecto secundario inesperado: demostró su efectividad para tratar desórdenes obsesivo-compulsivos (DOC).

Los pacientes que sufren de DOC son ejemplos perfectos de gente cuya vida la rige el cerebro. No pueden dejar de repetir el mismo comportamiento (lavarse las manos, limpiar la casa, sumar los números de las placas de los coches) y su mente está llena de pensamientos obsesivos que regresan sin importar cuánto se esfuerce la persona por evitarlos. Por medio de una ecografía de cerebro, los neurólogos pueden detectar alguna anormalidad en dichos pacientes, en particular, bajo flujo sanguíneo hacia la corteza cerebral orbitofrontal. Esta región está asociada con la capacidad de tomar decisiones y comportarse de manera flexible.

El Prozac restaura la actividad normal del cerebro en pacientes con DOC y, con este descubrimiento, la neurología comenzó a ver al cerebro como una fábrica de sustancias químicas para todo uso que determina el comportamiento. Pero un nuevo descubrimiento puso en duda esta cuestión. Cuando los pacientes con DOC buscan lo que se conoce como terapia "de sofá", resulta que hablar de sus problemas puede contribuir al alivio de sus síntomas, y en ecografías de cerebro se ha visto restablecida la actividad normal del cerebro sin recurrir a medicamentos. Esto también tiene un sentido lógico. Si alguien se deprime porque perdió su dinero en la bolsa, tomar un antidepresivo puede aliviar los síntomas, pero la recuperación del mercado surtirá el mismo efecto, incluso mucho más efectivo, porque habrá una razón para sentir euforia.

Un hábito arraigado en nuestra sociedad es tomar Prozac y saltarse al psiquiatra, que una vez más se resume en confiar más en lo físico que en lo no físico. Hay que superar este desvío. Pero, ¿cómo? ¿Significa esto que todos deberíamos acudir de inmediato a la psicoterapia?

La mayoría de los estudios indican que, con cada década, nos estamos convirtiendo en una sociedad más ansiosa y deprimida, más dependiente de los antidepresivos y tranquilizantes. Los niveles de estrés siguen en aumento, ya sea por el ruido fuerte, las largas horas de trabajo sin descanso, los patrones de sueño interrumpidos o la presión en el trabajo. Cualquiera que sufra estos factores estresantes tenderá a mostrar un marcado desequilibrio en el cuerpo, como presión arterial alta, aumento de las hormonas del estrés (como cortisol) o ritmo cardíaco irregular. La psiquiatría no puede cubrir un rango de problemas tan amplio. Poco ayuda el intento de crear un pequeño espacio de coherencia en la vida de alguien cuando todo el sistema está en caos.

Lo que en realidad se necesita es un espectro de cura más amplio. Si todos los componentes de la energía no saludable, desde bloqueos y rigidez hasta emociones negativas, se pudieran curar de golpe, nuestro cuerpo podría recuperar rápidamente su estado natural de salud, puesto que sabe cómo manejarse con el flujo de energía sana. Se necesita un avance más para encontrar tal cura, de él hablaremos enseguida.

En tu vida: ¿Cuán eficiente es la energía?

Toda forma de vida emplea la energía con gran eficiencia. Un lobo, un leopardo o un ratón de campo saben por instinto qué comer, dónde encontrar alimento, cómo sobrevivir y cómo obedecer el ritmo de la naturaleza. Los animales de cada especie usan su energía vital de manera óptima.

A diferencia de las criaturas salvajes, tú y yo podemos manejar la energía que poseemos a voluntad. La manera de emplear nuestra energía marca la diferencia entre vivir bien y desaprovechar la vida. Nosotros analizamos nuestra energía de acuerdo con la manera en que expresamos nuestras emociones, nuestra inteligencia, consciencia, acción y creatividad, ya que todos estos aspectos requieren de energía sutil. Se trata de un asunto mucho más delicado que quemar calorías. La energía se debe considerar desde el punto de vista holístico, porque cuando el cuerpo y el alma están alineados todos los aspectos de la vida se ven beneficiados.

Para tener una mejor idea de lo que significa la eficiencia de la energía, haz el siguiente cuestionario de perfiles. Dependiendo de qué tan bien te describa, evalúate del 1 al 3 en cada punto.

3 - Así soy *casi todo* el tiempo.
2 - Así soy *algunas* veces.
1 - Así soy *pocas* veces.

__ Salgo de trabajar a tiempo todos los días. No me quedo tarde más de un día a la semana.

__ Me levanto y me voy a dormir todos los días a la misma hora.

__ Mi escritorio en la oficina está ordenado. Casi no tengo trabajo atrasado.

__ No aplazo nada. Creo que la mejor manera de manejar tareas desagradables es abordándolas de inmediato.

__ Descarto pronto la negatividad. Cobrar cuentas pasadas no es mi estilo.

__ Mi armario está organizado. Me es fácil encontrar lo que sea.

__ Mi refrigerador no está lleno de sobras. Nunca encuentro frutas y verduras viejas que olvidé que tenía.

__ Sé dónde estoy parado emocionalmente con respecto a la gente que habita mi vida. Somos mutuamente abiertos y claros.

__ Conozco mis debilidades y tengo un plan para superarlas. Mañana seré más fuerte que ayer.

__ Uso bien el dinero. No atesoro ni despilfarro. No me preocupan las cuentas de mis tarjetas de crédito.

__ Mi sueldo cubre mis necesidades actuales y futuras. Planeo bien mis finanzas.

__ Mi jardín está siempre en buen estado. (Si no tienes jardín sustitúyelo por patio, balcón, plantas de interior o medio ambiente personal).

__ Estoy al tanto de mis labores domésticas. Nunca dejo que la suciedad o polvo se acumulen durante semanas.

__ Cuando voy de compras, regreso con lo que necesito. Rara vez regreso corriendo porque olvidé algo.

__ Me mantengo en contacto con toda mi familia. Sé qué sucede en sus vidas.

__ No corro a último momento para cumplir compromisos. Soy eficiente para programar y balancear mi tiempo.

__ Siento que hay un buen equilibrio entre el trabajo y la diversión en mi vida. Cumplo uno y disfruto la otra.

_____ **Resultado final**

Evaluación del resultado:

43–51 puntos. Llevas una vida eficiente y es probable que te sientas cómodo, satisfecho y en control. No hay desequilibrios drásticos en el uso de tu tiempo y energía. Cada aspecto de tu existencia recibe la atención adecuada.

36–42 puntos. En general, tu vida está bajo control y se desarrolla bastante bien. Sin embargo, tienes áreas menores de negligencia, hay ocasiones en que te abruma un poco todo lo que tienes pendiente. Si lo analizas, hay aspectos de tu vida en los que sabes que podrías ser más eficiente, si usaras tu tiempo y energía mejor. Si atiendes esos aspectos ahora, aumentará tu sentido de comodidad y satisfacción.

26–35 puntos. Tu vida es ineficiente. Sientes que caminas en contra de la corriente. Hay grandes áreas fuera de tu control y tu habilidad para enfrentar los retos diarios es por demás inade- cuada. Para que empieces a sentirte más cómodo, tendrás que disciplinarte y cambiar tus hábitos. Sé realista ante tu ineficien- cia, porque el descuido o desorganización, el aplazar o rechazar todo, y lo impulsivo o negligente consumen nuestra energía.

17–25 puntos. Tu vida casi no es tuya porque hay demasiado fuera de tu control. La vida diaria es una lucha para tratar de salir adelante y en general sientes que pierdes la batalla. Quizá esté sucediendo algo muy malo en la periferia. Estás rezagado psicológicamente o debido a las circunstancias. Para retomar el camino, vas a necesitar ayuda profesional.

Como se ve, la energía se diversifica hacia decenas de áreas en tu vida. Cuando la gente lucha, desperdicia su energía. Hay dos soluciones: aumentar el flujo de energía sutil hacia tu vida o usar la que tienes con más eficiencia. La mejor manera de aumentar tu cantidad de energía sutil es dejar de bloquearla. La mejor manera de usar la energía que tienes con mayor eficiencia es expandir tu consciencia. El gran secreto de la consciencia, como ya vimos, es que puede lograr casi todo sin hacer casi nada. El modelo del cuerpo es siempre el alma, y el alma no consume energía. Profundizaremos más en esto cuando veamos cómo se bloquea y se distorsiona la energía sutil. Por ahora basta con saber que podemos recibir más de la energía ilimitada que nos ofrece el alma para darle buen uso en nuestra vida.

Avance 3
La consciencia es mágica

Necesitamos un avance para manejar la energía del cuerpo. Si la distorsión de la energía es la raíz de todos los problemas, ¿cómo podemos volverla a su estado de salud normal? Nadie nos ha enseñado a mover la energía. Operamos sólo en el plano físico, que además de ser muy crudo, suele carecer de importancia. Leemos artículos médicos que, por ejemplo, reducen el amor a una simple reacción química del cerebro. Sin lugar a dudas, en una resonancia magnética la actividad neuronal de una persona enamorada se ve diferente a la de otra que no lo está (se iluminan ciertas áreas específicas y se presentan cambios en los niveles de sustancias químicas clave como la serotonina y la dopamina, relacionadas con los sentimientos de felicidad y bienestar).

Por otro lado, es totalmente falso afirmar que el cerebro crea el amor. Imagínate dentro de un automóvil a altas horas de la noche. Junto a ti está sentada una persona a la que has amado en secreto, ocultando tus sentimientos, incapaz de expresar lo que alberga tu corazón. Él (o ella) se te acerca y te murmura algo al oído. La diferencia es radical si lo que dice es "te amo" o "no te amo". Si te acompañara a la cita un equipo de resonancia magnética, detectaría un estado totalmente diferente en tu cerebro si las palabras expresaran aceptación o rechazo. Es obvio que el cerebro no crea ninguna de estas dos condiciones por sí mismo, pero las palabras sí. ¿Cómo? Te hicieron consciente de algo que estabas desesperado por saber.

En otras palabras, ahora sabes si te aman o no. Las palabras que se dicen al oído hacen vibrar las moléculas de aire, que a su vez ponen a vibrar al tímpano, para enviar una señal al oído interno y al área de la audición de la corteza cerebral. Esta cadena de eventos se desataría incluso si las palabras se dijeran en una lengua extranjera, pero el estado de consciencia sólo cambia si se comprenden las palabras. El significado reside en ser consciente. Si quieres cambiar tu cuerpo, primero debe haber un cambio de consciencia. La consciencia actúa como una fuerza invisible, la más poderosa que existe en el cuerpo. Es la que mueve la energía aunque parezca que no hace nada. Éste es el avance que necesitamos, porque la consciencia por sí sola puede cambiar la energía no saludable en energía sana. Ésa es la magia que posee.

La historia de David

Existen muchos misterios en cuanto al funcionamiento de la consciencia. Permítanme empezar con uno que afecta la vida de todos: el misterio de la vista. Cuando vemos algo nos hacemos conscientes de ello, lo cual basta para desplazar al cuerpo en una dirección completamente nueva.

David, quien actualmente tiene un poco más de treinta años, tiene un hermano gemelo, pero él nació con un pequeño defecto en el corazón que su gemelo no presentó. "Tuve suerte; mi corazón se arregló al poco tiempo de haber nacido", relata. "No había razón para que me trataran de manera diferente a mi hermano. Pero recuerdo desde muy niño la mirada de angustia de mi madre cuando yo intentaba hacer algo que le parecía peligroso. A mi hermano no lo miraba igual. Para cuando cumplimos cuatro o cinco años, a él lo consideraban el fuerte y a mí el débil. Los integrantes de mi familia, por lo menos los hombres, son fanáticos de las actividades al aire libre. Al que va de pesca o de cacería se le ve con aprobación. Al que se queda en casa y lee libros se le ve con indiferencia o preocupación.

"Desde luego que hay muchos factores que intervienen en la

educación de un hijo, aparte de cómo se le mira. Mis padres se esforzaron por tratarnos igual y amarnos de la misma manera. Yo acepté ser el gemelo frágil, y al ir creciendo me sorprendió lo equivocados que estaban. Mi hermano no llegó a tener mayor éxito. Tiene un trabajo modesto en una empresa y, como le apasionan la cacería y la pesca, se concentra en ellas. Yo, que siempre esperé quedar atrás, obtuve becas, una mejor preparación y un trabajo como catedrático en una muy buena universidad.

"Tardé años en darme cuenta de que a los dos nos formaron para ser lo que somos. Si un día mi madre nos hubiera cambiado accidentalmente de cuna, yo hubiera sido el cazador y el pescador y mi hermano el académico. Esto me pone a pensar. ¿Qué sucedió durante los primeros tres años que no recuerdo? Mis padres me veían bajo cierta luz, y, como resultado, mi materia prima se moldeó de un modo y no de otro".

Éste es un ejemplo de la vista, pero tengo en mente muchos otros. Miramos de manera muy diferente a los seres que amamos y a los que no amamos. Si alguien cercano a nosotros hace mal algo, nuestra mirada suele contener solidaridad, tolerancia y perdón, algo que no le concedemos a quienes no amamos (quizá los acusamos y juzgamos con hostilidad). La mirada no es pasiva, tiene un significado: hacer consciente de algo a la otra persona. En otras palabras, tu consciencia le habla a la de los demás y eso basta para generar cambios en el cerebro, que a su vez desatan cambios en otras partes del cuerpo.

El resultado no tiene límites. La violencia callejera puede desencadenarse cuando un hombre mira a una mujer de manera indebida, según el hombre que se cree dueño de ella. (Durante mucho tiempo, en el sur de los Estados Unidos una mirada inocente por parte de un negro podía provocar su linchamiento). El secreto es crear efectos positivos en vez de negativos. Es un error creer que somos una especie de radiotelescopio que recibe pasivamente señales del universo. La vista es activa. Uno envía energía y recibe energía de otros. Uno puede decidir mirar con amor, comprensión, aceptación y tolerancia. Al hacerlo, estas cualidades ejercen una fuerza en nuestro entorno que beneficia a todo y a todos.

Consciencia del cuerpo

La consciencia carecería de poder si el cuerpo no respondiera ante ella. Pero hay que pensar en lo realmente masivo de esas respuestas. Si sientes una bolita sospechosa bajo la piel, vas al médico para que te diga si estás bien o en peligro. Si estás en peligro, puede tratarse de una amenaza leve o severa. Ambas son un estado de consciencia ("Estoy bien, no tengo porqué preocuparme", "Estoy en problemas", "Tal vez no salga de ésta"), y cada una conlleva una reacción completamente diferente. Incluso si decimos que la reacción es psicológica, quizá depresiva ante una mala noticia, habrá también una respuesta física: la alteración de la química del cerebro responde a lo que sucede en la psique. De hecho, tu cuerpo es consciente de todo. Cada célula sabe lo que piensa tu cerebro, cómo cambia tu estado de ánimo, dónde radican tus creencias más profundas. Al cambiar tu consciencia tu energía cambia y por tanto cambia tu cuerpo. La cadena de sucesos se mueve del ámbito invisible al visible de la siguiente manera:

CONSCIENCIA —> ENERGÍA —> CUERPO

Por sencillo que parezca, este diagrama muestra un avance profundo, ya que explica descubrimientos médicos que de otro modo serían un misterio. Por ejemplo, nadie entiende el resultado del estudio Helsinki, uno de los proyectos de investigación más famosos para prevenir ataques cardíacos. Se dividió en dos grupos a varios finlandeses de mediana edad con alto riesgo de infarto. Uno, el grupo informal, visitaba a su médico unas cuantas veces al año y recibía sugerencias generales en cuanto a bajar de peso, hacer ejercicio, mejorar la dieta y no fumar (consejos que muy probablemente no seguirían, dado que nunca lo habían hecho). El segundo grupo, fue sometido a un seguimiento intensivo, dentro de un programa especial para reducir los riesgos específicos de infarto, entre ellos la presión y el colesterol altos.

Terminado el estudio, los investigadores se sorprendieron al ver que el grupo de seguimiento informal no sólo presentó menos muertes, sino también menos muertes por infarto. ¿Cómo pudo suceder? Un comentarista del estudio señaló que tanto la preocupación constante del paciente en cuanto al corazón como la preocupación que manifiesta el médico al que se visita con frecuencia pueden ser un riesgo para la salud. Desde el punto de vista de la consciencia, esta explicación tiene sentido. También da sentido a muchos otros descubrimientos similares. El hecho es que los hombres que afrontan sus problemas psicológicos hacia los veinte años tendrán más probabilidades de prevenir infartos tempranos que si redujeran su colesterol. Las personas mayores con mayor flexibilidad emocional tienen más posibilidades de tener una vida larga y saludable que los pacientes mayores menos flexibles que toman vitaminas y se hacen estudios periódicos. Dichos descubrimientos resultan un misterio si ignoramos la consciencia y la energía, los dos cimientos del cuerpo.

Hay millones de personas que no ven esta conexión y están destinadas a combatir contra su cuerpo. Pensemos en las adicciones y los deseos compulsivos. Las personas que aumentan constantemente de peso consideran que una compulsión física las obliga a comer demasiado. En vez de experimentar un hambre normal, sienten una necesidad imperiosa de comer demasiado. Pero de hecho el impulso físico está encubriendo lo que sucede en realidad. El cuerpo está atrapado en un patrón distorsionado de conducta que se inició en la consciencia.

¿Qué pasa cuando sientes un deseo compulsivo? Quedas dividido entre el impulso de resistir y la necesidad de rendirte. Digamos que te levantas a media noche y bajas las escaleras para dirigirte al refrigerador porque anhelas un helado. En ese momento, mientras dudas si comerte todo el bote de helado de chocolate, puedes resistir la compulsión, pero tu hábito no cambiará. Tu consciencia está luchando contra sí misma. Enredarse en este conflicto, cosa que hacen una y otra vez los que comen demasiado, le da poder a un mal hábito porque toda tu energía se invierte en el combate contra ti mismo y muy poca apunta hacia la solución. Si la solución existiera en el nivel de la lucha, uno de los dos lados ganaría. Aunque la compulsión derrotara a la resistencia, o que la resistencia conquistara a la compulsión, el resultado terminaría siendo un subibaja.

Es difícil ver más allá de la compulsión física, porque los malos hábitos crean siempre una rutina que el cuerpo sigue una y otra vez. La compulsión no sólo surge hacia cosas materiales, como el sabor dulce de un helado o la inyección de energía del tabaco. Puedes tener el hábito de salirte de tus casillas o de mortificarte por cualquier pequeñez. La ira y la angustia se sienten físicamente tanto como el hambre. La gente que anhela poder o dinero lo describe casi como algo sexual. La gente que desea ganar describe la sensación como una explosión de euforia cargada de adrenalina. Tu cuerpo refleja tus deseos con tanta habilidad, de manera tan completa y silenciosa, que no es fácil rastrear el inicio de la cadena de sucesos hasta llegar a la consciencia. Pero tenemos que hacerlo si no queremos ser prisioneros de nuestras compulsiones.

Todos poseemos un nivel de consciencia que no anhela nada en absoluto. Se encuentra al margen de tales luchas como:

"¿Me como todo este bote de helado, o no?". Cuando te encuentras en este nivel de consciencia, la energía que te impulsa a comer no está activada y, cuando no hay energía, el cuerpo no actúa. La experiencia diaria lo comprueba (por ejemplo, el apetito desaparece cuando una persona está en duelo). Sucede lo mismo en casos de depresión o angustia profunda, o cuando nos enamoramos. "En momentos como éste no puedo pensar en comer", es lo que suele decirse en estas etapas, y es cierto: tu consciencia no puede enfocarse en comer, por lo que carece de energía que la respalde y el cuerpo deja de sentir hambre. El problema es que, así como la energía puede caer en patrones ajenos a la salud, esto también puede sucederle a la consciencia, por eso los "comedores compulsivos" están condicionados a responder exactamente de la manera opuesta a la respuesta normal, es decir, comen demasiado en momentos de duelo, depresión y angustia.

Tu cuerpo necesita que comprendas a fondo cómo funciona la consciencia. Tu estado mental crea una agenda física por medio de miles de millones de células que carecen de poder para cambiar esa agenda por sí mismas. A continuación veremos qué es el dominio de la consciencia.

Cuando tienes total consciencia

Puedes centrarte a ti mismo a voluntad.

Sabes encontrar tu espacio de paz y silencio interior.

No te encuentras dividido a causa de conflictos interiores.

Puedes trascender los conflictos que te rodean sin que te afecten.

Ves el mundo desde una perspectiva amplia.

Tu mundo interior está organizado.

Esto es lo que significa dominar las compulsiones. Al empezar a meter la cuchara en el bote de helado de chocolate, tu cuerpo no caerá en la misma vieja rutina y tu mente no empezará a preguntarse, "¿Me lo como, o no?". En vez de eso, otras ideas tendrán libertad de entrar a tu mente: "¿Lo estoy haciendo porque estoy enojada?", "¿Realmente es esta la manera en que quiero manejar esta situación?", "¿Qué tiene que ver el helado con eliminar el estrés de mi vida?". Éste es el tipo de ideas que te libera de cualquier compulsión. Te das cuenta de lo que haces y creas una distancia que te permite retractarte. El ver nunca es imposible cuando alguien tiene consciencia plena; la ceguera nunca está muy lejos de quien no la tiene.

Una vez que la compulsión ha creado una rutina sumamente arraigada, es mucho más difícil cambiar tu respuesta habitual. (Todos sabemos lo que es probar el primer bocado de una comida tentadora y bloquearnos hasta terminar con el último: el cuerpo tiene el dominio total). Los psicólogos usarían la palabra *condicionamiento* para describir una rutina sumamente arraigada. Los viejos condicionamientos nos impiden la libertad, puesto que caemos una y otra vez en patrones demasiado profundos, mientras que la nueva conducta, que es la que quisiéramos tener, carece por completo de rutina. Esta situación en la que nos encontramos atrapados dentro de viejos condicionamientos crea su propio tipo de consciencia.

Cuando tu consciencia está condicionada

No encuentras tu centro, de manera que los impulsos te llevan de un lado al otro.

No te resulta conocido tu espacio de paz y silencio, por lo que vives en constante desasosiego.

Los impulsos conflictivos luchan entre sí.

Los conflictos que te rodean te alteran y te distraen.

Ves el mundo desde una perspectiva estrecha.

Tu mundo interior está totalmente desorganizado.

Todos sabemos a cierto nivel que el estar condicionados limita nuestra vida e interfiere con nuestra realización personal. Reflexiona sobre la expresión "amor incondicional", que se ha popularizado tanto. Cuando la gente busca amor incondicional, desea trascender el amor que existe cotidianamente, el cual está muy condicionado: es inquieto, es poco confiable, se distrae y se altera fácilmente. Este amor en cualquier momento puede ser presa de los celos, el enojo, el aburrimiento, la traición o sencillamente un capricho si algún objeto amoroso más atractivo le pasa por enfrente. Sin embargo, la intuición que nos dice que debe existir el amor sin condiciones (tradicionalmente el amor de Dios cumple este deseo, pero ahora se trata de una búsqueda más profana). Queremos amar incondicionalmente a una persona real y recibir amor incondicional a cambio.

Este deseo no es realista si consideramos la naturaleza humana en circunstancias normales. Pero se vuelve realista cuando nuestra consciencia se aparta de su viejo condicionamiento. Si puedes alcanzar un nivel de amor incondicional hacia ti mismo, te encontrarás en un estado de energía absolutamente nuevo y recuperarás la libertad para amar. La consciencia tiene el poder de dar amor incondicional; ello se lleva a cabo por los mismos medios que le ponen fin a la compulsión por comer helado: aprendiendo a trascender tus viejos condicionamientos ajenos a la salud.

Tres maneras de acabar con el condicionamiento

Una vez que te das cuenta de cuán condicionado estás en realidad, surge el deseo de recuperar el control sobre tu vida, puesto que cada hábito condicionado es como un interruptor automático que enciende una conducta fija. ¿Qué puede desactivar estos interruptores? El tiempo y la repetición. Tu cuerpo se adapta a las cosas que haces una y otra vez. Es mucho más fácil establecer un patrón de energía que uno físico, y una vez establecido es mucho más difícil cambiarlo.

Por ejemplo, si decides empezar a correr de manera periódica, puedes entrenar a un cuerpo fuera de forma a correr un maratón de 26 millas en unos cuatro meses. Con tiempo y repetición, debes correr todos los días de dos a diez millas, tu cuerpo se adapta a la rutina que le has marcado. Lo condicionas deliberadamente. Si el día despues del maratón dejas de correr, tu cuerpo estará fuera de forma en un año, aunque en general tarda seis meses. (En un estudio de investigación se descubrió algo todavía más drástico: si un atleta universitario en estado físico pleno permanece en una cama de hospital sin levantarse para nada, en dos semanas sus músculos perderán diez años de entrenamiento).

Comparemos estos factores con las condiciones mentales. Un solo evento traumático (un accidente automovilístico grave, ser víctima de un delito, vivir un ataque terrorista) altera de inmediato tu consciencia. Una vez que se imprime, el trauma mental se sigue repitiendo de manera obsesiva (imágenes, pensamientos y sentimientos rondan tu mente involuntariamente) y ese patrón es difícil de cambiar. El ejemplo más dramático es la drogadicción, pues el componente mental que arrastra al consumo de drogas permanece en su lugar incluso cuando el cuerpo se ha desintoxicado de las sustancias.

Hay tres formas de romper con los condicionamientos: la reflexión, la contemplación y la meditación. Su poder aumenta en ese orden. Todos tendemos a usar estas palabras indistintamente, pero tienen implicaciones separadas.

Reflexión: Reconsiderar los viejos hábitos, creencias y suposiciones.

Contemplación: Concentrarse en un pensamiento o imagen hasta que se expanda todo lo posible.

Meditación: Encontrar el nivel de la mente que no está condicionado.

La importancia espiritual de estas prácticas no nos interesa (por lo menos en este momento). Lo que nos interesa es si resultan efectivas para movilizar la energía estancada y cambiar los viejos condicionamientos. Sucede que su eficacia es muy diferente, y aunque no lo creas, cuanto más nos enfocamos en el patrón específico de energía que queremos atacar, existen menos posibilidades de deshacerse de él.

Reflexión: Implica retroceder y mirarse a sí mismo, como en un espejo. Es lo mismo que volver a pensar o reconsiderar un momento pasado en un estado más sereno. Digamos que sientes un impulso súbito (gritarle a tu jefe, abandonar a tu esposa, invitar a salir a una mujer atractiva), pero luego reflexionas si en realidad es buena idea o no. La reflexión apela a la experiencia; invita a tener cuidado ante las decisiones instantáneas. En cuanto a romper un viejo condicionamiento, la reflexión funciona si se logra ver algo bajo una nueva luz.

Carla, una mujer de poco más de cuarenta años, comentó esta experiencia: "Me crié en la parte rural del sur, y aunque toda mi familia era buena gente, tenían varias creencias fijas que todos absorbían como si estuvieran en el aire o en el agua que tomaban. Mis padres no creían tener prejuicios, pero todos sus amigos eran blancos. Nunca hablaban más de lo necesario con un mesero o con el empleado de una tienda que no fuera blanco. Las conversaciones triviales que oí mientras crecía eran totalmente conservadoras y desde muy niña me molestaba escucharlas.

"Para cuando ingresé a la universidad, la rara era yo. Trabajaba para los candidatos liberales, tenía amigos negros y leía el *New York Times* con más frecuencia que la Biblia. Si llegaba a casa con una causa nueva, mis padres asentían cortésmente y esperaban a que alguien cambiara el tema.

"Un día, años después, algo me sacudió, fue como una revelación. Aunque siempre pensara e hiciera lo opuesto a lo que hacían y decían mis padres, ellos todavía me definían. Ser lo opuesto a lo malo no te hace buena. Te hace nada más que el reflejo de lo malo.

"Al examinar mis creencias, de las que siempre estuve orgullosa, me di cuenta de que cada una derivaba de la misma reflexión: miraba a la gente que me parecía mala y me aseguraba de que mis creencias no concordaran con las suyas; miraba a la gente que me parecía buena, y me aseguraba de que mis creencias fueran idénticas a las suyas. Ninguna de mis creencias era original. Si ser cerrada de mente significaba no pensar por ti misma, ese era mi caso".

Entonces le pregunté: "¿Qué es una mente abierta?".

"No puede ser un conjunto de creencias, aunque te parezcan muy buenas", dijo Carla. "La mayoría de la gente mantiene sus creencias para sentirse bien consigo misma, sin darse cuenta de que está cayendo en una trampa. La idea más liberal se convierte poco a poco en un grillete si uno no sigue cambiando".

Este ejemplo señala los pros y los contras de la reflexión. *Pros:* Si examinas tus creencias y suposiciones con honestidad, puedes superar el condicionamiento antes de que se profundice. Tu mente no se estancará tan fácilmente. Aprenderás a ser más flexible. La duda sana evitará que caigas en el conformismo. *Contras:* La reflexión tiende a permanecer en el plano mental, no desplaza mucha energía hacia el cuerpo. Como resultado, por lo general su poder no basta para borrar los condicionamientos grabados. Terminas por ver lo que está mal, sin profundizar lo suficiente como para crear un cambio. La reflexión también es lenta y lleva tiempo. Puede llegar a proceder en contra del cambio al generar incertidumbre y duda (el problema empieza a resultar demasiado complejo y oscuro). Si la reflexión se convierte en un hábito más, actúas sin espontaneidad. Se supone que en la edad adulta la gente pierde el ímpetu de la juventud, y eso tiene que ver con el aprender a reflexionar sobre las acciones propias. Por otro lado, no creo haber conocido a muchas personas reflexivas que hayan cambiado sus patrones de energía estancada. Se desempeñan mejor que el promedio, pues no caen en hábitos sin pensarlo, pero cuando su cuerpo realmente necesita un cambio, y no sólo sus suposiciones, la reflexión les hace poco bien.

Contemplación: Tiene que ver con mantener un pensamiento en la mente y permitir que este se desdoble. Por ejemplo, una persona religiosa puede contemplar la misericordia de Dios. Al hacerlo, permite que su mente recorra el tema, viendo imágenes de misericordia, experimentando lo que se siente al ser misericordioso o recibir misericordia. (Notarán la similitud con lo que denomino acción sutil. Se parecen, pero la acción sutil lleva tras de sí una intención específica, en tanto que la contemplación constituye más bien una manera de "liberar"). Si se permite que el proceso realmente se desarrolle, una mente contemplativa puede alcanzar niveles muy profundos. El efecto principal es entrenar a la mente a no enfocarse en detalles únicos y aislados. Ese tipo de focalización aguda casi siempre conduce a una lucha contra el punto del que uno quiere deshacerse y, como ya se vio, la lucha empeora el condicionamiento al repetir el mismo conflicto una y otra vez.

La contemplación es una técnica que no está necesariamente unida a la religión o a las prácticas espirituales, con todo el respeto que merecen esas tradiciones. Se puede tomar cualquier mal hábito y contemplar todo lo que este conlleva, persistiendo hasta que empiecen a aparecer las respuestas. Esas respuestas movilizarán la energía hacia direcciones nuevas.

Tyrone es un individuo con mucha energía que se lanzó al negocio de las inversiones de alto riesgo en línea. "Cuando tenía unos veinticinco años envidiaba a los corredores de la bolsa de Wall Street, que se veían por televisión gritando, pujando, locos durante los movimientos del mercado", dice. "No podía mudarme a Nueva York para entrar en ese mundo, pero hace diez años que Internet le ofreció a todos la oportunidad de participar en el campo. Me metí y muy pronto dedicaba todo mi tiempo libre a a la Internet.

"Como no tenía mucho dinero, compraba al margen, lo que me permitía jugar con cantidades cada vez mayores. Empecé a correr riesgos más fuertes y de inmediato mis ganancias resultaron mayores que mis pérdidas. Sin proponérmelo, mi cuenta llegó a las seis cifras y no se veían límites. Estaba eufórico. Cada mañana esperaba ansioso que abrieran los mercados".

"¿Te definirías como adicto?", le pregunté.

Tyrone negó con la cabeza. "La idea nunca me cruzó por la mente. Llegó el día en que me encontraba a unos pocos movimientos de reunir un millón de dólares. Ése era mi punto de referencia. En cuanto cruzara la barrera del millón, mi vida cambiaría por completo. Eso era lo que me decía a mi mismo".

"Pero nunca lograste cruzarla", le dije.

"Era principiante y sólo había tenido éxito. Pero cuando la suerte me abandonó, me sentí conmocionado. Perdí todo mi dinero y el que me habían dado mis amigos para invertir cuando se enteraron de que era un genio. Quedé destrozado. La culpa y la autorrecriminación me robaban el sueño. Algunas personas se condolieron, diciéndome que la bolsa no es para todos, que requiere dureza y unos nervios de acero".

"Que sólo sirvió para que te sintieras peor", le comenté. "¿Qué sucedió luego?"

"Volví a poner los pies en la tierra, poco a poco y con menos amigos. Pero hubo uno, bastante mayor que yo, que me dijo algo importante: 'No pienses en el dinero, sino en lo que significa para ti. Yo tuve problemas por no saber eso'.

"No sé muy bien por qué escuché su consejo, pero me senté a pensarlo bien. De inmediato surgieron dos asuntos importantes: me gustaba la emoción de jugar, de modo que el dinero significaba adrenalina; no me sentía muy capaz, por lo que el dinero me hacía sentir orgulloso. Al principio las dos cosas me parecieron bien. ¿Y qué si me gusta jugar? ¿Por qué no sentirme orgulloso? Si no me hubiera sentido tan mal, hasta ahí hubiera llegado. Pero seguí adelante y un día mi cuerpo experimentó exactamente las sensaciones que sentía al apostar: la descarga de adrenalina, el corazón acelerado y todo lo demás, pero de lo que no me había dado cuenta era de la angustia. A lo que yo le decía emoción eran realmente un miedo, una angustia y una tensión terribles.

"Y en cuanto al orgullo, ¿cómo podía decir que había mejorado, si me escondía tras el brillo de la pantalla de la computadora? Mi estado de ánimo era un subibaja marcado por cada movimiento del mercado. Me sentía un héroe cuando ganaba y un fracasado cuando perdía. Creo que no fue fácil ver todo esto. Después de la quiebra me pasé dos meses tomando antiácidos directamente de la botella. Pero dejé que los malos tiempos volvieran a fluir a través de mí y cada vez que volvían a mi mente, en vez de ahuyentarlos, me permitía sentirlos. La vida sigue, ¿no? Poco a poco logré estar en paz. Pude admitir que, además de un jugador fuera de control, era un adicto que había ignorado todo menos su compulsión. Me sentí libre al salir de ese atolladero y empecé a respirar el mismo aire que la gente normal".

"¿Te consideras recuperado?", le pregunté.

Me miró pensativo. "No lo sé. Me alivia haber roto mi viejo hábito. Ya no tengo la compulsión por la bolsa y me alivia que el estrés no me esté despedazando. Por otro lado, han pasado casi diez años y todavía sigo reviviendo el tormento de haber perdido todo mi dinero. Le di un giro total a mi vida, pero esas impresiones tardan muchísimo en borrarse".

La historia de Tyrone ilustra los pros y los contras de la contemplación.

El lado positivo es que la contemplación puede romper los límites de una mente cerrada. Permite descubrir puntos ocultos y darles suficiente espacio para liberar su energía distorsionada. El proceso de liberar no implica lucha. Uno puede enfrentarse a sus demonios a su propio ritmo. Focalizarnos en nuestros puntos débiles con dedicación hace que estos sanen por medio de la expansión del yo (uno se ve a sí mismo más grande que sus problemas y esa consciencia tiene un poder de sanación enorme).

El inconveniente es que liberar no es confiable. Si tu mente alberga confusión y conflicto, quizá carezca de paz y se distraiga con facilidad. Tu foco puede resultar demasiado débil para poder movilizar una gran cantidad de energía estancada. Examinar tus problemas con cuidado puede causarte desaliento y depresión. Quizá aborrezcas lo que ves y lo conviertas en una razón para no seguir adelante.

Mi opinión personal es que la contemplación tiene más poder que la reflexión, pues llega hasta las emociones y sensaciones, en tanto que la reflexión tiende a quedarse en lo intelectual. Algunas personas que sanan con las manos dicen que "los problemas están en los sistemas", para explicar que se requiere llegar al nivel del cuerpo donde se albergan las impresiones más profundas. Ver y liberar da resultados. Aunque, por otro lado, no conozco a mucha gente que tenga paciencia suficiente para volver a la misma focalización todos los días sin aburrirse y desgastarse.

Meditación: Implica la búsqueda de un nivel de consciencia que no esté condicionado. Toma a la mente en su estado de inquietud y confusión y la conduce a un estado más elevado, claro y seguro. Este proceso se conoce como *trascender.* A pesar de que existen innumerables tipos de meditación que se originaron en la India y en China antes de extenderse por Occidente, todos tienen en común la misma noción de cómo funciona la realidad. La realidad fluye de estados más finos a estados más burdos. Primero hay silencio y quietud, luego surgen objetos sutiles de la mente (pensamientos, emociones, sensaciones), y por último están los objetos sólidos y el propio mundo material. Cuando meditas, nadas río arriba, por así decirlo, pasando a través del mundo material, luego a través de la mente llena de pensamientos, emociones y sensaciones, hasta llegar a la quietud y el silencio.

Sin embargo, este viaje es más que una experiencia subjetiva. Sentarse en silencio sería lo mismo que sentarse en medio de un torbellino de pensamientos si se tratara sólo de estados subjetivos en ambos casos. En realidad, se trasciende de un nivel de realidad a otro. Cada nivel contiene diferentes tipos de energía, y cuando accedes a una energía superior tu cuerpo se adapta. Se ha estudiado a personas que meditan hace años, y éstas han demostrado tener mejor salud, por ejemplo presión arterial baja y menos hormonas del estrés. Pero el cuerpo puede adaptarse de modos mucho más profundos.

Si tocas el "gatillo" correcto en tu mente, puede desaparecer instantáneamente una distorsión de energía que existe hace mucho tiempo. A diferencia de la reflexión y la contemplación, el objetivo de la meditación es encontrar el interruptor que apague el comportamiento automático surgido a causa de tu antiguo condicionamiento. No quiero decir que la iluminación llegue de golpe. Meditar es un proceso que lleva tiempo. Pero el proceso puede provocar un cambio súbito, del mismo modo en que al cavar un pozo se atraviesa capa tras capa de tierra, hasta que de pronto aparece un flujo de agua clara. A muchas personas que conozco les ha pasado esto, incluso a David, un hombre mayor de sesenta.

"Crecí detestando a mi padre. De muy pequeño, tenía nueve años, sentí claramente mi odio. Era Navidad y me pusieron a buscar el foco fundido de una serie de luces que no prendía. Al quitar cada foco para probarlo, accidentalmente metí el dedo en un enchufe. Recibí una descarga eléctrica que me aventó hacia atrás. Al mismo tiempo, todo el árbol se encendió un segundo porque mi dedo completó el circuito.

"Tirado en el suelo en estado de shock, vi que mi padre se reía. La escena del árbol encendido le resultó graciosa, como si fuera una caricatura. En ese instante comprendí que yo no le importaba. Estallé en llanto y mi padre me reclamó: 'Eres el mayor de la familia. Espero que empieces a comportarte como un hombre'.

"Décadas después se me ocurrió visitar a una vidente, quien me dijo en seguida que había una antigua energía de odio en mi interior. Me instruyó: 'Visualiza tu relación con tu padre. No pienses intelectualmente en él. Relájate y dime qué llega a tu mente'.

"Cerré los ojos y vi a dos caballeros con armadura de pies a cabeza. Estaban en un combate terrible, atacándose con unas espadas enormes, brutalmente y sin tregua, pero ninguno caía. La batalla continuaba. La vidente me dijo que esos hombres éramos mi padre y yo, y que nunca eliminaría mi odio si no encontraba la manera de disolver esa imagen".

"¿Le hiciste caso?", le pregunté.

David me sonrió con ironía. "No podía dejar de pensar en que mi padre era un egoísta y un desgraciado de mal corazón. De uno u otro modo había lastimado a cada miembro de la familia. Pasaron los años. Poco a poco, una novia me acercó a la meditación. Me gustó. Después de cada sesión me sentía más relajado y sereno por dentro. Luego, un día mi padre llegó sin avisar (tenía casi setenta años para entonces) y me di cuenta de que ya no me molestaba oír su voz.

"Al día siguiente hice mi meditación de la mañana, y después me quedé recostado en el suelo para descansar, que es lo que me enseñaron a hacer. El maestro me dijo que es necesario descansar porque la mente requiere tiempo para absorber la consciencia profunda a la que ha estado expuesta. De pronto, vi la imagen de los dos caballeros otra vez; seguían en el combate con sus espadas. En esta ocasión, una voz tenue me preguntó si tenía alguna razón para dejar de pelear. Me vino a la mente una sola: estaba al borde del agotamiento. Esta batalla no me había llevado a ningún lado. ¡La espada pesaba horrores! Créanlo o no, así terminó todo".

"¿Y qué piensas?", le pregunté.

"La energía del odio se desvaneció. A pesar de que me sentía totalmente justificado de aborrecer a mi padre, lo solté. O tal vez el odio me soltó a mí. Al cabo de un mes, tenía apenas un vago recuerdo de mi viejo odio. Un año después regresé a casa e incluso le sonreí. Por primera vez desde que era niño pude estar cerca de mi padre y sentirme cómodo. A veces me sorprende sentir un afecto genuino por él. Quedé sanado de una manera que jamás imaginé".

La historia de David demuestra los pros y los contras de la meditación.

Lo positivo de la meditación es que esta llega a la fuente. Te retira del nivel del problema, que es energía estancada, para llevarte al nivel de la solución. Te libera de la obligación de vivir con pensamientos negativos y combatir los malos impulsos. No requiere esfuerzos y disuelve en silencio los viejos condicionamientos. El efecto del todo es general (en vez de concentrarse en un punto por vez, la meditación conduce a la mente más allá de los problemas).

No existen desventajas inherentes a la meditación, pero sí trampas. El tipo de meditación equivocado no sirve. Puede aportar un ápice de trascendencia (sentimiento temporario de paz y calma, momentos pasajeros de silencio, una satisfacción específica). Para alguien deprimido la meditación puede provocar que se meta demasiado en sí mismo. Lo mismo sucede con las personas introvertidas: quizá se refugien en su interior sin alcanzar un nivel de consciencia más profundo. La prueba de que la meditación funciona radica en la energía: si no logras movilizar energía vieja y estancada, significa que tu meditación no es efectiva.

Los beneficios de la meditación se basan en la habilidad de la consciencia para cambiar la realidad. Ahora ya sabemos por qué esto es válido. La cadena de sucesos que termina en el cuerpo empieza en la consciencia. Al movilizar energía estancada se restaura el flujo libre de la consciencia, lo cual basta para que el cuerpo regrese a su estado de salud. Recuerden que aunque dividamos los problemas en categorías (físicos, mentales, emocionales, etc.), la cadena de sucesos es la misma. Decir que alguien como David guardaba su enojo a nivel emocional resultaría muy limitado. Lo guardaba en el nivel de la energía y su cuerpo se había adaptado. Desde el cerebro, sus pensamientos de enojo llegaban a las células de su cuerpo, y éstas respondían a las señales cerebrales. En estos casos, la consciencia y la energía son los sanadores más poderosos que existen. Con lo anterior en mente, les presento tres meditaciones sencillas que pueden llevarlos al camino de la sanación.

1. *Meditación sobre la respiración.* Siéntate en silencio con los ojos cerrados. Fija tu atención en la punta de tu nariz. Inhala y exhala normalmente y, al hacerlo, siente cómo el aire fluye a través de tus fosas nasales. Ve tu respiración como una tenue nube de luz dorada pálida que entra y sale de tu nariz. Siente la energía suave que transporta tu respiración. Permite que te relaje y que aquiete tu mente, pero con delicadeza, sin forzar nada. El proceso se hará cargo de sí mismo. Para ayudar a que tu atención no se disperse puedes pronuncíar el sonido "ahh" cuando exhalas.

2. *Meditación sobre el corazón.* Sentado en silencio con los ojos cerrados, centra tu atención en tu corazón. No es necesario que sepas la anatomía precisa. Simplemente encuentra un lugar en el centro de tu pecho en el que tu atención pueda fijarse con facilidad. Fija ahí tu atención, inhalando y exhalando con naturalidad. Permite que surjan sentimientos y sensaciones y deja que pasen. Si tu atención divaga, vuélvela a atraer suavemente para que descanse sobre tu corazón.

3. *Meditación sobre la luz.* Sentado en silencio con los ojos cerrados, visualiza una luz blanca con chispas de oro que fluye por tu cuerpo. Siente que la luz llega a tus pies y sube hasta tu torso. Mira cómo llega a tu pecho y a tu cabeza hasta que sale por la coronilla y sigue subiendo hasta perderse de vista. Ahora ve a la misma luz iridiscente descender sobre ti otra vez, entrando primero por la parte de arriba de tu cabeza. En sentido descendente, la luz pasa ahora de la cabeza al pecho y al torso y sale del cuerpo por las plantas de tus pies. Una vez que hayas dominado esta

visualización, sincronízala con tu respiración. Al inhalar, sube lentamente la luz desde tus pies hasta la parte de arriba de la cabeza. Al exhalar, toma la luz desde la parte de arriba de la cabeza y hazla salir por tus pies. No fuerces el ritmo. Respira lenta y relajadamente mientras ejerces la visualización.

En tu vida: Un tipo de consciencia más suave

Ciertos ejercicios visuales pueden enseñar a la gente a relajar su visión por medio de un "foco suave". Dado que la energía no saludable es dura, rígida y se estanca, resulta útil aprender a tener una "consciencia suave". No hablo de una felicidad extasiante, sino de un estado mental abierto, relajado y receptivo. En ese estado, tienes mejores oportunidades de fluir junto con la vida en lugar de poner barreras de resistencia.

Al mirar, el "foco duro" es específico y particular. Digamos que se dirige a un objetivo y mantiene ese objeto en tu vista. El "foco suave" amplía nuestro campo visual. En vez de un solo árbol ves todo el bosque. No sé si este enfoque mejorará en realidad la vista de una persona, pero es muy benéfico cuando se aplica a la mente. Una mente con un enfoque estrecho se vuelve limitada y lineal si no logra expandirse. Todos tenemos la culpa de seguir surcos mentales estrechos, como un tren confinado a un pequeño circuito de vías. Experimentamos nuestra mente con un pensamiento a la vez. Este hábito nos impide llegar a comprender verdaderamente, porque nuestra mente consiste en mucho más que un evento tras otro.

Resulta incluso más inútil tratar de controlar tu mente pensamiento por pensamiento. No importa cuántos años pases juzgando tus pensamientos (rechazando los que no te gustan y censurando los que desapruebas), tu mente volverá a traerlos. De hecho, como toda persona culposa sabe, es más fácil que los malos pensamientos regresen.

El "foco suave" ve a la mente como un todo. Visualizas a tu mente como una gran pantalla, aceptando que pueda llegar cualquier pensamiento posible. En vez de constituir un problema, el flujo infinito del pensamiento se convierte en terreno fértil para el cambio. Ese flujo no puede controlarse. No debemos querer controlarlo, porque la gloria de la mente es provenir de mil manantiales. Todo evento mental es temporario. Existe un momento y luego se desvanece pero, por extraño que parezca, el momento presente está conectado con la eternidad, porque el presente es el único tiempo que se renueva constantemente.

¿Ves a tu mente a través del foco suave o duro? Permíteme algunas distinciones prácticas:

Foco duro

Tu mente trabaja demasiado. Es agotador mantener su ritmo.

Sientes una fuerte aversión por los sentimientos de culpa y vergüenza.

Pones los malos recuerdos donde no los puedas ver.

Quisieras tener más control sobre tus pensamientos.

Te reprochas cuando cometes algún error. Te llamas a ti mismo idiota o estúpido.

Luchas entre los buenos y los malos impulsos.

Las imágenes que no quieres ver surgen como si fueran independientes.

Una voz fuerte te dice si eres bueno o malo.

Estás siempre en actitud vigilante en caso que suceda algo inesperado.

Como puedes ver, el foco duro constituye más que un hábito de la mente. Es la calidad de atención que te estás prestando a ti mismo y al mundo. El acto de ver nunca es neutral. Si tu atención se muestra precavida, hipervigilante ante cualquier tipo de riesgo, y se preocupa por lo que pueda salir mal, la calidad de tu atención carece de salud. (Recuerdo a una mujer que iba al doctor dos veces al año, siempre sospechando que tenía cáncer. Sus exámenes salieron bien durante cincuenta años, pero por fin llegó el día en que las pruebas revelaron que tenía cáncer. "¿Ya ves?", dijo dándose la razón. "¡Te lo dije!". Los médicos se comentan esta historia para reforzar el punto de la necedad de sus pacientes, pero no puedo evitar imaginarme el tipo de vida que tuvo esa mujer durante cincuenta años, hasta que su peor pesadilla se hizo realidad).

El foco suave desarrolla una calidad de atención diferente.

Foco suave

Tu mente está tranquila, no trabaja demasiado. Disfrutas de su presencia.

No sientes que te acosen los pensamientos de culpa y de vergüenza.

Tus recuerdos llenan tu experiencia, los aceptas como son.

No tratas de controlar tus pensamientos. Mientras más libres lleguen, mejor.

Cuando cometes un error lo aceptas y sigues adelante rápidamente. No toda idea puede ser perfecta o brillante, y los errores suelen ser los mejores maestros.

Existe un contraste entre los impulsos buenos y los malos, pero los tomas con calma. A veces te regocijas en secreto de los llamados "malos pensamientos", sabiendo que son sólo otra parte de tu experiencia.

Las imágenes mentales desagradables no te despiertan
temor ni disgusto. Te puedes adaptar al lado oscuro de
la mente.

No te atormenta ninguna voz crítica diciéndote que eres
malo o careces de valor.

No estás preparado para el próximo desastre a la vuelta de
la esquina.

Si Dios te está mirando desde arriba aprueba lo que ve.

Cada uno de estos puntos se traduce en una forma nueva de
enfocar tu vida. Después de leer la lista, te puede sorprender
que hayas aceptado como positivos muchos aspectos del foco
duro. Espero que ahora los veas de otra manera. Una vez que
descubres que el foco suave es una forma más saludable de relacionarte con tu mente, es mucho más sencillo lograr un cambio positivo en tu vida. Después de todo, lo que ves puede
sanarse; lo que no ves quedará igual.

Los hábitos de la mente son esquivos. En este momento no
podemos probar que el foco duro daña directamente al cuerpo,
en tanto que el foco suave lo sana. Pero dado que el cuerpo es
sólo energía, y debido a que la energía se modifica con la consciencia, el valor de tener una consciencia sana habla por sí
mismo. Le damos valor positivo a las cosas por diferentes moti-
vos, influidos desde que nacimos por nuestros padres, amigos,
la escuela, grupos sociales y la sociedad en general. Para bien o
para mal, estas influencias estrechan nuestra mente al fijar sus
creencias y suposiciones. Si te criaste en un ambiente familiar
en el que se hacían distinciones rígidas entre lo correcto y lo
incorrecto, juzgar era natural, y se predicaban la perfección, la
disciplina y el autocontrol, todas estas influencias se interiori-
zaron en ti con el paso del tiempo. Los niños no se resisten a
que se le dé forma a su mente. A nivel social, estamos tan acos-

tumbrados a ver el mundo en términos de héroes y villanos, nosotros contra ellos, ganadores y perdedores, que estas divisiones tajantes se vuelven hábitos de la mente. Se requiere un cambio consciente para desplazarse del foco duro al foco suave, pero esta es la forma más potente de disolver la energía que adhiere firmemente a los hábitos rígidos en su lugar.

Avance 4
Tú puedes mejorar tus genes

A veces un avance proviene de ver una verdad sencilla oculta tras una madeja de complicaciones. Los genes son lo más complicado del cuerpo, pero detrás de ellos radica una sencilla verdad, que es la siguiente: Tú puedes cambiar tus genes y, por lo tanto, puedes mejorarlos. Cuando realizas actividades cotidianas como comer o moverte le estás hablando a tus genes. Así, un estudio reciente muestra que la gente que cambia su estilo de vida de manera importante (alimentándose mejor, haciendo ejercicio, practicando la meditación) modifica alrededor de quinientos genes. Los genes apoyan su nuevo estilo de vida e inician su trabajo en pocas semanas. Pero debimos haber sospechado siempre que los genes no se sientan en un castillo remoto como observadores silenciosos. Una emoción fuerte puede bastar para alterar un gen, porque las emociones requieren un cambio en la química del cerebro (las células del cerebro segregan químicos nuevos de tristeza o felicidad, confianza o timidez, cuando los genes les dan la orden). La parte del cuerpo que parece más estable es en realidad sorprendentemente flexible. El código de la vida es un mensaje que fluye sin terminar jamás.

Los biólogos solían afirmar (y hay gente que todavía lo hace) que nacemos con un conjunto de genes fijos e inalterables. Pero eso equivale a decir que nacemos con un par de manos que jamás cambiarán. De hecho, las manos de un concertista de piano y las de su hermano gemelo albañil son completamente diferentes en aspecto, flexibilidad y destreza. Esas diferencias se reflejarían en patrones cerebrales diferentes. En la corteza cerebral motriz de uno se imprimirá que toca el piano, y en la de su gemelo, que trabaja en la construcción. Los gemelos idénticos nacen con un mismo conjunto de genes, pero si se les hace un perfil genético a los setenta años sus genes resultarán ser completamente diferentes.

Lo que ha cambiado es la noción de que los genes sólo nos afectan si están encendidos; apagados carecen de todo efecto. Los gemelos sólo nacen idénticos; de ahí en adelante viven experiencias únicas, que encienden algunos de sus genes y apagan otros. Nuestro cuerpo es el producto final de un largo proceso de vida que enciende y apaga interruptores. En el transcurso de la vida pueden ocurrir tres cosas:

Un gen puede encenderse y apagarse con horario fijo.
Un gen puede encenderse y apagarse según la conducta y
   las experiencias de la persona.
Un gen puede encenderse y apagarse por una combinación de los dos anteriores.

Dos de estas tres posibilidades te permiten decidir lo que harán tus genes. Se trata de una buena noticia, puesto que durante décadas nos dijeron que los genes son fijos, que estos nos confieren rasgos hereditarios y que determinan lo que pasa en nuestro cuerpo. Quedamos con muy pocas posibilidades de decidir. Pero no es necesario tener un gemelo para llegar a los setenta con un perfil genético exclusivo (a todos nos sucede). Todos trabajamos con las mismas tres posibilidades: tu conducta no afectará ciertos genes, pero tendrá un fuerte efecto sobre algunos otros. En cuanto a la mayoría de tus genes, tanto los innatos como los que cultivamos desempeñan papeles cruciales.

Cuando la gente piensa en los genes, siempre surge el ejemplo de los ojos azules. Quien heredó un gen específico tendrá ojos azules, y quien tiene un gen diferente tendrá ojos café, verdes o miel. Sin embargo, ésta es la excepción, no la regla.

Sucede que no hay un gen único que determine, por ejemplo, la estatura. Estudios recientes demuestran que hay más de veinte genes que intervienen en la estatura que alcanzará una persona (algunos expertos elevan el número a cien genes), e incluso cuando se analizan, esos genes no pueden decirnos si un recién nacido alcanzará de grande una estatura baja o alta. Existe una correlación en general en cuanto a que la estatura de la madre influye en la del hijo y la del padre en la de la hija. Pero todos conocemos hijos impresionantemente más altos o más bajos que sus padres. Cuando dos padres de baja estatura tienen un hijo alto, nadie se explica el porqué. Los científicos ni siquiera pueden decidir si los genes son responsables del 90 por ciento de la estatura (antigua conclusión) o de apenas el 30 por ciento.

Los factores externos tampoco constituyen predictores. Podríamos suponer que una mejor alimentación hace a la gente más alta, pero la generación joven de las Filipinas tiene una menor estatura a pesar de las mejores condiciones económicas. Debería suponerse que un grupo étnico alto tendría cada vez mayor estatura, pero los indios de las planicies eran de los más altos del mundo cuando los europeos conquistaron Norteamérica, y dejaron de serlo. Los norteamericanos eran más altos que sus contemporáneos europeos durante los siglos XVIII y XIX, pero los holandeses ya los superaron, junto con los habitantes de diversos países escandinavos. El ritmo del cambio puede ser rápido o lento. Los holandeses tardaron 150 años en ser los más altos del mundo; los japoneses han dado un salto en su estatura a partir de la reciente Segunda Guerra Mundial. (En el reino animal existían sólo cuarenta razas de perros antes de que se desatara la fiebre de crear nuevas razas en la Inglaterra victoriana. A partir de 1870, esa cifra se elevó a cuatrocientos).

Hace unas cuantas décadas los investigadores médicos descubrieron que la diabetes y la anemia de células falciformes se debían a genes hereditarios y se preguntaban si lo mismo sucedería con la depresión y la esquizofrenia, que también parecen ser hereditarias. Ha aumentado la esperanza de que poco a poco todas las enfermedades, físicas y mentales, puedan detectarse y curarse a nivel genético. Los padres encontraron alivio al saber que la manera en que crían a sus hijos no genera enfermedades mentales en su descendencia. Las personas que sufren de depresión, ansiedad, obesidad y muchos otros problemas dejaron de creer que habían sido sus decisiones las que los provocaron. Algunos genes tenían defectos y otros genes llegaban a rescatarlos.

Si el mapa del ADN humano representaba al Santo Grial hace diez años, hoy existen mil santos griales (que atribuyen un gen específico a cada desorden específico). Los medios se inundaron de noticias sobre el denominado "gen gordo", o el gen del Alzheimer, y quizá incluso un gen que hace que la gente crea en Dios, el "gen de la fe". Todos estos descubrimientos dieron pocos frutos. La teoría del gen único se está descartando con rapidez, aunque el público no deja de creer en ella. Más aún, en los últimos años se ha hecho el mapa del genoma de cientos de individuos y, para sorpresa de los investigadores, resultó haber por lo menos tres millones de diferencias entre la constitución genética de dos personas cualesquiera (una cifra enorme tomando en cuenta que poseemos sólo de 20.000 a 30.000 genes, mucho menos de lo que todos suponían).

Los genes no pueden gobernar todos los demás factores que nos hacen ser lo que somos. Un gen no confiere el amor a las plantas, el interés por coleccionar estampillas, el gusto por Bach o la imagen de la persona de quien uno se enamorara. ¿Qué sucedería si dejáramos de pensar en el ADN físicamente? Llevemos los genes al campo de la consciencia para ver cómo

responden. El ADN es un banco de memoria en el que se guardan todas las experiencias del pasado que nos hacen humanos.
En lugar de permitir que esos recuerdos nos usen, podemos
aprender a usarlos.

El ADN es tan físico como las demás partes de nuestro
cuerpo; está hecho de energía y sus patrones de energía pueden
cambiar por medio de un cambio de consciencia. Cada uno
nace con ciertas predisposiciones que determinan cómo será su
cuerpo, pero si inyectamos nuestros deseos personales, hábitos
e intenciones, un rasgo fijo puede convertirse en maleable (una
brizna de deseo basta para modificar el ADN). Qué ironía que
lo que médicamente se consideraba fijo, el cerebro y el ADN,
se convirtió en la clave para reinventar el cuerpo.

La historia de Mariel

La gran pregunta no es si los genes pueden mejorarse o no, sino
cuán lejos puede llegar este proceso. Los genes obstaculizan el
cambio sólo porque aceptamos que tienen poder sobre nosotros. Pero hay algunas personas que encuentran el camino para
superar sus genes. Mariel, que hoy pasa de los treinta, nació
con un problema congénito en los ojos que no pudo corregirse
con cirugía. "Me crié sabiendo que perdería la vista con los
años", dijo. "Con el tiempo, tuve que enfrentarme continuamente a limitaciones nuevas. Cuando salí de la universidad
para empezar la maestría, me costaba mucho trabajo leer letras
chicas".

Un día, Mariel estaba en la biblioteca y no pudo leer las tarjetas del catálogo. "Acababan de cambiar al sistema de microfi-
chas, y era muy frustrante tratar de adivinar qué decían esas
letras tan pequeñas. Siguiendo un impulso, me levanté para
dirigirme a los estantes. Caminé hacia el área general donde se

encontraba el libro que quería. Al llegar traté de pedir ayuda, pero como no había nadie, saqué un volumen al azar. Resultó ser exactamente el que buscaba".

En aquel momento Mariel pensó que esto era una coincidencia, aunque extraordinaria. Pero con el tiempo empezó a surgir un patrón. "Descubrí que podía ver sin usar los ojos. Podía encontrar objetos perdidos, como las llaves o la billetera, sin tener que buscar por todos lados. Al principio supuse que estaba reconstruyendo lo que había hecho, como hacen muchas personas cuando pierden algo. Pero un día al llegar a casa de un restaurante, no encontré mi chequera. Antes de siquiera tratar de recordar dónde la había dejado, una imagen visual apareció en mi mente, mostrándome la chequera en un lugar muy específico del estacionamiento del restaurante. Se me había caído de la cartera al sacar las llaves. Regresé entonces al restaurante y la chequera estaba tirada justo donde la había visualizado".

Mariel pronto llegó a confiar en su segunda vista recién adquirida. "Si estoy escribiendo un informe y necesito una cita específica, sólo tengo que abrir el libro de consulta y las hojas señalarán el pasaje que busco. Esto no pasa siempre, pero sí cuando más lo necesito".

"¿Cómo te lo explicas?", le pregunté.

"Estuve a punto de pensar que existe una conexión especial entre Dios y yo", me dijo. "Después encontré un artículo de un neurólogo que hablaba sobre personas que perdían la vista de pronto, por lo general en accidentes. Algunas de ellas se resignaban a no ver, pero otras se adaptaban de manera sorprendente. Hubo un hombre ciego que se dedicó a construir techos. Se especializaba en techos muy complicados con pendientes pronunciadas y muchos gabletes. Prefería trabajar de noche, lo cual consternaba a los vecinos. Cualquier persona con vista temería subirse a esos techos en plena luz del día.

Otra persona que recuerdo desarrolló la capacidad de diseñar intrincadas cajas de velocidad, cuyo complejo esquema veía sólo con los ojos de la mente. No tenía esta capacidad antes de que le cayera en los ojos una fuga súbita de ácido, dejándolo ciego. Fue después de eso que descubrió que poseía esta notable habilidad".

Los genes de todos llevan oculto un potencial secreto. Basta con revisar los trabajos del finado Dr. Paul Bach-y-Rita de México, quien despertó la burla general hace treinta años cuando sugirió que el cerebro tenía la capacidad de realizar una "sustitución sensorial". Es decir, que una persona ciega podía aprender a "ver", por ejemplo, sustituyendo el sentido de la vista con el del tacto. Braille ya nos había dado la clave de que algo similar a esta audaz idea era posible. Pero el Dr. Bach-y-Rita llegó mucho más lejos. Murió a los setenta y dos años, después de desarrollar un mecanismo que se conoce como "puerto cerebral", que es una pequeña pala que se adapta a la lengua. Usando una rejilla de 600 puntos eléctricos adjunta a una cámara, el puerto cerebral puede enviarle una imagen a la lengua de todo lo que ve la cámara. Esta imagen consiste en impulsos eléctricos que se conducen hasta los receptores sensoriales del tacto y, con cierta práctica, el cerebro de la persona ciega puede "ver" la imagen.

No se trata sólo de una anécdota, pues se ha demostrado con resonancia magnética que la corteza visual de una persona ciega se ilumina cuando se envían señales a la lengua. En un reportaje reciente de la televisión pública se pudo ver a pacientes ciegos tirando pelotas de tenis hacia un bote de basura que se encontraba a seis metros, y caminando sobre una línea curva sin salirse de ella. Pero la sustitución sensorial llega aún más lejos. Una mujer había perdido el equilibrio como efecto secundario de un antibiótico y era imposible curarla con medicamentos o con cirugía, porque el laberinto vestibular de su oído interno había quedado arruinado por completo. Pero entrenando con el puerto cerebral, que le decía a su lengua cuándo estaba erguida y cuándo no, recuperó el equilibrio. Después sucedió algo más notable. Cuando la mujer se quitó el puerto cerebral, no perdió el equilibrio de inmediato. Una hora de entrenamiento le alcanzaba para mantener el equilibrio una hora después de haber terminado la sesión. Al ir progresando, un día de entrenamiento le confería equilibrio al día siguiente. Poco a poco, para sorpresa de los científicos, podía caminar y andar en bicicleta sin necesidad del puerto cerebral.

El sistema vestibular del cerebro es muy complicado, pero todo, o gran parte de él, puede sustituirse en una región del cerebro donde antes jamás se ubicó al equilibrio. El Dr. Bach-y-Rita no sólo comprobó que el cerebro es más flexible de lo que solía suponerse, sino que su investigación también sugiere que el cerebro es mucho más creativo de lo que se pensaba. ¿Cómo sabe un órgano compuesto en gran medida de agua, al que gobiernan por completo los impulsos electroquímicos, que una persona necesita sentir de una manera nueva, si hasta donde sabemos ello no es necesario para la evolución humana?

Las semillas del cambio

El potencial oculto del cerebro proviene del potencial oculto de los genes. Una célula del cerebro no puede realizar ningún movimiento nuevo, a menos que su ADN le envíe nuevas señales químicas. En lugar de enredarnos en la química orgánica, con la cual de cualquier manera no trascenderíamos el nivel físico, es necesario percatarnos de que les estamos hablando a nuestros genes todo el tiempo. Por cada rasgo fijo, como el color de los ojos, del pelo y de la piel, miles de millones de genes están tejiendo un patrón intrincado que responde a los siguientes factores:

#160 07-25-2016 11:13AM
Item(s) checked out to ORTIZ, LEIDA IVAN

TITLE: Mis emociones me dominan
BARCODE: 39046096676216
DUE DATE: 08-15-16

TITLE: Reinventar el cuerpo, resucitar e
BARCODE: 39046087398580
DUE DATE: 08-15-16

TITLE: 52 peque?os cambios : un programa
BARCODE: 39046096660541
DUE DATE: 08-15-16

Cómo piensas.

Cómo sientes.

Cómo actúas.

En qué crees.

Qué esperas.

Qué amenazas temes.

Qué objetos deseas.

Qué decisiones de estilo de vida tomas.

Tu ambiente inmediato.

Tus hábitos y preferencias.

En el nivel más básico, las decisiones en cuanto a estilo de vida tienen consecuencias genéticas. En la búsqueda de bienestar, las prácticas como las dietas vegetarianas, el hata yoga, la meditación y el apoyo psicosocial se consideran buenas medidas preventivas desde hace tiempo. Actualmente se entiende que adoptar estas prácticas puede suspender e incluso revertir enfermedades serias (padecimientos cardíacos, diabetes, presión alta, cáncer de próstata, obesidad, colesterol alto y otras condiciones crónicas) con perspectivas prometedoras en esta área. Hace muy poco que la investigación incursionó a nivel genético para explicar estos cambios benéficos. Se descubrió que cientos de genes pueden cambiar su expresión en el breve lapso de unos cuantos meses, después de que los pacientes cambian su estilo de vida en una dirección positiva. Los genes asociados con el cáncer, los padecimientos cardíacos y la inflamación bajaron su intensidad o "se apagaron", en tanto que los genes protectores aumentaron su actividad o "se encendieron".

En este momento estás tomando toda clase de decisiones que tejen el entramado peculiar, impredecible y creativo de tu vida. ¿Les interesa eso a los genes? Según parece sí, y mucho. Por ejemplo, se ha demostrado que la tasa de mortalidad

aumenta de manera importante después de las fiestas navide-
ñas, y lo mismo sucede con personas que padecen enfermedades mortales al pasar su cumpleaños. Ello significa que cuando
alguien se está muriendo, puede posponer su muerte hasta
pasar el día que desea ver. (Sé de un hombre que se acercaba
lentamente a la muerte a causa de un cáncer en el cerebro y
falleció cuando un curandero indio Lakota Sioux llegó a su
lecho de enfermo y llevó a cabo una ceremonia para liberar a
su espíritu del cuerpo, de manera que pudiera llegar a la vida
eterna).

Es como si tener un deseo bastara para decirle al cuerpo lo
que debe hacer. ¿A los genes les basta con lo mismo? Antes ejercer influencia sobre un gen se consideraba imposible, pero la
situación está cambiando rápidamente. Los investigadores
genéticos que trabajan con ratas descubrieron que las crías que
reciben buena atención de la madre se convierten en adultos
más saludables que las que son descuidadas. Una rata que es
buena madre lame y limpia a sus descendientes casi todo el
tiempo y se queda cerca de ellos físicamente. Una mala madre
es errática en el cuidado de sus crías y las deja solas con frecuencia, por lo que estas se asustan con más facilidad, demuestran menos curiosidad en cuanto al mundo y tienen menos
deseos de explorarlo.

Este descubrimiento en sí no tuvo mayor importancia. Hace
mucho se había demostrado que las crías de simios a las que se
les impedía estar cerca de su madre y recibir sus cuidados cre-
cían con disturbios emocionales (recordarán las conmovedoras
fotografías de las desamparadas crías de monos macacos que
abrazaban a una estatua de su madre hecha de malla de alambre). La parte radical del experimento con ratas fue descubrir
que las crías que habían sufrido de mala atención materna se
convertían en malas madres también. Se rehusaban a cuidar
debidamente a su descendencia y tendían a abandonarla. En

otras palabras, las crías de rata que tuvieron mala madre no adquirieron genes nuevos, pero sí un nuevo comportamiento. Quizá no estaba atado a sus genes el primer humano ancestral que decidió erguirse para ver el horizonte lejano. Tal vez le transmitió esta nueva conducta a sus hijos sin tener que esperar milenios a que se diera una mutación. ¿Pero cómo? La respuesta radica en un oscuro nivel celular que se conoce como los *epigenes*. Cada filamento de ADN está envuelto en una capa intermedia de proteínas complejas (el epigen) que de alguna manera activa el encendido o apagado de un gen. Cuando el epigen se ve afectado por algo que hacemos o sentimos, no crea ADN nuevo (nuestra herencia genética queda igual que al momento de nacimiento). Pero su comportamiento puede cambiar de manera drástica. De modo que cuando una mala madre rata desvía el desarrollo normal de su cría, el ADN de la cría se activa para iniciar un mal comportamiento, que suele transmitir a futuras generaciones. Presenté un ejemplo negativo, pero hay muchas implicaciones positivas que pueden desarrollarse si aprendemos a encender y apagar nuestros genes. La terapia de genes, por ejemplo, ha fracasado para tratar el cáncer, pero quizá los epigenes entren al rescate. Como la terapia de genes intenta sustituir o cambiar los genes con los que nacemos, el cuerpo se revela y produce muchos efectos colaterales indeseables. Por otro lado, si el epigen puede decirle al ADN que evite que un tumor crezca o que detenga la tumoración que acaba de iniciarse, podríamos derrotar al cáncer con sólo pedirle a una célula que se comporte de manera diferente.

Si la manera más natural de generar un cambio es encendiendo o apagando un gen, ¿cómo podemos controlar el interruptor? Los cambios del estilo de vida constituyen un punto inicial, pero tal vez poseamos un control más directo, aunque el interruptor se encuentre oculto. Para seguir con el cáncer, existen miles de casos documentados en los que una malignidad avanzada ha desaparecido sin tratamiento. Estas remisiones espontáneas, como se les denomina, han desencadenado una mitología extensa. Basta un rumor de que una hierba, brebaje de frutas, gema o terapia de color, ritual religioso, oración o intervención milagrosa ha salvado una vida para que los pacientes terminales de cáncer se lancen desesperados por ese camino. Linus Pauling, premio Nobel, estaba convencido de que las megadosis de vitamina C habían curado a un pequeño grupo de pacientes con cáncer terminal. En México se ofrecen ilegalmente transfusiones de sangre y lo que se llama "purificación de sangre". Existe una enorme cantidad de terapias alternativas cuya acción sigue siendo completamente desconocida y carece de pruebas. Lo que sí se sabe es que en algunos casos raros un factor *x* puede lograr que un tumor se repliegue, sin que se conozca la razón. Llega incluso a suceder sin ningún tratamiento. Algunos pacientes desarrollan la claridad de que se van a recuperar y su claridad da resultados. Esto se acerca más bien a la sanación tradicional por la fe, que atribuye curaciones a un poder superior, sin ninguna intervención física. Lo que puede unir estos enfoques tan dispares (luego de eliminar fraudes y falsos rumores) es el poder de la consciencia para encender un gen supresor de tumores.

Nos encontramos ante un dilema. No puede ser falsa la esperanza de obtener resultados. Por otro lado, sería injusto reducir las terapias alternativas a la esperanza. Quizá haya una combinación impredecible de sustancias y espíritu que funcionan cuando la esperanza subjetiva del paciente y sus creencias permiten que la terapia dé resultado. Se trata de un reto básico: ¿De qué manera tomamos el control efectivo de nuestros genes?

Sintonizar, desintonizar

Todos provocamos cambios en nuestros genes, pero hacerlo conscientemente constituye una habilidad especial. No estamos sintonizados al nivel de nuestros cuerpos que nos permitiría encender y apagar nuestros genes activamente. Sin embargo, sucede que este nivel se encuentra a nuestro alcance. No podemos llegar a él para dar directamente en el blanco de un gen, pero tampoco es necesario. Sólo necesitamos sintonizarnos. Desintonizar el cuerpo es el peor mal que podemos provocar. Sin un canal abierto de comunicación, no se puede esperar que nuestras células respondan a nuestros deseos e intenciones. "Desintonizar" significa retirar tu atención, emitir juicios contra tu cuerpo e ignorar sus señales. Igual que en todo, existen diferentes niveles de desintonización. Dependiendo del grado de desconexión de cada persona, el cuerpo responderá con reacciones cada vez más severas: *ausencia de placer, disminución de vitalidad, incomodidad, adormecimiento* y *dolor.*

El paso de una etapa a otra puede tardar años, pero un trauma súbito como un accidente automovilístico o una enfermedad grave puede abatir la consciencia del cuerpo de manera rápida y dramática. Por ejemplo, cuando una persona cercana a nosotros muere y entramos en duelo, se presenta todo el espectro: la comida deja de tener buen sabor (ausencia de placer); nos sentimos apáticos y cansados (disminución de vitalidad); el cuerpo se siente pesado y cuesta trabajo dormir (incomodidad); se dejan de experimentar las sensaciones de calor y de frío, y el entorno conocido parece solitario y extraño (adormecimiento); aparecen y desaparecen malestares en el cuerpo (dolor). Siempre hay también consecuencias mentales, y con mucha frecuencia las personas que experimentan depresión, adormecimiento y vacío interior no se dan cuenta de que están terriblemente desconectadas de su cuerpo.

A continuación aparece una lista de las sensaciones características de la desintonización. Lean la lista y pregúntense cuántos de estos puntos concuerdan con ustedes.

Te sientes separado de tu cuerpo y de lo que dice.

Te parece difícil sentir placer físico.

Comparas desfavorablemente a tu cuerpo con el de otros o con algún ideal de cuerpo "perfecto".

Te sientes feo o indigno en tu cuerpo.

Te hace infeliz imaginar la forma de tu cuerpo.

Te causa incomodidad que te toquen.

Tiendes a malinterpretar el acercamiento físico de otras personas como agresivo o, por lo menos, alarmante.

El vínculo por medio de la intimidad física no constituye una opción para ti.

Te sientes torpe y descoordinado.

La única época en que te gustó tu cuerpo fue de joven.

Físicamente, consideras no ser suficientemente femenina o masculino.

A veces parece que tu cuerpo no te pertenece.

Estas actitudes negativas varían de leves a severas. Pero tu cuerpo siempre percibe si se le ignora o se le juzga de manera desfavorable. Para la mayoría de la gente, ignorar su cuerpo se ha convertido en un hábito. Sin pensarlo dos veces, exponen su cuerpo a un estrés indebido. Después de todo, ¿no damos por hecho que la vida moderna se ha vuelto estresante, más allá de nuestro control? Si realmente estuviéramos sintonizados con nuestro cuerpo, estos desarreglos se sentirían antes de exigir atención. La sintonización se resume a volvernos más conscientes. Cuanto más conscientes seamos, más sensibles seremos ante nuestro cuerpo, y viceversa.

Visto de manera simbólica, todo desorden constituye un caso en que el cuerpo se vuelve extraño, enemigo, aliado fallido o víctima derrotada. Para evitar que estas metáforas se hagan realidad, necesitamos brindarle a nuestro cuerpo la seguridad de que lo cuidaremos y lo escucharemos cuando hable.

Sintonizar tu vida

Una vez que te sintonizas, tu cuerpo cuenta con una capacidad sorprendente de corregirse por sí mismo. Para iniciar este proceso es necesario que te sientas cómodo con tu cuerpo. Debe entablarse una conexión básica sin bloqueos de culpa, vergüenza e incomodidad. Responde el siguiente cuestionario y verás dónde se inicia la labor de reconexión de tu persona.

¿Te sientes cómodo dentro de tu cuerpo?

La lista que aparece a continuación cubre los puntos más comunes que hacen que la gente se sienta incómoda con su cuerpo. Marca tu nivel de comodidad en cada punto, de la siguiente manera:

C - **Cómodo**
N - **No me molesta**
I - **Incómodo**
T - **Totalmente ignorado**

___ ponerte un traje de baño revelador

___ ponerte ropa ajustada

___ verte en un espejo de cuerpo entero

___ probarte ropa en una tienda

___ bailar

___ jugar deportes de equipo

___ abrazar

___ acurrucarte con alguien

___ tener sexo con la luz prendida

___ que te miren en público

___ describir tu aspecto físico

___ coquetear físicamente

___ pensar en tu peso

___ que te toque algún amigo o conocido de manera informal

___ oír a otros hablar de tu cuerpo

___ sentarte en silencio, sobre todo en público

___ intentar retos físicos (caminatas, carreras, subir tramos de escaleras, etc.)

___ que te vea desnudo tu esposa o amante

___ desvestirte en el gimnasio

___ que te tomen una foto

___ pensar en que te toquen físicamente

___ comprar un brasier u otra prenda íntima

La intención de este breve cuestionario no es que sumes tus resultados; se trata de una hoja de trabajo para volver a ponerte en contacto con tu cuerpo. Selecciona algún punto que hayas marcado como "incómodo" y escribe un plan para superarlo. Tu plan debe empezar en la consciencia. Imagínate en la situación incómoda. Usa una imagen específica que evoque tu incomodidad de manera que la sientas a nivel emocional e incluso hasta físico.

Quédate con esa energía. Sólo con sintonizarla darás el primer paso hacia una nueva consciencia de tu cuerpo. No te congeles ni te pongas tenso. Respira tranquilamente; relaja tu cuerpo. Si la imagen tiene que ver con desvestirte en el gimnasio, visualízate en ese lugar, pero en vez de sentir todas las miradas sobre ti, genera un cambio. Haz que la gente mire hacia otro lado sin prestarte atención. Repite varias veces esta nueva escena. Visualízalos mirándote, haciendo que te sientas avergonzado, luego haz que dejen de mirarte. Al repetir este proceso empezará a disiparse la energía que rodea este tema.

Ahora pasa a otro aspecto de la escena, como ir desvistiéndote hasta quedar desnudo. Usa el mismo proceso anterior. Visualízate incómodo y luego cambia la escena. Que esta vez te resulte indiferente estar desnudo. Puedes estar hablando con un amigo o poniéndote crema en las piernas. Tal vez alguien pase sin prestarte atención. Quizá alguien se te acerque mientras te desvistes y te pida que le ayudes en algo. El punto es aumentar tu comodidad y estar a gusto en la situación que te molesta. Una vez más, repite el cambio, como si proyectaras varias veces la misma escena de una película.

El paso final de este ejercicio es hacer que cambie tu consciencia, para crear un canal de comunicación más abierto con tu cuerpo. Si estás demasiado desconectado de tu cuerpo, el ejercicio puede resultarte muy intimidante. Si así fuera, en vez de empezar con un punto que has marcado como "Incómodo", empieza con alguno que hayas marcado "No me molesta". Poco a poco podrás recorrer todos los pasos para sintonizarte:

1. Librarte de la energía estancada a través de la visualización.
2. Entrar en una situación que te hacía sentir incómodo.
3. Sentir indiferencia ante esa situación, hasta el punto en que deje de importarte.
4. Sentirte completamente cómodo.
5. Disfrutar y buscar la situación que antes evitabas.

No te habrás sintonizado hasta que alcances el fin del proceso. Recuérdate a ti mismo todo el tiempo que cada paso para la sanación debe darse estando consciente. No te hará ningún bien salir corriendo a comprar un bikini o dejar que alguien te toque de manera íntima antes de sentir comodidad mental y emocional. Verifica continuamente las sensaciones que surgen de tu cuerpo. Quédate con ellas; míralas. Si sigues visitando brevemente tu zona de incomodidad, tu cuerpo empezará a responder. Ten confianza, no te presiones demasiado ni muy rápido.

Además, exponte al placer de las sensaciones físicas que has ignorado. Observa los puntos que marcaste "Disfrutable" y dale a tu cuerpo el alimento emocional de las sensaciones positivas. Recuérdate que tu cuerpo constituye la unión entre el mundo visible y el invisible. Las experiencias más placenteras (de amor, calidez, belleza y alimentación emocional) tienden un puente entre estos dos mundos. Cuentan con un componente que tu cuerpo entiende y un componente que tu mente entiende. Deja que los dos se fundan en uno. Entonces quedará completo el proceso de sintonización.

Avance 5

El tiempo no es tu enemigo

Cuando un avance tiene suficiente fuerza, puede darle un giro al orden natural de las cosas. En esta categoría entra todo lo que se refiere al tiempo. ¿Existe algo más poderoso que el tiempo? Este rige el ciclo del nacimiento y de la muerte. Se mueve hacia adelante de manera inexorable. Trae consigo el envejecimiento y el deterioro. La liberación final de tu cuerpo radicará en superar los efectos del tiempo. Superarías así el mayor defecto del cuerpo, que es deteriorarse sin mayor razón aparente que los efectos negativos del paso del tiempo.

En este avance verás que el tiempo no es tu enemigo. Podemos tomar la decisión de pensar que el tiempo rige nuestra vida. Hay señales de que esto ya está sucediendo. La generación actual inventó la "nueva vejez", que desplaza constantemente a la envoltura biológica. En el año 2005, una mujer rumana llamada Adriana Iliescu se convirtió, a los sesenta y siete años, en la madre de mayor edad que se haya registrado: dio a luz a una niña saludable por fertilización *in vitro*. El suceso generó sentimientos desconcertantes en todo el mundo, pero la actitud de Adriana es la característica de un cambio rápido de creencias.

"Sólo lamento no tener el aspecto de una joven ante mi hija", dijo. "Me sorprendo siempre que me miro al espejo. Hay una gran diferencia entre cómo me siento y cómo me veo".

Iliescu ha destrozado el estereotipo de maternidad limitado sólo a la juventud, pidiéndole a su cuerpo que estuviera a la altura de lo joven que se siente, y al hacerlo de manera muy consciente desplazó los límites del envejecimiento.

"Un poco de deporte, un poco de actividad y una vida intelectual activa hacen que el cuerpo se vuelva más joven, porque el cerebro genera hormonas que te hacen sentir mejor", declaró ante la prensa.

Para crear una nueva agenda para el cuerpo, hay que cambiar actitudes. En épocas pasadas se le temía a la vejez, y con razón. Se metía a las personas mayores en una vitrina. Cuando cambiaron las actitudes, gracias a una mejor salud, a mayores esperanza de vida y a cambios demográficos, la gente empezó a tener la expectativa de sentirse vigorosa, alerta y útil mucho después de los setenta y cinco años. Una encuesta reciente reveló que más de la mitad de los norteamericanos considera los setenta años como edad mediana avanzada, y que la vejez en sí comienza después de los ochenta. El hombre de mayor edad que terminó el maratón de Londres tiene actualmente 101 años, y continúa demostrándonos lo que es posible para cualquiera.

Pero hacer más lento el proceso de envejecimiento no es lo mismo que resolver el problema del tiempo. ¿Por qué aceptamos los estragos del tiempo? ¿Será posible que el peor enemigo del cuerpo se convierta en su aliado?

¿Evolución o erosión?

El problema del tiempo se resume en un punto: nuestro cuerpo evoluciona y se erosiona simultáneamente. Ambas fuerzas son constantes e invisibles. La manera más segura de escapar de las garras del tiempo es seguir evolucionando, y lo bueno es que a veces la evolución lleva la delantera. En esos casos, nos sentimos en expansión, optimistas, mirando hacia el futuro y deseosos de descubrir cosas nuevas. De tal manera que contamos con todo el tiempo del mundo. Podemos olvidarnos del tiempo y vivir como si no existiera (como hacen los amantes o la gente inmersa por completo en el trabajo o en el juego). En otras ocasiones la entropía toma el dominio. No hay tiempo entonces para hacer cosas importantes y el tiempo con el que contamos nos desgasta. Aburridos o deprimidos, notamos que nuestra vida pierde impulso. Cuando nuestro cuerpo pone en una balanza evolución y entropía, las dos caras del tiempo luchan en silencio por la supremacía. La "nueva vejez" demuestra que se puede resistir la erosión por medio de creencias y actitudes. No es necesario solidarizarse con ninguna creencia que fomente la entropía. Resulta mucho mejor creer, como lo hemos hecho hasta aquí, que la consciencia puede cambiar cualquier patrón de energía a voluntad.

Por conocidas que parezcan, estas dos fuerzas son un misterio. A pesar de que la comunidad científica acepta la teoría de la evolución de Darwin, nadie sabe cómo o por qué la naturaleza de pronto da saltos creativos. Jamás nos imaginaríamos, al ver los fósiles de los dinosaurios más pequeños que se deslizaban a los pies de sus gigantescos parientes que sacudían la tierra, que serían ellos los sobrevivientes del desastre que hizo desaparecer a los grandes dinosaurios. Mucho menos podríamos haber visto en su piel escamosa el potencial de desarrollar cabello, pelaje y plumas. Pero sin esa posibilidad escondida los mamíferos y los pájaros no hubieran podido evolucionar.

La evolución no manda telegramas para avisar sobre el siguiente salto creativo. Esto se aplica en especial a los seres humanos. Nuestros ancestros de la edad de piedra no tenían destreza matemática (se ha discutido si el hombre Neanderthal podía contar; ciertos aborígenes australianos siguen usando el sistema de "uno, dos y muchos" como su única aritmética). Sin embargo, escondida en su corteza cerebral, se encontraba la asombrosa capacidad del cálculo avanzado. Una memoria normal, que parece muy limitada, puede expandirse a voluntad. Con práctica cualquiera de nosotros podría memorizar la

Biblia palabra por palabra, y unos pocos individuos afortunados poseen el don de una memoria fotográfica completa, que
les permite recordar todos los momentos de su vida.

· Tampoco existe ningún indicador de que la memoria tenga
límites evolutivos. Su despliegue podría continuar sin fin. Al
parecer, los cerebros humanos ya están preparados para eso. Un
ejemplo impresionante es el de una mujer de cerca de treinta y
cinco años llamada Jill Price, que desarrolló una memoria total
casi de la noche a la mañana a los catorce años. Ella describe la
manera en que una parte de su mente participa en la realidad
cotidiana mientras que la otra proyecta una película detallada
de cualquier día que desee recordar. No sólo se acuerda de lo
que hizo, la comida que se sirvió en su casa y las noticias del
periódico, sino que si Jill oye unos cuantos compases de un
tema cantado en televisión, sabe al instante de qué programa se
trata *y el día en que escuchó ese tema*. Puede decir el nombre de
las canciones que se oían en ciertas series que se cancelaron
luego de unos pocos episodios.

Se trata de un don sumamente raro y también de una carga
única. La memoria de Jill conlleva la presencia de todas las
emociones originales. Tiene cierto sobrepeso y lamenta recordar todas las veces en que su madre la criticó por su figura. El
título de su autobiografía resulta conmovedor: *La mujer que no
puede olvidar*. La aparición de la memoria total de Jill estuvo
fuera de su control. Pero nos recuerda lo vasto del potencial
humano. (Si se entrenara a todos los niños para desarrollar la
memoria, ¿nos convertiríamos en una sociedad de memoria
total?).

La entropía implica menos misterio, al menos en la superficie. Se trata sencillamente de una tendencia natural a dispersar
la energía y volverse menos organizados con el paso del tiempo.
La comida caliente se enfría si la abandonamos; todo el uni-

verso se enfría al expandirse en todas direcciones, dispersando el calor original que generó el Big Bang. Pero la vida se opone a este principio inflexible en apariencia: todos los seres vivos generan energía y se vuelven cada vez más complejos. Entonces, ¿por qué es que la naturaleza no quedó satisfecha con el enfriamiento? No había necesidad de que el universo inicial creara el ADN, que encierra miles de millones de trozos de energía en su doble hélice y adquiere más energía cuando comemos y digerimos los alimentos.

La vida representa la capacidad cósmica de manipular tanto el tiempo como la energía. Mientras absorbas más energía de la que pierdes, estarás deteniendo el tiempo. El tiempo sólo transcurre cuando tu energía se fuga. Imagínate un tronco en la chimenea que tarda una hora en quemarse. Esa hora representa la cantidad de energía disponible antes de que suceda la "muerte del calor". El ADN pone a disposición energía para siempre (o casi, con una duración de dos mil millones de años, hasta hoy, y más en adelante). El ADN funciona como si fuera inmortal. La entropía no desaparece; sigue presionando nuestros genes, coaccionándolos para que se colapsen, y sin embargo la vida persiste y sigue evolucionando. Para un físico, tu cuerpo es una isla de "entropía negativa", porque mientras viva se negará a enfriarse. Una célula que carece de alimento y aire durante apenas tres segundos empieza a deteriorarse; un cerebro que no recibe oxígeno durante más de diez minutos empieza a morir. Pero esto no constituye amenaza alguna mientras tu cuerpo sepa cómo manejar el tiempo.

Ahora que ya conoces las reglas del juego, debes decidir entre el desarrollo y el deterioro, pues no existe la opción de quedarse inmóvil. Si te sientas en una silla y dejas de usar tus músculos, se atrofiarán; lo mismo sucederá si dejas de usar tu cerebro. La opción obvia es solidarizarse con la evolución, porque así podrás desarrollar áreas nuevas e insospechadas, marcándole a tu cuerpo una agenda a la que el tiempo no podrá oponerse.

Controlar el tiempo

El dominio del tiempo está incorporado en ti. Tu cuerpo funciona con muchos relojes, cada uno a diferente velocidad. De recién nacido, los huesos de tu cráneo se fueron uniendo a una velocidad increíblemente baja comparada con la tormenta eléctrica de los millones de conexiones nuevas por minuto que estaba creando tu cerebro. Las células inmunes de tu madre, única protección que tenías contra las enfermedades al momento de nacer, se fueron muriendo al desarrollarse tus anticuerpos. Tus órganos sexuales estaban latentes; tus dientes permanentes eran una semilla diminuta. El ADN, originalmente contenido en la célula que fertilizó al huevo, controlaba docenas de ciclos diferentes. No fue rápido el desarrollo del ADN de tu cerebro ni lento el de tus huesos del cráneo. El mismo código genético coordina de alguna manera eventos que duran unas cuantas milésimas de segundo (la activación de una neurona, la absorción de oxígeno por parte de un glóbulo rojo), algunos años (perder los dientes de leche, desarrollar por completo el sistema inmunológico) o décadas enteras (madurez, encanecimiento, menopausia).

Esto nos señala que nuestro cuerpo dista mucho de ser víctima del tiempo. Todo lo contrario, lo que hace es orquestar el tiempo para su beneficio. Sin embargo, el problema empieza cuando metemos en nuestro cuerpo temores y creencias negativas sobre el tiempo. Tomemos la sencilla idea de que el tiempo no alcanza. Esta creencia es la que genera fechas "límite", término que evoca el final: si se te acaba el tiempo antes de cruzar la línea, estás muerto. Tu cuerpo desempeña su papel con esta creencia. Si corres para cumplir con una fecha límite, tu ritmo cardíaco aumentará, se contraerán tus vasos sanguíneos y tu mente se acelerará para mantener el ritmo de todo lo que tienes que hacer. Todos estos son trastornos de los ritmos del cuerpo y, por lo tanto, trastornos del exquisito control que tiene nuestro cuerpo sobre el tiempo. Lo más nocivo es que estás tratando al tiempo como adversario.

Hay muchos otros casos en que esto sucede. Como ya vimos, las investigaciones sobre el estrés han descubierto que una de sus mayores causas es la incertidumbre. Si colocamos a una rata sobre una placa metálica para darle toques eléctricos inofensivos a intervalos regulares, la rata no estará contenta, pero se adaptará poco a poco. No obstante, si los mismos toques eléctricos se administran al azar, la rata quedará agotada, al punto que morirá en unos pocos días. Dado que la vida está llena de asuntos impredecibles, su mayor reto es que nos adaptemos.

Resulta irónico que los factores incidentales son los que trastornan a tu cuerpo en el nivel en que se intenta controlar el tiempo. Cuando concentras el antienvejecimiento en el nivel físico (ejercicio, dieta, vitaminas, antioxidantes, pérdida de peso, cosméticos y cirugía plástica) te saltas el nivel invisible que es mucho más importante. Cualquier cosa que trastorne la medida del tiempo de tu cuerpo genera envejecimiento. La culpa no es para nada del tiempo. Recurramos a los factores invisibles que causan el mayor daño:

Lo impredecible. Los sucesos al azar trastornan los ritmos de nuestro cuerpo.

Desorden, confusión. La descomposición del orden externo conduce al desorden interno.

Accidentes. Los errores en tu vida conducen a errores en tu cuerpo.

Traumatismo, enfermedad. Un cuerpo herido pierde la noción del tiempo.

Violencia. Al recibir un ataque, se rompe en tu cuerpo la coordinación del tiempo.

Caos. Al destruirse todo sentido del orden, tu cuerpo pierde por completo su capacidad de manejar el tiempo.

Enumeré estos factores nocivos de menos a más dañinos, pues así es como el cuerpo los reconoce. Es más fácil que se adapte a lo impredecible que al desorden, y se adaptará más fácilmente al desorden que a los accidentes. Considera la manera en que las decisiones diarias influyen sobre los tiempos de tu cuerpo.

Lo impredecible. Elegir horarios de trabajo irregulares, trabajar el turno de noche, dormir a horas diferentes, comer de manera irregular, variar drásticamente la cantidad de comida que ingerimos son decisiones que van en contra de los ritmos del metabolismo básico del cuerpo. Los ritmos del cuerpo deben ser saludables, porque son la manera más básica de respetar los tiempos de tu vida (cada célula está sincronizada con todas las demás). Mientras más irregular sea tu estilo de vida, mas difícil será que exista esta coordinación delicada y compleja. La corrección de ello requiere volver a los horarios de trabajo, alimentación y sueño normales. En la mayoría de los casos, basta con permitirle al cuerpo que se reinicie.

Desorden, confusión. La decisión de aplazar las cosas, la duda, la indecisión, lo impulsivo, el descuido o el poco interés por la higiene, la falta de objetivos, el desasosiego, el desviarse de las metas: Estos factores crean un estado de desorden externo al que el cuerpo debe adaptarse. El cerebro envía señales confusas en cuanto a lo que debe hacerse, de manera que las células carecen de instrucciones precisas. Lo interno y lo externo siempre están ligados y al poner orden en nuestra vida exterior ejercemos una influencia benéfica sobre nuestra vida interior. Lo mismo sucede de manera inversa: Si le prestas atención a tu confusión y a tu desorden interno, empezarás a encontrar maneras de poner en orden también tus asuntos externos.

Accidentes. La decisión de estar poco atento, distraído, ser indisciplinado, carecer de enfoque y ser autodestructivo, a pesar de que algunos accidentes están fuera de nuestro control, es resultado de la incapacidad de prestar atención, lo cual es también una decisión. Tus células tienen el hábito de jamás olvidar; tienen que funcionar con precisión miles de veces por segundo. Si tu atención hacia los asuntos externos se dispersa y pierde enfoque, tampoco se puede esperar que el cerebro mantenga al cuerpo trabajando en un orden perfecto.

Traumatismo, enfermedad. Optar por riesgos y peligros innecesarios, jugar con tu seguridad, exponer tu cuerpo a amenazas físicas e infecciones, rehusarte a prestar atención para curarte, son cosas que demuestran que las enfermedades no se presentan al azar. Nuestro cuerpo se abre al trauma y a la enfermedad cuando desconocemos las pautas bien establecidas para una vida saludable y con prevención. En un nivel más sutil, nuestro cerebro le da señales al sistema inmune, lo cual implica un gran control sobre cuándo nos enfermamos y cuándo no. Una vez que se presenta un trauma serio, esa parte del cuerpo deja de coordinar sus actividades con el resto del cuerpo. La pérdida de un componente desajusta el tiempo general hasta que la sanación vuelva a alinear todo el sistema.

Violencia. La decisión de perder el control, desatar el enojo y la ira, resistirnos a entender nuestra hostilidad oculta, buscar venganza y vivir con resentimiento. Cualquier estallido de violencia provoca una reacción extrema en nuestro cuerpo, activa todas las células al punto de alerta máxima. Se libera adrenalina y otras hormonas de tipo *catabólico* que participan en el combate. Se las conoce como catabólicas porque rompen tejido para liberar energía. Al presentarse este colapso a nivel físico, se hace pedazos también el control del tiempo. La acción súbita de una alarma suspende las comunicaciones normales. Las emergencias son sumamente destructivas para la vida externa y nuestra vida interna refleja esa disrupción.

Caos. Vivir en desorden total en medio de guerra, criminalidad, violencia doméstica, lejos de todo mecanismo para salir adelante, al filo de la navaja social o mentalmente. En su punto más extremo, la vida se vuelve caótica y los desastres de la vida externa visitan al cuerpo. Cuando ya no se puede salir adelante, el cerebro se desorganiza de manera drástica. Las señales que envía al cuerpo son tan desordenadas que los procesos más elementales como el sueño, la digestión, el metabolismo y la sanación enfrentan dificultades serias. Los estallidos breves de caos son casi tan destructivos como vivir en caos permanente. En ambos casos, el cuerpo corre peligro de llegar a tal desequilibrio que no podrá regresar a sus funciones normales propias.

Afortunadamente, el orden con que se daña el cuerpo se mantiene a la inversa. Es posible tomar decisiones que eviten la erosión. En otras palabras, podemos resintonizar nuestro cuerpo de manera que recupere su complicado dominio sobre el tiempo. Al empezar con el paso más sencillo se ponen los cimientos y así resulta más viable tomar decisiones difíciles.

Hacer del tiempo tu aliado

Mantén un horario ordenado, come y duerme a las mismas horas.

Evita cambios drásticos de alimentación y de actividad.

Establece un ambiente ordenado en tu trabajo. Reduce las distracciones.

Descansa en silencio una o dos veces al día y permite que tu cuerpo se resintonice.

Retírate de las situaciones estresantes hoy en vez de mañana.

Tómate tu tiempo, no te apresures.

Toma decisiones cuando haya que hacerlo, no las aplaces ni te distraigas.

Presta atención a lo que está directamente frente a ti. Enfócate en una sola cosa por vez.

No emprendas tareas múltiples. Dividir tu atención provoca confusión y debilita tu concentración.

Evita la tentación de lanzarte a situaciones de alto riesgo.

Permanece en tu zona de confort.

Pon en orden tu casa y tus finanzas.

Ocúpate de tu angustia subyacente.

Libera tu enojo reprimido. Aprende a hacerlo sin perder el control ni lastimar a otros.

Renuncia a la violencia de pensamiento y de palabra.

Ten mayor flexibilidad emocional.

Elimina las influencias caóticas en el trabajo y en tu relación principal.

Vive como si tuvieras todo el tiempo del mundo.

Tu objetivo máximo, vivir como si tuvieras todo el tiempo del mundo, constituye la inmortalidad funcional. Sucede que ésa es la manera en que viven hoy todas las células de nuestro cuerpo. La inmortalidad llega de manera natural; rendirse ante el tiempo es lo que requiere esfuerzo. Recuerdo a un terapeuta que conozco, cuyos pacientes llevan una vida que parece fuera de control. Él los sorprende diciéndoles: "Vaya a su casa y límpiela. Haga su cama todos los días. Desayune a diario esta semana. Llegue a su trabajo quince minutos antes. Después vuelva para que hablemos de lo que le molesta". Quiere ver si son capaces de manejar los hechos sencillos de la vida que desordenan nuestra consciencia, antes de pasar a espacios psicológicos más complicados. La energía puede resintonizarse incluso a través de un cambio que parezca demasiado pequeño. Empezar con lo más sencillo permite que logremos trabajar con los problemas más dañinos (trauma, violencia y caos). Si tu cuerpo puede funcionar al ritmo de docenas de relojes, cada uno en perfecta sincronía, te preguntarás dónde habita el gran guardián del tiempo. Ello implica que hay un lugar al que el tiempo no afecta, como sentarse al margen de un río para observar sus continuos movimientos. Ese lugar debe ser el tiempo exterior, lo que significa que de algún modo tu cuerpo conoce el significado de ser atemporal. Es allí donde nace la inmortalidad funcional, con la consciencia de que el tiempo no puede tocarnos.

La historia de Andrea

Como nuestro cuerpo es atemporal en algún nivel, debemos tener la capacidad de experimentarlo. Es un error creer que sólo unos cuantos místicos, dedicados a la búsqueda de Dios, podrán experimentar nuestra condición atemporal. De hecho, la experiencia de lo atemporal le ha llegado de manera espontánea a todo tipo de personas, en general cuando menos la esperaban. En medio de su actividad cotidiana, de pronto dan un paso fuera del tiempo. Eso fue lo que le sucedió a Andrea, una mujer que hoy tiene treinta años, cuando era estudiante de posgrado en San Francisco.

"Vivía de una beca que estaba a punto de terminar, cuando de pronto quedé embarazada. Mi novio no me ofreció el menor apoyo; en ese momento cambiaba de un trabajo de medio tiempo a otro, tratando de terminar su tesis doctoral. Yo tenía veintiséis años y sentía que todo mi futuro se tambaleaba", recuerda Andrea.

"Mis padres tienen una postura moral estricta, por lo que estuve completamente sola al interrumpir mi embarazo. Todo el proceso fue muy clínico y sin juicios, pero yo volví a casa llorando. Me sentía tan decaída que lo único que hice fue recostarme en mi cuarto con las persianas cerradas. Fuí presa de lo que llaman angustia en aumento (mi mente era un torbellino de imágenes de todas las maneras horribles en que mi vida podía arruinarse).

"Debo haberme quedado dormida porque, cuando desperté, percibí el olor a limón de mi planta de geranio. Estaba un poco atontada, pero conozco ese aroma. Había comprado un geranio de hojas diminuto en el súper, que había puesto en la ventana de la cocina. ¿Cómo podía llegar su aroma hasta la recámara, si tenía la puerta cerrada? Antes de que pudiera entenderlo, me llené de una especie de paz, que parecía haber llegado con el perfume, y desde el umbral de mi consciencia una voz me pidió que estuviera tranquila. En ese momento mi mente quedó en silencio, sin ningún pensamiento, sólo un silencio mortal".

"¿Realmente crees que el silencio significa muerte?", le pregunté. "¿No crees que hay algo que sigue sucediendo?"

Andrea estuvo de acuerdo. " 'Muerte' es la palabra equivocada. Era un silencio que vibraba, si es que tiene sentido, que casi brillaba. Unos instantes después desapareció la vibración y quedó sólo un silencio más profundo. Me sentía muy segura y apoyada, para expresarlo de algún modo, como si hubiera aterrizado en la planta baja de la mente. Oía por la ventana que pasaban niños caminando y se reían de algo. De pronto me fusioné con el sonido. Fue muy extraño, pero su risa dejó de estar fuera de mi cabeza (salía desde mi interior). No existía la separación, me sentía inmersa en la inocencia de los niños y en su carácter despreocupado. Esta sensación duró sólo un minuto, antes de que se alejaran del alcance de mi oído, pero se convirtió en el punto que cambió mi vida".

"¿En qué sentido?", le pregunté.

"En todos, me parece", dijo Andrea. "No fui la misma después. Había ido a un lugar donde no sabía que uno podía ir. He sabido de personas que tienen experiencias de muerte próxima y cuando vuelven ya no temen morir. A veces no le temen a nada. Yo experimenté el mismo cambio".

"Pero tú no moriste", señalé.

"Es verdad", dijo Andrea. "Pero hay que pensar en lo sagrado del silencio y la quietud que existe en todas las culturas. La Biblia dice: 'Guarda silencio y sabrás que soy Dios'. No sé si entré en contacto con Dios, pero hubo algo indescriptible en esa experiencia. Fue como perder todas las ataduras, pero en vez de sentirme desolada, me sentí más real. Mi vida no se volvió un lecho de rosas a partir de ese día, no es lo que trato de decir. Pero el mundo exterior ya no me abruma como antes. Incluso ahora, años después, puedo regresar a tocar la paz que parte de saber que soy parte de todo y que todo es parte mía".

Cuando ocurre un momento así, parece que nos hubiéramos salido del tiempo. ¿Y cómo es posible? La respuesta básica es que todos nos salimos del tiempo en intervalos regulares. Los átomos que constituyen nuestros cuerpos salen y regresan al universo físico miles de veces por segundo. Algunas veces una partícula que desaparece en algún lugar reaparece instantáneamente en otro o le manda una señal a otra partícula que se encuentra a años luz (por ejemplo, le dice a la segunda partícula en qué dirección girar), y el mensaje cruza miles de millones de kilómetros en un instante a una velocidad mayor que la de la luz.

Por raro que parezca tal comportamiento, éstas son las partículas que constituyen nuestro cuerpo, lo cual significa que un aspecto fundamental de nosotros conoce bien lo atemporal. Para que esto suene menos exótico, imagínense el color rojo. Cuando lo vean con el ojo de la mente hagan una pregunta sencilla: ¿Dónde está el rojo? No existen células cerebrales que se pongan rojas cuando pensamos en el color, ni viajaremos a un lugar especial de la Tierra, al banco del color, donde se almacena el rojo. Lo rojo (o cualquier otro tono) existe en una ubicación misteriosa que parece encontrarse fuera del espacio y del tiempo normal. Puedes tomar instantáneamente un color cuando quieras verlo con el ojo de tu mente, porque no existe distancia que cubrir ni requieres tiempo para emprender el viaje. Lo mismo sucede con la manera en que los millones de células de nuestro cuerpo logran coordinarse. No existe un reloj principal que esté marcando los segundos en ningún lugar de tu cerebro (lo sabemos porque el cerebro maneja cientos de ritmos diferentes entretejidos). El cerebro se sintoniza con un punto que está justo en el umbral de lo atemporal. Al anclarse allí, donde los átomos empiezan a vibrar para fijar la medida del tiempo de todo el universo, el cerebro ubica el único lugar desde donde puede manejarse el tiempo. Por extraño que le resulte este concepto a la mente racional, que depende del tiempo del reloj para pasar el día, lo atemporal es un espacio conocido para nuestras células. Funcionan como si fueran inmortales, sencillamente porque cada segundo se valen de lo atemporal. El reto para nosotros es adoptar la inmortalidad funcional como forma básica de vida. Para hacerlo tenemos que volver a despertar la conexión entre el tiempo y lo atemporal, que se conoce como alma.

En tu vida: Volver a fluir

Una vez que aceptes que el tiempo nunca fue tu enemigo, será posible que escapes de los embates del tiempo. Tu mente fue la que creó el problema, tu cuerpo será el que lo resuelva. La mente corta la vida en rebanadas perfectas (días, semanas, meses, años) con la esperanza de acumular todas las que pueda, pero siempre con el temor de que el fin llegará inevitablemente. Por el contrario, tu cuerpo vive en el momento, y un momento se funde con otro en un flujo continuo.

El colapso de ese flujo es tu verdadero enemigo. Cuando el flujo colapsa sucede lo siguiente: se desperdicia la energía, se suspende la comunicación dentro del cuerpo, aparecen lagunas en la inteligencia del cuerpo. Estos sucesos son invisibles pero reales. No obstante, cuando aprendes a restablecer el flujo, tu cuerpo cuenta con la capacidad total para reparar el daño que se generó. Regresará de manera natural al estado de equilibrio dinámico. En ese momento termina todo el proceso de envejecimiento.

Nadie puede esperar detener el proceso de envejecimiento de inmediato. Pero tú puedes marcar una diferencia importante a partir de hoy. Debes alinear tu mente con una nueva manera de ser. Ya vimos lo importante que es la meditación al respecto. La meditación expone a tu cerebro a un estado menos activo y, a través de exposiciones repetidas, tu cerebro se adaptará a esa quietud y a ese silencio. Sin embargo, sigue existiendo el problema de la vida cotidiana, que nos empuja hacia la vieja creencia de que el tiempo se acaba. Si quieres tener todo el tiempo del mundo, puedes entrenarte con los siguientes ejercicios, que son muy sencillos.

1. *Silencia tu diálogo interior.* Esta es una manera senci-
    lla de conectarte con la quietud que es la fuente de la
    consciencia. Siéntate en silencio con los ojos cerra-
    dos. Permite que tu respiración se tranquilice; fija tu
    atención en el centro de tu pecho. Al inhalar, permite
    que tu consciencia se estabilice con la sílaba *so,* exhala
    con la sílaba *hum.* Siente que el aire entra tranquila-
    mente en tu cuerpo, llevando el sonido suave; siente
    que el aire sale tranquilamente de tu cuerpo. *So-hum,
    so-hum.* (Éste es un mantra de la antigua India, que se
    puede sustituir por *yo soy, amén, uom,* y el resultado
    será el mismo).

    Continúa durante diez o veinte minutos. Esta sen-
    cilla meditación libera la mente de su discurso ince-
    sante. Hay tres cosas que pueden distraerte: el ruido
    exterior, las sensaciones de tu cuerpo y los pensa-
    mientos dispersos. Si percibes alguno de ellos, regresa
    con serenidad a respirar con el sonido *so-hum.* No
    trates de mantener un ritmo. No trates de hipnoti-
    zarte a ti mismo; este es un ejercicio para permitirle a
    la mente que encuentre su silencio y su foco natural.

2. *Descarga tensiones.* La consciencia, como el agua, está
    destinada a fluir con facilidad, sin interrupción.
    Cuando la consciencia se estanca, se crea tensión en
    el cuerpo. Calambres, dolor, dureza y rigidez son los
    síntomas más obvios, pero en un nivel más profundo
    tu cuerpo almacena el recuerdo del antiguo estrés. El
    yoga o el trabajo profundo de energía son modos
    excelentes de liberar estos recuerdos del cuerpo. Pero
    el cuerpo de todos cuenta con un mecanismo natural
    para descargar la tensión, y tú puedes valerte de él
    inmediatamente.

Acuéstate en la noche antes de irte a dormir. En posición plana, boca arriba y sin almohada, abre los brazos y las piernas hacia los lados. Inhala profunda y lentamente, exhala luego por la boca con un suspiro; hazlo con la libertad y naturalidad que tu cuerpo quiera. Algunos suspiros serán rápidos, casi como un jadeo; otros serán profundos como un sollozo. Tal vez experimentes una sensación de alivio, tristeza, dolor, euforia o cualquier otra emoción. Sé consciente de tus emociones cuando vayan surgiendo; no sólo estás liberando tensión física, también estás accediendo a los recuerdos de tu cuerpo. La descarga natural de tensión une pensamientos, sentimientos y sensaciones. Suéltalos todos al mismo tiempo. No hagas este ejercicio durante más de diez minutos, debido a su intensidad; date la oportunidad de dormir si tu cuerpo lo desea. Eso es también parte del proceso de descarga.

3.   *La luz purificadora.* Cuando te encuentras dentro del flujo, hay ciertos sentimientos que se asocia con él: luz, apertura, frescura. Estos sentimientos eliminan suavemente la negatividad y la resistencia. Una manera de contribuir a este proceso de purificación es llevar luz a los lugares oscuros que se ocultan de la vista, a donde la consciencia le resulta difícil llegar. Visualizar una luz interior es lo más cerca que puedes llegar a ver la consciencia en su estado puro; su realidad en sí es invisible; pero cuando decimos que algo irradia vida nos referimos a la relación estrecha entre la energía de la vida y la consciencia.

Siéntate o acuéstate, preferiblemente cuando no

estés muy cansado ni a punto de dormirte. Vuelve tu mirada hacia adentro, lo cual significa que sentirás a tu cuerpo desde el interior. Visualiza una corriente de luz oro y blanca que cae como una cascada dentro de tu cuerpo. La corriente te llena desde la parte de arriba de la cabeza, bajando lentamente por tu pecho, saliendo hacia tus brazos, luego al abdomen, hasta que el flujo se divide para bajar por las dos piernas. Visualiza esa luz oro y blanca pasar a través de tus pies y entrar a la tierra.

Toma ahora la luz y regrésala a tu cuerpo, esta vez usa luz azul. Ve la luz azul que entra por tus pies y lentamente llena todo tu cuerpo hasta que cubre la parte de arriba de tu cabeza (imagínala como un rayo láser que sale de tu cabeza y sube tan alto como alcances a ver, hacia el espacio y más allá).

Todo este ciclo debe durar cerca de un minuto. Repítelo diez veces.

Una variación sencilla es sentarte en silencio e inhalar esa luz, luego exhalarla lentamente. Puedes alternar la luz azul con la oro y blanca, pero termina llenando todo tu cuerpo de luz oro, viendo que se difunde por todas partes y se extiende hacia afuera de ti como un aura dorada. Pide quedar envuelto en esta luz durante el resto del día.

4. *Entonación.* El sonido puede constituir también una herramienta poderosa para movilizar la energía estancada. Las sensaciones físicas y las emociones están unidas al sonido. La tristeza da lugar al llanto, la felicidad a la risa. Estas son las "firmas sonoras" de una energía subyacente, y si puedes encontrar la firma te

puedes conectar con la energía. Es más fácil de encontrar las energías viejas y estancadas de esta manera que rastreándolas en el tiempo y el espacio en el que sucedió algo en el pasado. A continuación presento un ejercicio que emplea el sonido para ubicar y liberar energía oculta:

Siéntate o acuéstate, de preferencia en un lugar privado donde te sientas cómodo haciendo ruido. Inhala lenta, tranquila y profundamente y ve que el aire entra hacia tu diafragma y llega hasta lo más profundo del abdomen. (No lo fuerces; sigue sólo la sensación de la respiración).

Al exhalar, produce un tono bajo. Hazlo prolongado y firme, empieza por emitir una nota baja sin separar los labios, si eso te ayuda, pero luego prodúcela con la boca abierta. Deja que el tono se extienda todo el tiempo que puedas, hasta que no tengas aliento. Ve que este tono surge desde tu abdomen y sale por la boca. *Om* es un tono efectivo, pero no se trata de cantar, sino de que tu estrés profundo salga con el tono. Aquí el secreto radica en dejar que tu cuerpo emita el tono que desee.

La entonación requiere práctica. Hay que hacer dos cosas a la vez: producir el tono y mantener tu consciencia en tu cuerpo. No le prestes atención indebida al tono en sí. Deja que salga naturalmente. Un buen ejemplo es el suspiro profundo. Cuando suspiras y produces un sonido vocal al mismo tiempo, por ejemplo un gemido o un murmullo, los dos se combinan. Siente cuánto alivio físico trae el suspiro al hacer un sonido natural e inconsciente.

Con la práctica podrás ubicar muchas firmas de sonido conectadas con sentimientos reprimidos y experiencias enterradas. Tu cuerpo sabrá si desea liberar un murmullo, gemido, lamento, grito, chillido o llanto. En vez de que todos surjan al mismo tiempo, lo cual puede ser discordante, puedes encontrar un tono largo que logre una liberación más mullida. Por ejemplo, un sonido bajo de murmullo llega a toda la parte inferior de la región abdominal. Un *iiii* de tono agudo llega a la cabeza. Si experimentas, pronto descubrirás qué tono concuerda con cuál energía. No hay límite para la entonación, una vez que aprendas el truco de dejar que tu cuerpo descargue tensiones permitiendo que la energía estancada salga suave y continuamente con un sonido.

RESUCITAR
EL ALMA

EL ALMA ES TU CUERPO
ESPIRITUAL

Tener alma quizá sea lo mas útil de tu vida. Hasta hoy, sin embargo, la utilidad no ha sido el mayor atributo del alma. Nos han enseñado que el alma es nuestro nexo con Dios pero, al igual que Dios, es invisible y lejana de los asuntos cotidianos. ¿Tu alma te mantiene saludable? ¿Te ayuda a tomar decisiones o a resolver una crisis? Durante toda la vida nos hemos referido al alma con reverencia, en un tono de voz que no usaríamos, por ejemplo, para hablar de coches. Sin embargo, la realidad es que la mayoría de las personas llega más lejos con el coche que con el alma.

El alma no tiene función porque ella no se ha definido con éxito. Nadie espera que las religiones del mundo concuerden entre sí. Parecería correcto que el budismo asuma un panorama completamente práctico (prescindiendo por completo del alma) con el argumento de que no se puede definir, de que el alma no tiene realidad. Pero esa postura no satisface a los millones de personas que creen tener alma. (Después de todo, sabe-

mos que tenemos mente aunque no hay dos filósofos que coin-
cidan en su definición). Podemos resucitar el alma de su estado
latente dando vuelta el concepto: En lugar de empezar por
definir el alma y luego preguntar qué hace, ¿por qué no concentrarse en la necesidad que satisface el alma y después preocuparse por su definición?

Lo primero que hace el alma ya se mencionó: conectarnos
con Dios. En cierto sentido el alma es como un transformador
eléctrico. La electricidad que viaja por los cables de alta tensión
tiene una potencia cientos de veces mayor que la que entra
directamente a nuestra casa; su fuerza quemaría todos los cir-
cuitos de inmediato. De igual manera, el poder espiritual
sublime no puede entrar directamente en nosotros sin dañar-
nos. Tiene que pasar por un transformador y adaptarse a la
vida humana. El alma existe para llevar a cabo esa función.

Sé que esta descripción parece depender de la existencia de
Dios, pero no necesariamente es así. Sin recurrir a ninguna creencia religiosa, sabemos que el universo contiene cantidades
casi infinitas de energía, pero la naturaleza encontró la manera
de transformar el calor de la estrella más cercana, encendida a
millones de grados Celsius, para fomentar la vida en nuestro
planeta. La fuerza de gravedad, de tan alta concentración en el
núcleo de un hoyo negro que el tiempo y el espacio se absorben
fuera de la existencia, pasó también por un transformador para
que tenga sólo la fuerza suficiente para que el cuerpo humano
mantenga su forma. Por último, el electromagnetismo que
estalla en la descarga de un rayo (explosiones que azotaban la
superficie de la Tierra millones de veces al día durante la infancia del planeta) pasó también por un transformador para dar
como resultado los minúsculos destellos eléctricos de las células
cerebrales, tan débiles que se requieren instrumentos de
extrema precisión para lograr detectarlos. (El potencial eléctrico del cerebro es más o menos equivalente al de un foco de

60 vatios, pero su carga se subdivide entre 100.000 millones de neuronas, otorgándole una porción infinitesimal a cada célula, que se mide en microvoltios).

Si las fuerzas físicas del universo pasan por un transformador para reducirse de manera dramática y funcionar a escala humana, parece posible que Dios pueda concebirse como una fuerza universal que también pasa por un transformador. Pero *fuerza* es un término materialista. Cuando pensamos en Dios usamos palabras como *amor, compasión, verdad, inteligencia* y *creatividad*. Independientemente de sus desacuerdos, toda tradición espiritual ve las cualidades anteriores en una escala de cero al infinito. Los objetos inertes no muestran amor ni compasión; no tienen inteligencia visible. Ése es el extremo cero de la escala. Los seres humanos están llenos de amor, compasión e inteligencia y cuando miramos a nuestro alrededor creemos que estas cualidades son visibles en otras criaturas vivas. Ése es el punto medio de la escala. Después proyectamos una realidad más elevada donde el amor y la compasión se vuelven incondicionales, donde la inteligencia es tan basta que puede regir al universo y donde la creatividad puede hacer que el universo exista. Ése es el punto más elevado de la escala y el más polémico.

La ciencia no reconoce realidad superior, porque más allá del cerebro humano se inicia el terreno de lo invisible. Las neuronas se pueden ver y, por tanto, se afirma que en ellas empieza la inteligencia, pero dado que la neurona está constituida únicamente por átomos, ¿de qué manera exactamente adquirió inteligencia un átomo? Lo mismo con los aspectos de la mente que más apreciamos: amor, compasión, verdad y todas las demás cualidades que le dan sentido a la vida.

El alma sirve para ayudarnos a pasar las barreras levantadas por el materialismo, pero, de manera sorprendente, al mismo tiempo nos ayuda a superar la fe que plantea la religión. El obstáculo que interpone la ciencia es que todo debe ser material; el obstáculo que interpone la religión es que debemos creer en fuerzas invisibles sin que haya siempre pruebas directas de que existen. Como veremos, a pesar de su condición invisible, se puede trazar un mapa del alma. El cuerpo humano es un sistema complejo de energía y consciencia, y el alma puede definirse como una versión más sutil de estos dos ingredientes. Al funcionar como nuestro cuerpo espiritual, el alma genera y organiza la energía del amor, la energía de la compasión, la consciencia de la verdad, la consciencia de la creatividad y de la inteligencia. De esa manera satisface necesidades físicas tan básicas como la necesidad de alimento y de oxígeno. Un mapa completo del alma resultaría por lo menos tan complejo como el cerebro humano. No obstante aquí aparece un mapa sencillo que será de gran utilidad.

DIOS = energía, amor, creatividad, inteligencia *infinita*
ALMA = *transformador* de energía, amor, creatividad, inteligencia
MENTE/CUERPO = *nivel humano* de energía, amor, creatividad, inteligencia

Una revisión rápida de este diagrama sugiere una posibilidad emocionante: que el alma puede traer todavía más de Dios al ámbito humano. Para millones de personas, el amor infinito de Dios ha perdido demasiada intensidad en el transformador. Esas personas experimentan sólo una fracción del amor que deberían y ese amor incluso va y viene; a veces se debilita tanto que su vida parece carecer por completo de amor. Lo mismo sucede con la inteligencia y la creatividad. Millones de personas funcionan día a día con la misma rutina, los mismos condicionamientos del pasado, las mismas reacciones fijas. Y no hay razón para creer que las cualidades infinitas de Dios disminuyan tanto que alcancen el nivel humano. Mirando nuestro entorno vemos numerosos ejemplos de personas que poseen enormes reservas de amor, creatividad e inteligencia. La existencia de un San Francisco, de un Einstein o un Leonardo da Vinci indica que el potencial humano puede alcanzar alturas sorprendentes. ¿Por qué y cómo pasaron sus almas por el transformador de modo que todavía salió tal potencial (genialidad a borbotones) en tanto que a otras personas el transformador les brinda apenas algunas gotas?

La respuesta radica en el nivel del alma. Así como la enfermedad física puede rastrearse hasta llegar a los patrones de energía distorsionados en un nivel sutil del cuerpo, toda limitación de la mente también puede rastrearse hasta las distorsiones de energía, pero en un nivel aún más sutil: el nivel del alma. No es que se intente aislar la mente. La energía del cuerpo depende de la mente, y cuando descubrimos por qué nuestros pensamientos, creencias, deseos y aspiraciones no son satisfechas, retirar los obstáculos ayudará a liberar más al cuerpo.

En términos personales, encuentro un gran alivio emocional cuando el alma se convierte en un aspecto práctico de la vida. "¿Quién soy y por qué estoy aquí?". Las dos preguntas van de la mano. Para responderlas, la religión dice: "Eres hijo de Dios y estás aquí para reflejar la gloria de Dios". La ciencia dice: "Eres una acumulación compleja de moléculas y estás aquí para hacer lo que dicten esas moléculas". Ambas respuestas han producido y aliviado gran cantidad de problemas y sufrimiento. La religión es inquietante porque se muestra optimista en la superficie pero muy pesimista por debajo. ¿Qué hay más optimista que vernos como hijos de Dios? Formamos parte de un plan divino que se extiende hasta los albores de la creación. Al desplegarse este plan (por lo menos en el occidente cristiano), cada alma que ame a Dios será redimida. Bajo este esquema, sin embargo, existe un oscuro pesimismo, porque Dios puede odiarnos por nuestros pecados, y aún cuando nos esforcemos por obedecer los divinos mandamientos, involuntariamente cometeremos errores. Peor aún, parece que el plan divino permite inmensos dolores y sufrimientos que Dios no puede evitar o no evitará. Nuestro objetivo en la vida se resume a adivinar y abrigar la esperanza desesperada de no caer en desgracia. ¿Quién puede encontrar la luz si el sendero se encuentra en la oscuridad? Quizá sólo Dios conoce el plan.

La otra respuesta, que propone la ciencia, resulta inquietante por la razón contraria. Es pesimista a nivel superficial y por debajo muestra apenas el suficiente optimismo para evitar que perdamos toda esperanza. La ciencia niega que la vida tenga algún propósito. La existencia se encuentra atrapada entre leyes inflexibles (gravedad, entropía, las fuerzas débiles) por un lado y el azar por el otro. Los aspectos de la vida que más atesoramos, como el amor y la belleza, se reducen a disparos químicos del cerebro al azar. Las conductas más valiosas, como el autosacrificio y el altruismo, se reducen a mutaciones genéticas sin más propósito que la supervivencia. Tomándolo por su valor aparente, nadie decidiría vivir bajo un panorama del mundo tan fijo y carente de significado, pero la ciencia ofrece una capa mitigante de optimismo al creer en el progreso. Si cada día aprendemos más y la tecnología nos facilita la vida con cada nuevo invento, se puede ignorar el pesimismo de la ciencia. Si el vacío empieza a volverse intolerable podemos recurrir al iPod.

Tu alma dispone de un camino abierto, pero, como sucede con el cuerpo, se requiere de una renovación drástica del pensamiento. Necesitamos una serie nueva de avances, en la que cada uno partirá de una realidad nueva independiente de los errores del materialismo de la ciencia y de los errores del idealismo de la religión. ¿Deberías ser más amoroso, creativo, feliz y sabio? Algunas personas se vuelven más amorosas a medida que transcurre su vida, pero otras toman la dirección opuesta. Algunas se vuelven más sabias, mientras que otras se aferran a sus creencias ignorantes. Los extremos opuestos siguen chocando. Nosotros aceptamos lo amargo con lo dulce porque así tiene que ser. Esto indica que existen tantos colapsos en la parte no física de la vida como en la parte física. Cada avance nos permitirá superar estos colapsos. Al mismo tiempo, adquiriremos un conocimiento verdadero del alma que sustituirá nuestras quimeras. Llegar al alma significa satisfacer las más profundas aspiraciones del corazón humano.

Poner al espíritu con los pies en la Tierra

La religión cometió un gran error relegando el cuerpo al mundo físico "inferior" mientras elevaba el alma al ámbito espiritual "superior". Un alma funcional no difiere mucho de un espíritu funcional. Ambos se relacionan con lo mismo (la consciencia y la energía) que hizo posible la vida. "Yo soy mi cuerpo" y "yo soy mi alma" son dos aspectos de la misma verdad. El problema es que hemos perdido contacto con el alma, que no fue creada para ser inútil, sino que nosotros la hicimos así.

Imagínate que estás en la sala de espera de un consultorio médico, nervioso, esperando a que te reciban. Un jardín de rosas o un árbol solitario que se ven por la ventana distraen tu mirada. Piensa cómo viven estas plantas. La semilla empieza a crecer y dentro de ella se encuentra toda la vida de la planta. Al ir creciendo, ni la rosa ni el árbol caen en la tentación de desviarse de su existencia programada. En armonía con su ambiente, la rosa expresa sin esfuerzo su belleza y el árbol su fuerza. Sin embargo, los seres humanos no estamos atados a un plan preestablecido. Tenemos más libertad para conformar nuestro destino.

En algún punto del camino nos valimos de este libre albedrío para separarar al cuerpo del alma. El cuerpo quedó identificado con el pecado y el alma con Dios; el cuerpo con la Tierra y el alma con el Cielo. Pero si asumimos un enfoque funcional, no hay razón para que esa separación exista. Nadie dice que las rosas tengan cuerpo y alma. La vida se desdobla en todo su ser, desde la información más sutil de sus genes hasta la punta de sus espinas. La perfección de una rosa (tan rica, aterciopelada, aromática e intensamente colorida) está presente hoy y aquí. Lo mismo sucede con nosotros, si superamos la división que aparta al alma de la vida cotidiana.

No hay razón para que nadie sueñe con el paraíso perdido, el jardín del que fueron expulsados el primer hombre y la primera mujer. El paraíso se desplazó hacia nuestro interior, para convertirse en un panorama de infinitas posibilidades. Aquí es donde se encuentra tu oportunidad para evolucionar, justo en este momento, exactamente en este cuerpo. Tu alma puede atraer mucho más de la perfección de Dios de lo que jamás hayas imaginado. El nivel limitado de amor, inteligencia y creatividad que experimentas en tu vida apenas sugiere las posibilidades sin explorar.

Para resucitar tu alma, necesitas hacer lo contrario de lo que te dicen tus condicionamientos del pasado. En vez de recurrir a un poder superior, recurre a ti mismo. En lugar de dejar atrás tu cuerpo, llévalo contigo al viaje espiritual. En vez de condenar el deseo físico y la tentación, sigue al deseo hacia la región desconocida donde habita el alma.

Es raro decirlo, pero aunque tú hayas perdido el contacto con tu alma, tu cuerpo no lo perdió. Las células mantienen la fe. Se han valido de la consciencia "superior" desde el momento en que naciste. He aquí un ejemplo práctico: Se ha vuelto algo común en la medicina sostener que sólo usamos el 10 por ciento de nuestro cerebro. En cierto sentido esta afirmación es una trampa, porque el 90 por ciento restante no se hizo para pensar. Existen miles de millones de células que se conocen como *glia* ("pegamento" en griego), que rodean a las células del cerebro para mantenerlas en su lugar. Por cada neurona hay cerca de diez glia. Durante mucho tiempo se les consideró ciudadanas de segunda clase dentro del cerebro, que servían casi sólo de refuerzo estructural, como las barras de acero en el cemento. Nadie imaginaba el papel secreto de las glia, que resultó ofrecernos un espectáculo fascinante. Las glia son como las estrellas en formación o como los erizos, con docenas de filamentos que emanan de su centro.

Cuando un embrión dentro del útero está listo para que se desarrolle su cerebro, se presenta un gran reto. ¿Cómo pueden unos cientos o miles de células madre convertirse en los miles de millones de células cerebrales que se necesitan? No basta que las células madre se dividan con locura hasta alcanzar el número correcto (aunque también lo hacen). El cerebro tiene muchas partes y, por ejemplo, las neuronas responsables de la vista y el oído deben llegar al lugar que les corresponde, en tanto que otras neuronas, responsables de las emociones y del pensamiento superior, también tienen que llegar a su propio destino.

Para lograrlo, cada célula madre emprende una migración. Considerando sus dimensiones, este viaje suele ser tan largo como el del charrán ártico, que vuela cada año de un polo al otro. En el caso de la célula madre, su migración cubre aproximadamente desde un extremo del embrión hasta el otro. Las células madre migrantes forman una fila de millones, una tras otra, y viajan a lo largo de los filamentos de las glia. Con un microscopio muy potente se puede observar su recorrido y presenciar la maravilla de cómo las células madre que necesitan ir hacia una región abandonan el camino principal para seguir exactamente el filamento glial que las conduce a su destino final, en tanto que el siguiente grupo de células madre se mueve en otra dirección. Cada movimiento tiene un sentido y una conducción. El cerebro crece del interior hacia afuera, de modo que las recién llegadas viajan a través de campos de células cerebrales más antiguas, para formar el tejido, capa por capa. Cuando los investigadores descubrieron que las glia dirigían este proceso tan increíble y complejo, su reputación subió enormemente, y lo hizo más todavía cuando se enteraron de que luego de servir como guías, las propias glia se convierten en células cerebrales.

¿Qué es esto si no es un viaje espiritual? Una inteligencia superior guía a su destino a las células madre, que en su camino van adquiriendo sabiduría. Nuestra vida ha seguido los mismos patrones ocultos, pero en vez de ir tras el destello de los filamentos gliales, su guía la constituye el alma. Los planos del proyecto de Dios son iguales a los planos del proyecto de un arquitecto impresos en papel. Todo lo que hace una célula tiene que provenir de algún lugar. Carecería de sentido pensar que las células cerebrales proceden al azar; si así fuera, las células madre flotarían de un lado a otro sin destino fijo. Nuestra mejor prueba de que las células cerebrales tienen consciencia e inteligencia es que *actúan* con consciencia y con inteligencia.

Pero el alma no está limitada a los trayectos de las células madre que ocurren bajo la oscura cubierta del cráneo. El alma nos guía tanto desde afuera como desde adentro. Podemos estar sentados en una silla y llegar a una reflexión que cambie nuestra vida, o puede que entre al cuarto un gran maestro que nos la brinde. El primer caso se da desde el interior; el segundo desde el exterior, pero ambos modifican nuestra consciencia. En cuanto nos reconectamos con el alma, ya nada se restringe a unos pocos niveles de existencia, puesto que todos se abren a la misma consciencia en continua expansión y todos los niveles cuentan con una guía.

La conexión cerebral

La manera más práctica de pensar en el alma es que es un conector. Si esa es la función que desempeña el alma, conectarnos con los niveles sutiles invisibles de la vida, debe haber puntos de unión con nuestro cuerpo. Se requieren, en especial, conexiones con el cerebro. En la actualidad el cerebro representa el gran obstáculo del alma. Los neurólogos no necesitan explicaciones invisibles para el amor. Pueden mostrar imágenes del cerebro donde aparecen iluminadas diversas zonas de la corteza y el sistema límbico de los enamorados, que no se iluminan en los demás. Estar enamorado se reduce a ciertos estallidos eléctricos y químicos, de igual manera que para los estudiosos de la genética éste se limita al gen del amor (que todavía no descubren, pero siguen en su búsqueda).

De tal modo, depende de nosotros probar que el amor viene de una instancia superior. Si no queremos aceptar que el cerebro crea amor a partir de una mezcolanza electroquímica dentro del cráneo, ¿dónde está la prueba de que proviene de otro lugar? Volvamos al ejemplo de los monjes budistas tibetanos que desarrollaron "cerebros compasivos" practicando la compasión al meditar. Una cualidad espiritual se convirtió en manifestación física. Se borró la grieta entre cuerpo y alma. En sánscrito se usa la misma palabra, *daya,* para describir a la compasión (amor por todos los seres vivos) y la condolencia. Resulta que el cerebro es sumamente variable cuando se trata de sentir empatía. En estudios de resonancia magnética llevados a cabo en una prisión de Nuevo México (único programa de este tipo) se vio que los reclusos con un índice alto de tendencias psicopáticas presentan también distorsión de las funciones cerebrales. Los psicópatas poseen el menor grado imaginable de condolencia innata. Carecen de consciencia; pueden cometer actos de extrema crueldad sin sentir un ápice del dolor que causan. Ver que la sangre emana al herir con un cuchillo les resulta indiferente, como si vieran que un filete suelta su jugo.

¿El cerebro de un psicópata puede convertirse en un cerebro compasivo? Nadie lo sabe; la psiquiatría se ha dado por vencida en cuanto a "curar" a los psicópatas, ya sea por medio de medicamentos o de terapia. Pero nosotros sabemos que el cerebro es lo suficientemente maleable como para albergar todos los estados morales, y que todo estado de consciencia requiere de un cambio en el cerebro. Pensar que somos compasivos no cumple con la tarea, lo cual me lleva a concluir que la compasión no es un estado de ánimo, ni una enseñanza moral, obligación ética o ideal social. Se trata de una actividad sutil del cerebro que requiere de un nivel sutil para que exista. El cerebro no puede producir cambios por sí solo, lo único que hace es adaptarse a nuestras intenciones. Esto nos muestra un mapa más especializado del desempeño del alma al hacer que la energía sutil baje hasta la escala humana. Tomemos cualquier cosa que deseemos en la vida. Nuestra alma cuenta con el potencial para hacerla realidad. Nuestra mente lleva el potencial al nivel de deseo, sueño y anhelo. Nuestro cerebro produce después el resultado; aprendemos cómo lograr lo que deseamos.

A continuación aparece el esquema reducido a una fórmula sencilla:

Alma: portadora del *potencial*
Mente: portadora de la *intención*
Cerebro: productor del *resultado*

Éste es el diagrama de flujo básico de la vida. Invierte la propuesta de la ciencia, que dice que todo debe empezar en el cerebro. No hay razón para que el nivel físico constituya la base. El cerebro aprende habilidades nuevas formando redes neuronales, pero el deseo de cambiar, en sí, debe proceder de algún otro lugar. Si pensamos que la compasión es una habilidad, como aprender a tocar el violín, a esa habilidad debe motivarla ante todo el deseo de aprender a ser compasivo. Esto nos permite comprender el papel más útil del alma: nos motiva a llegar más alto.

Un alma útil nos da la visión, el deseo y la voluntad de evolucionar. La mente contiene la visión en el ámbito del pensamiento y el deseo. El cerebro recibe el mensaje y empieza a darle forma física. Cualquiera que haya aprendido una nueva habilidad conoce este proceso. Pero cuando aprendemos a hacer algo, sólo somos conscientes del pensamiento y el deseo. En ese momento no tenemos acceso al cerebro, puesto que no nos sumergimos en él para empezar a cambiar los cables a mano. El nivel físico se arregla por sí solo en cuanto empezamos a pensar. El nivel del alma también es inaccesible. No le pedimos a Dios aprender a andar en bicicleta, porque únicamente en el espacio aislado al que llamamos espíritu, donde se dan las oraciones, decimos qué se le pide a Dios. Toda habilidad, desde la más mundana hasta la más sublime, como la compasión, sigue el mismo proceso. Se trata de un proceso mental con reverberación simultánea en el cuerpo y el alma.

Estos son los pasos necesarios:

1. Tener un interés genuino.
2. Seguir ese interés de manera espontánea.
3. Practicar hasta que se vea la mejora.
4. Seguir practicando hasta que se domine la nueva habilidad.

Por sencillos que parezcan estos pasos, requieren de alimentación por parte de la consciencia; el cerebro por sí solo no puede poner en marcha el proceso completo. El primer paso, tener un interés genuino, requiere inspiración. Interesarse por la compasión no sucede de manera ordinaria dentro de una sociedad acostumbrada a la autogratificación, ni siquiera entre las personas maduras y psicológicamente desarrolladas. Pero si leen las tradiciones en cuanto a la compasión que predican el budismo y el cristianismo, la inspiración surge de manera natural. Puede surgir también cuando nos conmueven los actos de compasión que se llevan a cabo en rescates arriesgados o en misiones de ayuda a lugares donde la gente sufre.

El segundo paso, seguir ese interés de manera espontánea, requiere mirar nuestro interior, porque el paisaje interior es la tierra de la compasión. Una vez que encontremos el lugar de la empatía en nuestro interior, deseará expresarse. La empatía puede acarrear incomodidad (la palabra *compasión* en sí significa "sufrir con"), así que debemos superar nuestra prisa natural a darle la espalda a las desgracias de los demás. En algunas personas la compasión desencadena un tipo de gozo excepcional que desean seguir experimentando.

El tercer paso, practicar hasta que se vea la mejora, requiere disciplina, porque necesitamos renovar continuamente nuestra dedicación ante los viejos condicionamientos que nos tientan a retirarnos de la compasión para seguir las demandas constantes del ego. El placer es egoísta de nacimiento, por tanto, nadie alcanza la compasión sin esfuerzo.

El cuarto paso, seguir prácticando hasta que se domine la nueva habilidad, requiere paciencia, puesto que hay varias fuerzas internas (y también externas) que se oponen a la compasión. La consciencia superior no fuerza el cambio, sino que disuelve los viejos patrones para sustituirlos con los nuevos, lo cual lleva tiempo. (Pregunten a quienes han aterrizado en una zona de desastre de algún país en vías de desarrollo para prestar ayuda. Su idealismo desaparece ante el impacto de ver personalmente la devastación. Pasan por etapas de desesperación, frustración y aletargamiento. Pero bajo la superficie se desarrolla una fuerza nueva, que no sólo se ajusta al espectáculo exterior de sufrimiento, sino que florece en una empatía mucho más fuerte).

Este esquema nos permite comprender mejor lo que designo como "acción sutil", que empieza en la consciencia para llegar después al cuerpo. La acción sutil destruye la barrera entre una persona compasiva y un cerebro compasivo. Ambos se necesitan entre sí; ninguno basta por sí solo. Lamentablemente, puede parecer una herejía, pero se necesitó acción sutil para que existieran Buda y Cristo. Ellos crearon dentro de sí una compasión inamovible siguiendo los mismos pasos que requiere una persona normal. Tal vez Buda y Cristo no sabían que tenían que transformar su cerebro, pero lo que sabían era que la consciencia superior se encontraba en acción. Como mínimo expresión, ser compasivo *sin* cambiar el cerebro constituye un logro pasajero, sujeto a los vientos del cambio. Dado que todos nacimos con la capacidad de condolernos, nuestro cerebro está a la espera de la siguiente instrucción para expandir su capacidad al nivel del alma.

La historia de Garry

El nivel sutil de la mente, que se conecta con el alma, está en sintonía con señales, augurios, presagios, sugerencias, consejos, predicciones (indicadores de la guía intrínseca que corresponde a la vida). No necesita participación del pensamiento consciente. Pero estamos tan acostumbrados a considerar que pensar es la función máxima del cerebro, que con facilidad pasamos por alto los aspectos silenciosos y ocultos de la mente, hasta que de pronto se nos revelan. Entonces ya no se puede seguir ignorándolos.

"Mi enfermedad se agravó al derrumbarse de pronto mi carrera", recuerda Garry, de cuarenta y cinco años, a quien le habían diagnosticado graves problemas en una válvula del corazón poco después de cumplir los treinta. "Me sometí a una cirugía difícil que me causó complicaciones. Tardé mucho en recuperarme. Los que habían sido mis amigos en la carrera ascendente al salir de la universidad se olvidaron de mí; era como si mis problemas me hubieran hecho diferente a ellos de algún modo. Y tenían razón. Ya no me parecía a ellos. Las cosas estaban cambiando en mi interior.

"Se me dio por recorrer las calles en espera de algo, sin saber qué. Un día, al subirme a un autobús, llegó a mi mente la pregunta: *¿Estoy haciendo lo correcto con mi vida?* Un hombre totalmente desconocido que iba adelante de mí giró y me dijo: 'Ten confianza'. Luego, como si no hubiera dicho nada, se subió tranquilamente al autobús. Ahí empezó una serie de incidentes extraños. En el momento en que pensaba volver a mi antiguo trabajo pasé caminando al lado de un joven que llevaba un aparato de música. Subió de pronto el volumen y la canción que se escuchó con estruendo fue 'No, no, no, Delilah'.

"Me reí, pero no me pareció muy divertido. Sentía una conexión espeluznante con algo lejano a mí. Poco después decidí que me leyeran el tarot, y cuando pregunté si debía seguir un camino espiritual, surgió la mejor carta de la baraja (aparecían diez copas de oro con un arco iris arriba y una multitud jubilosa que bailaba abajo). Muy pronto la situación era tal que podía hacerme una pregunta y prender la televisión, sabiendo que las primeras palabras que escuchara me darían la respuesta".

"¿Y eso nunca falló?", le pregunté.

Garry sonrió. "Sólo cuando trataba de ejercer control. El

fenómeno contaba con una cierta inocencia y un factor sorpresa, de modo que la mayoría de las veces me pescaba con la guardia baja. Cuando trataba de forzar la situación o manipular el resultado, no pasaba nada".

"¿Recibiste respuestas profundas?", pregunté.

Negó con la cabeza. "No siempre, pero todas correspondían a ese momento. Eran muy personales y se referían directamente a mi situación".

Garry tenía más ejemplos para contar, como todos los que descubren que hay una guía en su vida. Nadie en especial es elegido para ser guiado. Es un aspecto de la vida que penetra en todos los niveles, para todos nosotros. Sin duda los instintos de las criaturas que llamamos inferiores son una forma profunda de guía. Por ejemplo, el salmón, que vive durante años en mar abierto y regresa a desovar exactamente al mismo lugar donde nació. Su guía inequívoca se explica por el olfato (se supone que incluso a cientos de kilómetros este pez puede detectar moléculas de agua de su lugar de nacimiento en agua dulce). Pero también hay algo más holístico en funcionamiento, porque los salmones sólo responden a su olfato a partir de cierta edad, en la que encuentran la dirección correcta, cambian de color, dejan de comer y empiezan a secretar grandes cantidades de cortisol, hormona que aumentará hasta el punto de matarlos un poco después del desove. Tiempo, química, instinto sexual y expectativa de vida se coordinan con toda precisión por medio de una guía interior que sigue siendo un misterio.

En sánscrito la guía interior que le da forma a la vida humana se conoce como *upaguru*, "el maestro que está cerca". En las últimas décadas, la palabra gurú se ha manejado en Occidente para describir a un maestro espiritual (la raíz de la palabra significa "el que disipa la oscuridad"). En otras palabras, quien sea que nos guíe a ver lo que necesitamos nos servirá de gurú. No hay trayecto espiritual que sea igual a otro.

Todos se constituyen de momentos individuales que suceden sólo una vez en toda la historia del universo. Nuestra alma debe tener una flexibilidad infinita para entender lo que necesitamos en un momento determinado. Pero todas las almas están preparadas para el reto, dado que cada instante diario contiene, escondido en su interior, una pequeña y única revelación. Los budistas zen sostienen que cada pregunta contiene ya su respuesta. Lo mismo sucede con el alma.

La consciencia cuenta con la habilidad mágica de presentarnos preguntas y respuestas. En el caso de Garry, en cuanto planteaba su dilema, un evento fortuito o una frase en apariencia no dirigida a él, le daban la solución. Sin tener consciencia, jamás hubiera asociado las dos partes (hay que percatarse de la conexión antes de que una coincidencia se convierta en sincronía). Quien carece de consciencia no percibirá que se le está guiando. Podemos sorprendernos o actuar escépticos cuando un perfecto desconocido nos dice exactamente lo que necesitamos saber. ¿Quién no ha abierto un libro al azar, para descubrir que la información que requería se encuentra justo en esa página? (Conozco a un letrado legalmente ciego que me dijo en tono triunfal que un buen día dejó de depender del catálogo microfilmado de la biblioteca. Con sólo dirigirse a los estantes era guiado exactamente al libro que necesitaba, hasta el punto de poder sacar un volumen al azar y descubrir que se trataba del indicado).

El *upaguru* constituye un fenómeno místico sólo si asumimos que la consciencia se limita al cerebro. Plantear la pregunta "aquí dentro" no puede generar la respuesta "allá afuera". Pero el muro entre adentro y afuera es artificial. La consciencia se encuentra en todo el ámbito de la naturaleza. Cuando vemos cómo son guiados los animales resulta difícil persistir en el escepticismo. Las ballenas migratorias captan los llamados de su especie a cientos de kilómetros de distancia. Las mariposas monarca migran hacia la misma zona montañosa de México sin el menor error, aunque se trate de su primer vuelta a casa después de su nacimiento. El avance puede suceder cuando uno acepta que nuestra guía es la consciencia. Si nos sintonizamos con esa posibilidad, nos estaremos reconectando con el alma, que no es más que la consciencia en su forma más extensa.

Confiar en el alma

La consciencia proviene del alma, aunque haya muchos que digan que jamás los han guiado y mucho menos se han transformado. Durante muchos siglos, los seres humanos han orado para recibir señales de que existe un poder superior. En realidad estas señales se encuentran en todas partes, pero hay una diferencia sutil entre la guía interna y la externa. Lo que para una persona es introspección, para otra puede resultar un mensaje de Dios. La percepción de una persona de su luz interior puede constituir el ángel de otra. El ámbito del alma tiene espacio para ambos.

La guía externa les llega a las personas para quienes la mayor prueba del espíritu es física. Existe un enorme acervo de tradiciones en cuanto a un escuadrón de rescate de ángeles y protectores que llegan a la Tierra en momentos de peligro. Muchas de ellas las narran testigos presenciales contemporáneos. Hay viajeros que se han visto atrapados en medio de un camino desierto, bajo una tormenta implacable, y que de pronto ven luces de faros. Un gentil desconocido se baja y les cambia la llanta, les arregla el carburador o les pasa corriente con sus cables, para desaparecer en el siguiente entronque. Agradecido, el afortunado dice haberse encontrado con un ángel.

Me impresionó mucho un programa que vi en televisión en el que una mujer contó su historia de intervenciones angélicas.

Se encontraba sola cerca de Navidad, sin dinero y con dos niños. Había perdido la esperanza de que ese año sus hijos tuvieran festejos, regalos bajo el árbol y cena con pavo. El día de Navidad alguien tocó su puerta. Un vecino invitó a toda la familia a su departamento, donde los agasajó con una cena espléndida y regalos para los niños. La joven madre, que jamás había visto a este vecino, se sentía abrumada por tanta amabilidad. Unos días después, fue a buscar a su vecino para agradecerle, pero encontró el departamento vacío. Cuando preguntó en la administración a dónde se había mudado el desconocido, le informaron que el departamento no se había alquilado desde hacía meses. El administrador nunca había visto a la persona que ella buscaba.

Me parece que en los relatos en primera persona de este tipo ni la credulidad ni el escepticismo vienen al caso. No contamos con pruebas fehacientes en ningún sentido. Los escépticos están obligados a probar su negativa: los ángeles no existen. Los creyentes están obligados a presentar un ángel para las cámaras, lo cual, hasta hoy, no ha sucedido de manera convincente. No obstante, nada detendrá el flujo de este tipo de historias. Lo importante es que el mundo espiritual no está al alcance de la mano cuando de ángeles se trata. ¿Qué ocurre cuando no aparecen los ángeles? Es entonces cuando nuestra guía interna resulta muy valiosa, puesto que el mundo interior jamás queda lejos.

Sin el apoyo interno que parte de nuestra propia consciencia quedamos en posición vulnerable. En un caso de estudio psiquiátrico, una mujer de edad mediana llegó a terapia en estado de gran agitación, sin poder dormir ni rezar, dominada por pensamientos de miedo. Pocos meses atrás vivía feliz y sin problemas. Pero una noche, al salir sola de un restaurante, un ladrón pasó corriendo y le arrebató la cartera. Prácticamente no la tocó, de manera que no resultó herida. No llevaba nada importante en la cartera así que sólo perdió un poco de dinero.

La mujer se sintió afortunada de no haber sufrido un asalto violento, pero al cabo de unas semanas sus afirmaciones racionales se derrumbaron. Empezó a sentirse insegura por primera vez en la vida. Recordaba el incidente constantemente y las imágenes le hacían sentir cada vez más miedo. La mayoría de las víctimas de asaltos sufre de angustia residual y ya no se siente con la seguridad de antes. Pero esta mujer cayó en una ansiedad más profunda. Durante la terapia descubrió que hacía tiempo que encubría un intenso temor a la muerte. Se había convencido de que su vida era una maravilla para sentirse bien. Para esta mujer, por la que los años pasaban sin que nunca hubiera analizado sus concepciones juveniles de inmortalidad, un shock bastó para que se resquebrajara su supuesta vida maravillosa. Quedó así abierto el camino para que, en tropel, salieran de su escondite las energías oscuras.

Lo irónico de esta historia para mí radica en que la gente *es* inmortal. La fantasía de la inmortalidad encubre una verdad absoluta. El alma hace que Dios baje al nivel humano, con lo cual adquirimos la apariencia de ser mortales. Pero el alma *eres* tú. El hecho de que el alma exista nos da un aspecto del yo que trasciende el ciclo de la vida y la muerte. No tenemos que separar la tradición de los ángeles de la tradición del alma, pero tenemos que romper el hechizo sobrenatural que las religiones tejen alrededor de la obediencia, la fe y el dogma teológico. Bajo ese hechizo, la gente pierde la habilidad de encontrar su guía interior propia, que nunca duerme y está siempre al alcance.

Para romper este hechizo, debemos confiar en la experiencia personal. El alma puede someterse a pruebas. Cada uno de nosotros puede pedirle a su alma que le ofrezca resultados haciendo un experimento con su propia alma. De hecho, todos los avances de esta parte del libro son experimentos personales para comprobar que se puede confiar en la consciencia superior. Quien tenga resultados positivos en el primer experimento puede pasar al siguiente y después a otro. Ésta es la manera más práctica de resucitar el alma. Mientras más útil sea el alma, más real será, no como dogma religioso sino como parte de uno mismo.

En tu vida: La guía del alma

Si tu guía interna está siempre contigo, ¿por qué no eres consciente de que así es? De hecho, sí lo eres. Cada uno de tus deseos te impulsa en una cierta dirección. Cada pensamiento mira hacia adelante o hacia atrás. Cada persona con un propósito en la vida, incluso si ese propósito se limita a pasar el día, sigue a su guía interior. Lo importante es cuán sabia resulta esa guía. Tu alma tiene el potencial de ser una guía perfecta; sintonízala primero en un nivel más sutil, para que tu cerebro después se adapte (éste es el flujo de la vida que gobierna todo cambio). Ser guiado constituye un proceso, y en este momento te encuentras en algún punto (principio, mitad o final) de ese proceso.

Al principio tendrás apenas algunas percepciones de la guía sutil. En general se presentan como sucesos fortuitos o coincidencias afortunadas. Descubres que has tomado una decisión que te beneficia, pero a diferencia de tus decisiones cotidianas, ésta tiene un cierto sentido de rectitud, como si estuviera destinada a ser así. Todos hemos sentido algo parecido en algún momento. Tienes entonces la posibilidad de decir: "Tuve una sensación muy extraña de que esto es lo que tenía que suceder", y después retirar todo el asunto de tu mente, o detenerte a pensar con más cuidado en qué sucedió. La manera en que tomes la decisión determinará si empezarás a escuchar a tu guía o no.

En medio del proceso, tu cuestionamiento se vuelve más urgente e importante. Has visto muchas veces que diversas situaciones se resuelven a tu favor. En vez de creer en la difusa idea de que Dios estaba de tu parte o de que el destino te sonrió por un instante, te involucraste de manera más activa. Te haces preguntas más personales: ¿Por qué me sucedió esto a mí? ¿Quién o qué me está cuidando? ¿Soy yo quien hace esto? No hay garantía de que tus respuestas coincidirán con las de los *rishis,* los sabios de la India. Ellos llegaron a la conclusión de que el yo superior, al que hemos llamado alma, es la fuente de todo, incluso de Dios y del destino.

Actualmente muchas personas se mantienen al margen. Mientras que algunas desarrollan una clara convicción de que Dios las está premiando y por tanto hay que adorarlo, otras consideran a Dios una creencia lejana que no interviene en la vida diaria. Pero la recompensa divina, después de todo, aumenta la posibilidad del castigo divino. En un mundo secular, causa y efecto no funcionan sobre esas bases tan sobrenaturales. Quien se mantiene al margen puede temer que Dios le mande algo malo, mientras que a la vez recurre a medios prácticos para alcanzar el éxito y evitar el fracaso.

El fin del proceso llega cuando dejamos de mantenernos al margen. Uno deja de creer a medias en Dios y en el destino, para tomar las riendas. En este punto, la guía se convierte en una parte que reconocemos en nosotros y en el camino que emprendemos con plena consciencia. Comprendes la verdad de *upaguru:* se cuenta con guía en todo momento, puesto que el gurú se encuentra adentro de cada uno. El maestro está igual de cerca que nuestro próximo aliento. Cuando digo que esto es el final del proceso, no me refiero a que se detenga, sino a que madura. El proceso de ser guiados se revela en su totalidad y entonces aprovechamos todas las ventajas que esto nos brinda.

¿Cómo se llega a ese punto?

1. Date cuenta de que te diriges hacia una consciencia superior y emprende el camino.
2. Expande tu consciencia a través de la meditación, contemplación y otros medios.
3. Pide ser guiado, de manera sencilla y sincera, y espera a que suceda.
4. Confía en tus instintos más delicados. La guía no se presenta en forma de miedo, premoniciones, augurios, desconfianza o autoimportancia. Todas estas cosas que existen a nuestro alrededor nublan la visión de la guía verdadera, que constituye siempre una señal para dar el próximo paso hacia el crecimiento personal.

El último punto es sumamente importante y también delicado. Todos nosotros hemos reaccionado después de un suceso adverso diciendo: "Ya sabía que eso iba a pasar. Presentí algo malo". Ésa no es la guía. Es la voz de la angustia que pasa por un momento de "te-lo-dije". La diferencia es que la verdadera guía nunca tiene miedo. El alma no dice: "Cuidado, esta por suceder algo malo". Te retira de la situación *antes* de que las cosas se pongan feas. A veces te retira del peligro incluso sin que haya el menor indicio de riesgo. La voz del miedo jamás procede así, puesto que reacciona a la amenaza inmediata, real o imaginaria. Es importante dejar atrás la voz del miedo porque forma parte del escudo que te aparta de tu yo interior. Al igual que la fantasía de contar con protección, el miedo es la fantasía de estar siempre en peligro. La verdadera guía elimina estas fantasías y las sustituye con la realidad: hay una guía dentro de ti; puedes confiar en ella. Para activar esta realidad, profundizaremos sobre la manera en que el alma se conecta con el yo cotidiano.

El nexo conector es la mente, y mucho depende de si tu mente está abierta o cerrada a tu alma. En un estado de apertura total, la mente puede captar infinitas posibilidades, más allá de la guía y la protección. No obstante, en su estado cerrado, la mente malinterpreta la realidad. Crea un mundo al azar, impersonal e inseguro. Dado que todos iniciamos nuestra existencia en este mundo sin pensarlo, nuestra tarea más urgente es romper el cascarón de la ilusión. La consciencia superior está lista para entregarte los regalos prometidos en toda tradición espiritual: la gracia y la Providencia. En el flujo de la vida, estos dones están destinados a ser tuyos, sin esfuerzo y de manera constante.

Avance 1
Hay una forma más fácil de vivir

El primer avance del alma toma algo que solía ser difícil y lo vuelve fácil. Conectarte con tu alma es tan sencillo como respirar e igual de natural. Cuando en las encuestas se pregunta "¿Usted cree tener alma?", cerca del 90 por ciento de las personas responde que sí. Pero esa estadística resulta errática, porque son muy pocas las personas que en realidad han tenido la experiencia del alma. La mayoría se aleja del camino espiritual porque supone que esté es arduo y está lleno de sacrificios. Pero, ¿eso no describe a la vida cotidiana? (Uno de los bestsellers más importantes de los ochenta fue *The Road Less Traveled* de Scott Peck, que atrapó a miles de lectores con sólo cuatro palabras: "La vida es difícil").

Conectarse con el alma es en realidad mucho más sencillo que cualquier otra cosa que estés haciendo en este momento. Lo difícil es mantener el alma a distancia. En cuanto dejas de luchar, el camino hacia el alma resulta automático. Todo lo que quieres lograr se desplegará de manera natural. Eso es lo que quiso decir Jesús cuando expresó: "Pidan y recibirán. Llamen y la puerta se abrirá".

Cuando te enfrentas a obstáculos cotidianos, se debe a que primero pusiste obstáculos internos. Estos obstáculos bloquean el flujo de la vida desde el alma hacia la mente y el cuerpo. Si el flujo no estuviera bloqueado, nos llegaría todo lo que el alma puede ofrecer. El alma constituye un canal abierto. Si preguntamos sobre la verdad acerca de algo, la verdad surge. Si preguntamos por la solución de un problema, la solución aparece. Por eso el budismo nos enseña que toda pregunta está unida a su respuesta desde el momento en que nace la pregunta.

Si un canal de la consciencia se encuentra cerrado, es producto de un bloqueo temporal. Lo extraño es que gran parte de estos bloqueos sucede sin que nos demos cuenta. Todos nos hemos adaptado a que "la vida es difícil" por carecer de alternativas. Al igual que el bloqueo que va obstruyendo las arterias hasta llegar a tapar todo el conducto sanguíneo, el bloqueo que generan la lucha y la tensión crece poco a poco. Me acordé de esto hace unos años cuando estaba en un aeropuerto esperando abordar otro vuelo. Mi hija Mallika tenía una niña de dos años, Tara, mi primera nieta. Con frecuencia para pasar la aburrida espera en los aeropuertos llamaba a Tara desde mi celular. Se volvió un ritual delicioso para ambos, para mí porque Tara reconocía mi voz y para ella porque el teléfono para una niña de dos años es un juguete mágico.

En esta ocasión, al colgar el teléfono me di cuenta de que una joven agitada se dirigía de prisa hacia donde estaba yo para tomar el vuelo. Llevaba arrastrando a dos niños pequeños y entre su llegada tarde, el equipaje y el movimiento de los niños, la madre se veía abrumada. Eso causaba también que los niños fueran llorando. Vi que se acercaba al mostrador jalándolos. Pero la joven no tuvo suerte, el vuelo estaba cerrado. Insistió en que tenía que llegar a casa; su familia la esperaba. Se notaba que no podía más después de un largo día.

Pero la empleada del mostrador fue terminante. Las reglas son las reglas. Los pasajeros tienen que llegar a la sala por lo menos quince minutos antes del vuelo. Frustrada, con los niños llorando todavía, la joven mamá se retiró. Cuando ya no podía escuchar, la empleada le dijo a su asistente: "¿Qué podía hacer? Tengo las manos atadas". La asistente seguía con la mirada fija sobre la joven mamá. "Yo creo que las cosas siempre son difíciles", dijo moviendo la cabeza de un lado a otro.

La vida es una mezcla incomprensible de la alegría inocente de Tara (y la alegría que inspira en mí) y la lucha constante como la que experimentó la joven mamá. No nos vemos a nosotros mismos eligiendo una alternativa o la otra, pero lo hacemos. Para cada uno de nosotros las cosas eran como para Tara cuando empezó la vida. La tragedia es que aprendemos a luchar desde muy jóvenes, demasiado jóvenes para darnos cuenta de que nunca debimos abandonar la inocencia y la simplicidad. Sólo en la inocencia se pueden recibir los dones del alma. Una vez que aceptas que supuestamente hay que luchar para sobrevivir, esa suposición se convierte en tu realidad, que cuenta con su propia energía e impulso. Tu cerebro aprende rápidamente a conformarse, y en cuanto se condiciona, el aspecto, los sentimientos y los sonidos del mundo quedan fijos (hasta que escapamos del condicionamiento).

Sintonizarte con tu alma

Ya sabemos que el cuerpo tiene consciencia y al sintonizarnos con ella puede aumentar nuestra consciencia. Sintonizarse es también la manera de abrir un canal hacia el alma. Nos sintonizamos con el alma cuando decidimos crecer y expandirnos. Por otro lado, al perder la sintonía, se bloquea la conexión con el alma. Siempre que elijamos retraer nuestra consciencia, el canal hacia el alma quedará bien cerrado. A pesar del tono místico que usamos al referirnos al alma, conectarse con ella constituye una experiencia cotidiana.

Sintonizado

Las cosas me salen bien.

Tengo paz.

La respuesta es clara.

Todo cuadra.

Me siento en armonía con la situación.

No hay obstáculos exteriores.

Los extremos opuestos son compatibles.

Estoy abierto a cualquier posibilidad.
No juzgo, ni a mí mismo ni a los demás.
Soy un ser completo.

Cuando te encuentres fuera de la armonía de este estado, carecerás de conexión con tu alma. Esta condición se presenta también en la experiencia cotidiana.

Desintonizado

Las cosas no me salen bien.
Estoy confundido e inseguro.
La respuesta no es clara. Avanzo y retrocedo.
Todo está en desorden.
Me siento fuera de sincronía.
Hay muchos obstáculos.
Tengo un conflicto interno.
Me parece difícil encontrar la salida.
Sigo culpándome y culpando a otros.
Me siento incompleto. Debe faltarme algo.

Por favor no tomen estos extremos opuestos como parámetro absoluto o permanente. Todos nos sintonizamos y resintonizamos a diario. Nuestra consciencia se retrae ante el estrés, como sucede con el cuerpo ante el estrés. Nuestro objetivo aquí es lograr una conexión permanente que no se rompa y seguir avanzando, ya que hay personas que alcanzan momentos de conexión muy profunda que cambian su vida.

Hace poco un amigo me contó un incidente de su pasado que ilustra este punto. Fue un momento en el que su consciencia se expandió de pronto.

"Andaba con mi mochila viajando por Europa. Tenía veintiséis años y vivía de vacaciones. Tomaba trabajos temporarios únicamente para poder cubrir los gastos de mis viajes.

"En esta ocasión fui el último pasajero de la lista de espera que se subió al avión. Me senté al lado de un hombre que estaba leyendo un libro. Ninguno de los dos volvió a mirar al otro. El avión despegó y yo seguí sentado allí. Por alguna razón en esa época experimentaba una sensación de vacío, acompañada de cierta insatisfacción. Me sorprendió, porque en general esa época de viajes por Europa había sido la más feliz de mi vida. Pero en ese momento oí que yo mismo me preguntaba: *¿Qué estás haciendo? Esto es un desperdicio.*

"De pronto me percaté de que el hombre justo había cerrado su libro y me estaba mirando. '¿Le pasa algo?', me dijo. Me asusté, pero por algún motivo no desprecié la pregunta. Me pareció una persona comprensiva y le conté lo que me pasaba. Me preguntó si quería su opinión y le respondí que desde luego. 'Has llegado a un momento de decisión', me dijo.

"Jamás lo hubiera esperado. '¿Qué tipo de decisión?', pregunté.

" 'Estás pensando en dejar atrás tu infancia'.

"Sonrió levemente, pero yo sabía que hablaba en serio. '¿Cómo lo sabe?', le pregunté.

" 'Porque a mí ya me pasó', dijo. 'Un día pensé: *Ya soy adulto.* Acababa de cruzar una frontera sin regreso y creo que es lo que acaba de sucederte' ".

Mi amigo sacudió la cabeza. "Tuvo razón. Ni siquiera me resistí a la idea. Mi adolescencia había terminado. Regresé a casa. Guardé mi mochila en el ático. Me olvidé de los trabajos temporarios y me integré a la fuerza de trabajo".

"Esas cosas no son raras", señalé.

"Lo sé. Todos tenemos que crecer en algún momento. Pero, ¿no es muy raro que me pasara de pronto y que estuviera sentado junto a alguien que sabía lo que me estaba sucediendo y que había tenido una experiencia idéntica?"

Éste es un ejemplo de la manera en que la consciencia superior llega a la vida cotidiana. A nivel superficial la mente está totalmente ocupada pensando y sintiendo. Hay un caudal de sensaciones y de ideas que nos llena la cabeza desde que despertamos. Pero la vida tiene patrones ocultos que se despiertan de manera muy parecida a la que se activa de pronto un gen latente. Nos cae del cielo una realidad y, de un momento a otro, la vida puede cambiar por completo.

Sin embargo, por lo general, el cambio de trayectoria en la vida es menos dramático. Es un proceso que se despliega según su propio ritmo y tiempo. Ya sean lentas o rápidas las revelaciones son sucesos misteriosos. Uno descubre que sabe algo que antes no sabía. Una vieja perspectiva de pronto le abre paso a otra nueva. Los psicólogos nos han dado extensos mapas de grandes cambios en la vida como las "crisis de identidad" que vuelven adultos a los adolescentes en algún momento entre los veinte y los veinticinco años. Existen también las "crisis de la edad media", cuando el final de la juventud adulta crea pánico y genera un poderoso impulso de volver a ser joven por segunda vez.

El rasgo importante de cualquier punto de giro es que cambia el significado de la vida. Cuando esto sucede, el cambio puede ser sorprendentemente drástico, como en el caso de Scrooge, que va del absoluto egoísmo a un gran altruismo el día de Navidad. Un gran cambio de consciencia sucede cuando de pronto uno se enamora o se desenamora, cuando encuentra de repente una religión luego de décadas sin credo alguno o cuando en camino al trabajo uno descubre que, de la noche a la mañana, una carrera satisfactoria se ha vuelto vacía. Si el significado de la vida se modifica intensamente, la consciencia superior llega a nuestra vida desde el nivel del alma.

Tomemos la experiencia del amor. El amor es sumamente

apabullante como estado físico y emocional, que es la manera en que lo experimentamos en el mundo visible. Estar enamorado es sentirse motivado por una emoción sexual y romántica hacia otra persona: el ser amado. El corazón se agita, el pulso se eleva. Las actividades mundanas de la vida cotidiana palidecen ante la intoxicación del enamoramiento. Resulta imposible tratar de detener esta avalancha mientras nos cae encima. Pero en momentos de mayor calma, el amor es más estable y puro, como el amor entre madre e hijo. Si continuamos refinándolo, ordenándolo, surge el amor por la humanidad (que se conoce como compasión). Todavía más puro es el amor que se basa en la abstracción, como el amor por la belleza o el amor por la verdad. Por último, para aquellos pocos que llegan a la esencia más sublime, el amor se convierte en un aspecto de Dios. No todo amor alcanza esta meta excelsa. Lo importante es el proceso, el refinamiento de la consciencia hasta que se hace más delicada, sutil y pura. Seguirás enamorado de tu objeto amoroso (el aspecto físico de la vida no desaparece), pero al mismo tiempo sentirás los aspectos más elevados del amor. Es como vivir en el cuerpo y al mismo tiempo ver a través de él.

Para sintonizarse con el alma, hay que participar en este proceso de purificación. Como muchos de nosotros hemos perdido la capacidad de hacerlo, parece natural sentir el alma como algo abstracto, remoto y tenue. La gente empezó a hablar de ella como "el fantasma de la máquina", expresión que describe dos nociones falsas, dado que ni el alma es un fantasma ni el cuerpo es una máquina. Esta desconexión no tiene que ver con el pecado ni con la desobediencia. Nadie comete un gran delito que le haga merecer el castigo de un alma perdida (me di cuenta de que los cristianos devotos defendían intensamente este punto, pero queda claro que la mayoría de los integrantes de la sociedad secular no siente haber heredado el pecado mortal de Adán y Eva).

Incluso, para el cristiano devoto es fascinante observar que en el Antiguo Testamento Dios promete enviar a la Tierra a un mensajero, que traerá al Señor al templo, con estas palabras: "¿Quién podrá entonces permanecer en pie?, pues llegará como un fuego, para purificarnos, será como un jabón que quitará nuestras manchas. Como quien refina y purifica la plata y el oro" (Malaquías 3: 2-3). En otras palabras, la gente tiene que pasar por un proceso de refinación antes de que Dios sea real en su vida.

Cambio sin esfuerzo

Lo ideal sería que la mente tuviera total claridad y presencia en ese momento, sin obstáculos ni bloqueos. Para lograrlo, el cerebro debe cambiar. Como parte del cuerpo el cerebro tiene sus propios mecanismos de curación. Pero los viejos condicionamientos, una vez que se establecen en nuestro cerebro, se vuelven parte de sus redes neuronales. Desde el punto de vista del alma, todas estas huellas están sujetas a cambios. Los momentos de revelación se presentan y el cerebro se adapta, independientemente de la configuración de su cableado. Por desgracia, el conocimiento científico actual del cerebro acepta sin lugar a dudas que los cambios del cerebro son físicos. ¿Podemos demostrar que el cerebro realmente es inalámbrico? Si lo logramos, se abre el camino para que la consciencia sea la clave de la transformación personal.

Esta posibilidad dio un gran paso cuando un grupo de investigadores italianos estudió el cerebro de los monos macacos en la década de 1980. Al monitorear una sola neurona de la corteza inferior del mono, región responsable de la actuación de la mano, esa neurona se encendía cuando el animal alcanzaba una fruta, digamos un plátano. Este descubrimiento, en sí, resultó rutinario. Los músculos se mueven porque el cerebro lo ordena. Pero cuando el mono veía que otro mono tomaba un plátano, la misma neurona se volvía a encender. En otras palabras, *el acto de ver provocaba que el cerebro del primer mono se encendiera como si él mismo hubiera realizado la acción.* Nació así el concepto de "neuronas espejo", que se refiere a cualquier neurona que imita la acción que ocurre en otro cerebro diferente. El espejeo no tiene que darse entre dos animales similares. Un mono que observe al técnico de laboratorio tomando un plátano activará sus neuronas espejo de la misma manera que si otro mono realizara la acción. Esta respuesta no es únicamente mecánica. Una neurona espejo puede distinguir la diferencia entre una acción que le resulta interesante y otra que le es indiferente. Por ejemplo, cuando un mono macaco observa al científico poniéndole un pedazo de fruta en la boca, se encienden una gran cantidad de neuronas espejo, pero si el pedazo de fruta se coloca en un plato (acción que le interesa poco al mono) las neuronas espejo apenas llegan a encenderse.

Lo anterior significa que los senderos del cerebro no tienen que esculpirse por medio de la experiencia física directa. Pueden tomar forma de manera indirecta. ¿Es ésa la manera en que aprendemos en primera instancia? Por ejemplo, parece algo intuitivo que un mono macaco bebé aprenda a tomar las cosas tratando de alcanzarlas. Pero en este caso la intuición falla, porque el cerebro del mono bebé no cuenta con los senderos neuronales para llevar a cabo esta acción por primera vez. El objetivo de las neuronas espejo es construir estos senderos a través de la simple observación (o, de manera más precisa, prestando atención y sintiendo interés). Estas palabras deben sonarnos conocidas, dado que los monjes tibetanos cuyo cerebro cuenta con redes neuronales de compasión, construyeron estas redes de la misma manera.

El cerebro ni siquiera necesita instrucciones para construir senderos nuevos. Los monos bebés lactantes observarán a su madre comiendo alimentos sólidos, y las neuronas espejo del interior de su cerebro se activarán como si ellos mismos estuvieran comiendo alimentos sólidos. Cuando llegue el momento de destetarlos, su cerebro estará preparado. Un mundo desconocido se vuelve conocido sencillamente por medio de la observación. El aprendizaje humano puede darse de la misma manera, aunque todavía no se sabe. Por razones éticas, no pueden conectarse cables a las células del cerebro para hacer estudios en bebés humanos. Pero al observar el movimiento de los ojos, parece que en el primer año de vida los bebés desarrollan un sistema de espejeo con sólo prestar atención a los sucesos importantes de su entorno.

¿Es ésta también la manera en que aprende el alma? Contamos con una clave importante de que así es. Pensemos de nuevo en el fenómeno del *darshan* (la transmisión de una bendición cuando alguien se encuentra en presencia de un santo). Los sabios creen que con sólo poner la vista en una persona santa se adquieren bendiciones, y ahora ya sabemos cómo: el cerebro del devoto se modifica mediante el acto de observar. "Bendición" es un término demasiado suave, puesto que en su más alta expresión, conocida como *atman darshan,* existe una transmisión directa entre un alma (o atman) y otra. A nadie se le hubiera ocurrido que las neuronas espejo estuvieran funcionando. Yo desconocía esta noción cuando visitaba de niño a los santos locales. Pero los efectos que sentía (optimismo, euforia, paz interior) no requerían de ningún entendimiento de mi parte. El alma de otra persona, sin el menor esfuerzo, había cambiado mi cerebro.

Entonces, ¿por qué no puede hacer lo mismo mi propia alma?

Lo único que tiene que hacer el alma es irradiar su influencia. Si la sola cercanía a un santo basta, ¿cuán cerca está cada uno de nosotros de su propia alma? La consciencia superior es un campo, como la electricidad o el magnetismo, y cuando una persona entra en contacto con ese campo, el cerebro lo refleja. La palabra *darshan* deriva del verbo "ver", pero no es necesario tener los ojos abiertos; es la cercanía al campo la que causa el efecto.

Al ir más profundo, uno descubre que la consciencia superior no es estática. Un santo puede transmitir una energía específica, como la sanación, y el objetivo puede ser una persona. Recordemos los pasajes del Nuevo Testamento en los que a Jesús le imploran que cure a un enfermo. A veces se mostraba reacio, porque quería que los que lo escuchaban se metieran en su interior para descubrir el Reino de los Cielos (en esencia, les estaba diciendo que el campo era parte de ellos). Los milagros externos llaman la atención en sentido equivocado. Cuando Jesús cura al cojo, al paralítico y al ciego, le atribuye el milagro al que queda curado y no a sí mismo.

En Marcos 10: 46-52 aparece un ejemplo dramático, centrado en un pordiosero ciego que está sentado a la orilla del camino cuando pasa Jesús:

> *Llegaron a Jericó. Y cuando Jesús ya salía de la ciudad, seguido de sus discípulos y de mucha gente, un mendigo ciego llamado Bartimeo, hijo de Timeo, estaba sentado junto al camino. Al oír que era Jesús de Nazareth, el ciego comenzó a gritar: "¡Hijo de David, ten compasión de mí!". Entonces Jesús se detuvo y dijo: "Llámenlo". Llamaron al ciego diciéndole: "Ánimo, levántate, te está llamando". El ciego arrojó su capa y dando un salto se acercó a Jesús, que le preguntó: "¿Qué quieres que haga por ti?". El ciego le contestó: "Maestro, quiero recuperar la vista". Jesús le dijo: "Puedes irte, por tu fe has sido sanado". En*

aquel momento el ciego recuperó la vista y siguió a Jesús por el
camino.

Nos impresiona que el ciego parezca más insistente que cre-
yente, pero en la tradición del *darshan* el incidente tiene sentido. La curación depende de conectar la consciencia superior
con la inferior, un alma perfecta le manda energía a un cuerpo
imperfecto. (La intervención de Jesús no hubiera sido necesaria, excepto por lo que dice con pesar a sus discípulos: "El espíritu está dispuesto, pero la carne es débil". En otras palabras, el
cuerpo de los discípulos no está perfectamente sintonizado con
el alma, en tanto que el de Jesús sí). El cuerpo no tiene más
opción que cambiar, al igual que un imán no tiene otra opción
que apuntar al norte. ¿Hay algo que requiera menor esfuerzo?

La historia de Pauline

"Todos los que me conocen dicen que llevo una vida soñada",
dijo Pauline, una mujer profesional de cuarenta años. "Algunos
sacuden la cabeza y lo dicen con envidia o con incredulidad.
Pero casi nadie sabe la verdad. Hay una razón por la que todo
me sale bien".

Levantando las cejas, pregunté: "¿Todo?".

Pauline asintió. "No he tenido un solo revés en veinte años.
Pasan cosas que a otros les parecen problemas, pero al final
siempre salen bien. No importa lo que sea". No se mostraba
petulante, ni sonreía como si estuviera guardando un secreto
malicioso. Pauline tenía algo serio en la mente.

"Todo se remonta a una época de mucho estrés en mi vida.
Salí de la universidad sin tener ningún destino. A los veinticinco años había caído en un trabajo de burócrata que lo único
que me ofrecía era seguridad. Salía con algunos jóvenes, pero

con nadie en serio. Estas pueden parecer quejas normales, pero es difícil entender lo inquieta e insatisfecha que me sentía. Despertaba a media noche con dificultad para respirar, como alguien que se está ahogando.

"Nadie supo cómo me sentía. ¿Qué podía decir yo? Nadie podía decirme qué era lo que sucedía en realidad, por lo menos nadie que yo conociera".

"¿Ahora sí lo sabes?", le pregunté.

Pauline asintió con la cabeza. "Me estaba desmoronando por dentro. No, eso es demasiado dramático. Me estaba remodelando. El proceso entero seguramente se había iniciado hacía tiempo, quizá en mi infancia; a los diez años era intensamente religiosa, me vestía de negro y me subía al ático para leer la Biblia. Pero de todos modos no sabía cómo manejar mi estado de inquietud, que llegó a su máximo un sábado por la tarde.

"Estaba sentada cerca de la ventana en un viejo sillón, con la mente funcionando a toda velocidad. No recuerdo lo que pensaba, pero sí me acuerdo que me preguntaba si de esa manera se volvía loca la gente".

"¿Creías haber enloquecido?", le pregunté.

Negó con la cabeza. "Eso es lo curioso. No sentía agitación emocional. Se había apoderado de mí una rara especie de calma. Era como si estuviera observando a la mente de otra persona funcionar cada vez a mayor velocidad. De pronto todo se detuvo. Vi afuera el sol radiante del verano y entonces supe: *Todo lo que deseas va en camino hacia ti. No tienes que hacer nada.* Así de fácil, no podía creerlo".

"¿Oíste una voz dentro de tu cabeza?", pregunté.

"No. Pero sentí como si alguien se comunicara conmigo. ¿Dios? ¿Mi yo superior? No quise ponerle nombre a esa voz interior, pero mi cuerpo empezó a sentirse muy relajado. Pensé que iba a llorar, pero suspiré profundamente. Me había liberado de un peso gigantesco que ni siquiera sabía que estaba cargando".

"¿Con una revelación lograste una vida de ensueño?", dije.

"Sí". Pauline no parpadeaba.

"¿De inmediato?"

"No exactamente. Al principio quedé en un estado de euforia. Tenía una confianza total en lo que me había dicho la voz. Veía todo a través de un cristal color de rosa. Como ves, dejé de tener miedo. La gente no se da cuenta, pero el miedo acecha siempre escondido en algún lugar, como las termitas en la madera. Cuando el miedo se va, el mundo entero se ilumina.

"Esa fase duró sólo unas cuantas semanas. Bajé de mi nube. Volví a ser yo misma. No creas que ahí terminó, porque el hecho es que el cambio fue real. Dejaron de pasarme cosas malas. Empecé a tomar decisiones que resultaron correctas. Mi existencia dejó de estar llena de crisis y de dramas. La gente empezó a darse cuenta de que yo llevaba una vida soñada".

Se puede notar por la certeza de la paz de Pauline que no le importaba que los demás le creyeran. La felicité, conversamos un rato más sobre las cosas buenas que seguían ocurriéndole y luego se fue. No he conocido a nadie que constituya un mejor ejemplo del campo del alma. La voz que escuchó no vino de fuera de ella. Podríamos decir que lo que oyó fue la voz de su alma, pero el alma es silenciosa. Más bien, oyó que su propia mente puso en palabras la modificación de su consciencia. Esas modificaciones son impredecibles; nunca sabemos de antemano que daremos el santo cuántico (aunque al pasar por un periodo de turbulencia, como le sucedió a Pauline, es bastante común). Hay muchos tipos de revelaciones, y es erróneo darle a todas la categoría de religiosas. Sin embargo, lo que tienen en común todas las revelaciones es que la consciencia se expande más allá de sus límites normales.

A esto yo le llamaría una revelación de rendición. Imagínate atrapado entre dos fuerzas. Una, la fuerza del condicionamiento, que te jala hacia una vida llena de esfuerzos y lucha. La otra, la fuerza del alma, que te jala hacia una vida en la que no hay esfuerzos. La competencia parece a todas luces injusta, porque la primera lleva tras de sí el apoyo de muchos aliados. Todas las personas que conoces aceptan que la vida es difícil, por lo que la sociedad exige que sigas ese camino, no sólo de palabra y de hecho, sino también con los pensamientos que corren por tu cabeza. Porque tus pensamientos no son tuyos. Has asimilado cientos de voces de un ambiente muy amplio (familia, amigos, medios masivos y sociedad en general) que ahora te hablan desde el interior de tu propia mente.

Comparada con esta alianza masiva, el alma carece de fuerza visible. No tiene una voz dentro de tu cabeza. Es demasiado íntima para que otra persona te la explique. Hemos visto que la consciencia puede movilizar energía, pero la consciencia del alma es tan refinada que la energía que moviliza resulta increíblemente sutil. Con tantos factores en contra, ¿cómo puede el alma ejercer cualquier tipo de fuerza? La respuesta sorprende por su sencillez. Tu alma eres tú. Las fuerzas externas ejercen presión constante y, en el corto plazo, las señales de tu alma quedan bloqueadas. Pero al final no puedes ignorarte a ti mismo. Por haber estado siempre presente, el alma puede esperar lo que sea necesario.

Puedes llevar a cabo un experimento sencillo para demostrártelo a ti mismo. Piensa en otro factor presente siempre: la respiración. Pasas horas ignorando tu respiración. Su curso sigue sin cesar, sin que le prestes atención. Siéntate ahora en silencio y trata de ignorar que estás respirando. Has un esfuerzo deliberado por dejar de respirar. Imposible. Una vez que tu atención se concentra en la respiración sucede un cambio. Puede ser, naturalmente, que tu mente divague. Volverás a olvidar a tu respiración. Pero eso no marcará ninguna diferencia. Igual que el alma, la respiración puede permitirse esperar, porque estará presente siempre mientras vivas.

En el caso de Pauline, lo que sucedió no fue realmente una revelación en el sentido normal. Dios no la detectó de pronto desde el cielo y le mandó un telegrama, sino que ella se percató de su alma del mismo modo en que una persona se percata de su respiración. En sí, no se trata de un caso singular. Todos nosotros pasamos por momentos en los que nos deslizamos inadvertidamente a estados de consciencia superiores. El truco radica en evitar que nuestra mente abandone ese estado. Pauline logró algo raro: se percató de su alma y, de ahí en adelante, siguió prestándole atención. La presencia del alma permaneció con ella, y ésa es la razón por la que su vida se convirtió en "soñada".

Esto puede parecer un caso especial, pero el principio general se aplica a todos. Si puedes centrar tu atención en el nivel del alma, la lucha se acaba. Lo primero que hay que cambiar es la perspectiva, pero existen también cambios en la manera en la que te trata la vida. Esos resultan más misteriosos. Nuestra sociedad no acepta que el alma (invisible, eterna, separada, inmóvil e inmortal) tenga poder para transformar a un mundo necio de objetos concretos y asuntos materiales. Pero para que la vida se facilite, el alma debe tener ese poder. Hay niveles misteriosos que necesitan exploración.

En tu vida: Crear tu propia revelación

Es una lástima que la palabra *revelación* se limite al contexto religioso. La gente supone que las revelaciones se relacionan con Dios y les ocurren sólo a los santos. En realidad una reve-

lación constituye un pequeño avance. Una parte del condicionamiento se rompe en pedazos. Dejas de ser víctima de una
creencia rígida, te sientes relajado. ¿Qué es lo que provoca este
pequeño avance? Desviar la atención hacia el alma, porque ése
es el aspecto nuestro que no está condicionado. El alma representa la consciencia superior en ese sentido (es libre de todo
condicionamiento). O, para ponerlo de una manera más sencilla, el alma nunca dice no. Todo es posible. Cualquier cosa
imaginable se vuelve realidad. Quien pueda mantener su atención en el alma experimentará una revelación a diario. En vez
de *no,* experimentarás innumerables *sí.*

Superar el poder del *no* tiene una importancia crucial. El *no* es
muy convincente. La gente rechaza todo tipo de experiencias
porque cree que rechazar está bien. Se opone porque no puede
evitarlo. El hechizo del *no* ejerce un dominio tan fuerte que lo
demás poco importa. A continuación detallo algunos ejemplos
completos; luego veremos cómo revertir cada uno de ellos.

Superar el no
Debes romper el hechizo cuando tu mente:

- te dice que la gente no cambia
- te mantiene atrapado en hábitos rígidos
- te atrapa con pensamientos obsesivos
- genera ansiedades que no pueden acallarse
- te plantea el miedo como amenaza cuando tratas de
  liberarte
- te impide tener ciertos pensamientos
- hace que los impulsos naturales parezcan ilícitos o
  peligrosos

Se necesitan pequeños avances para poder superar el poder
del *no,* porque hay muchísima negatividad que debemos supe-

rar en un gran número de áreas. Pero en cada área debes aplicar el mismo principio: para que la vida sea más fácil necesitas dejar de hacer lo que estás haciendo. Entiendo que esto suena demasiado general, pero en realidad si estuvieras haciendo lo correcto ya estarías en contacto con tu alma y tu vida se estaría desplegando día a día, bajo el principio del *sí*. De manera que tienes que dejar de hacer lo que estás haciendo y reestructurar radicalmente las cosas.

Veamos ahora las áreas específicas en las que es necesario desalojar el poder del *no*.

Creencia negativa #1: La gente no cambia. Esta conocida afirmación parece razonable en momentos de desaliento y frustración, pero si se observa con más cuidado, tiene el efecto de impedir el cambio dentro de ti mismo. Esencialmente, si otras personas no pueden cambiar o no cambiarán, estamos destinados a vivir en el *status quo*. Cuando aceptas que nadie va a cambiar, cierras la caja y se quedan adentro. Al mismo tiempo, tú también te quedas adentro. Es fácil pasar por alto esa implicación, porque en lo más profundo de nuestro corazón pensamos que *nosotros* podemos cambiar; son los demás los que no pueden. En realidad, ellos sienten lo mismo en cuanto a ti, por lo que existe un sistema de desaliento mutuo. En breve cualquiera que levanta la voz y dice "necesitamos cambiar" se está enfrentando al *status quo*. Y cualquiera que lo ignore y cambie de hecho será visto con sospecha o con hostilidad.

Sin embargo, desde la perspectiva del alma, nada de esto es real. Es obvio que la gente cambia constantemente. Vivimos desesperados por saber las noticias; plagamos nuestra vida diaria de crisis, mayores o menores. Cambiamos de humor, al igual que todas las células de nuestro cuerpo. Decir que la gente no cambia es algo arbitrario, un punto de vista que parece seguro. Es una forma de resignación, de rendirse ante lo inevitable. Tenemos que dejar de reforzar el poder del no si queremos llegar al alma.

- Mírate a ti mismo cambiando todo el tiempo.
- Alienta el cambio en otros.
- Cuando te oigas emitir una opinión fija, detente.
- Cuando alguien exprese una opinión contraria, no te resistas.
- Argumenta desde el lado opuesto de vez en cuando.
- Trata con delicadeza el frágil inicio del cambio, en ti y en otros.
- Deja de ser radical. Permite que tu actitud sea más flexible y provisional.
- No te enorgullezcas de tener la razón.
- Cuando tengas un impulso para crecer y evolucionar, síguelo sin considerar la opinión de otros.

Creencia negativa #2: Los hábitos nos mantienen atrapados. Todos sabemos lo que significa estar atrapado en una conducta habitual. La lucha diaria en la vida se debe a nuestra incapacidad de pensar y comportarnos de una forma nueva. Los hábitos mantienen a los matrimonios atrapados en la misma discusión durante años. Hacen que nos tiremos en el sillón, en vez de trabajar en función del cambio. Refuerzan la mala alimentación y la falta de ejercicio. En general, los hábitos hacen que la inercia sea más fácil que el cambio. En este ámbito la fuerza del no es bastante obvia, ¿verdad? Si lo consideramos lejos de juicios negativos, el hábito no es otra cosa que un atajo útil, un sendero automático grabado en el cerebro. Un pianista competente tiene grabado el hábito de mover los dedos de un modo determinado; no se le ocurriría reinventar su técnica cada vez que se sienta ante el teclado. Un cocinero de servicio rápido que puede preparar seis *omelets* simultáneos se apoya en el hecho de que en su cerebro se haya grabada una serie de movimientos dentro de un tiempo preciso.

Desde la perspectiva del alma, un hábito constituye una decisión que se asume únicamente por razones prácticas. No se trata de bien o de mal, de correcto o equivocado. Siempre existe la posibilidad de borrar la grabación y crear una nueva. Un pianista que decide ser violinista no tiene problemas por la forma grabada en la que antes movía los dedos. El cocinero de servicio rápido que llega a casa a preparar un *omelet* en vez de seis no está obligado a trabajar a la velocidad de la luz. Lo que nos mantiene atrapados es el hechizo del no. Constreñidos por ese hechizo, encontramos razones para seguir estancados en el pensamiento habitual y en comportamientos que ya no nos sirven. Renunciamos voluntariamente al poder del cambio y, al mismo tiempo, culpamos a nuestros malos hábitos como si tuvieran voluntad independiente (actualmente está de moda culpar al cerebro, como si lo que lleva grabado fuera permanente y todopoderoso). Para deshacernos de un hábito necesitamos recuperar nuestro poder de elegir.

- No luches contra un mal hábito. Míralo de manera objetiva, como si lo tuviera otra persona.
- Pregúntate por qué escogiste ese hábito.
- Examina qué beneficio recibes, en general a nivel oculto.
- Sé honesto en cuanto a tu elección. En vez de decir: "Es que así soy yo", admite que has optado por la inercia en lugar del cambio, porque el cambio te asusta o te amenaza.
- Si te sientes víctima de un mal hábito, pregúntate por qué tienes que ser víctima. ¿Es una manera fácil de no asumir responsabilidades?
- Encuentra una razón para adoptar un buen hábito que

sustituya al malo; haz que esa razón sea convincente y repítetela cada vez que se presente el antiguo hábito.

Tu objetivo es romper el hechizo que dice que no tienes alternativas. Siempre existen alternativas.

Creencia negativa #3: Los pensamientos obsesivos tienen el control. Mucha gente piensa que no es obsesiva. Identifican la obsesión con desórdenes mentales, cuando de hecho un desorden obseso-compulsivo no es más que una variación extrema de una condición universal. Las obsesiones son otra manera en que el poder del *no* anula nuestra capacidad de decidir. En cualquier momento nos puede atacar la obsesión de la seguridad, de salvarnos de los gérmenes, de enojarnos en el tráfico, de gastar dinero, de disciplinar a nuestros hijos, de derrotar al terrorismo (las posibilidades son infinitas y en constante cambio). Los pensamientos obsesivos no se relacionan únicamente con lo inmoral, lo indebido o lo irracional. Uno puede obsesionarse por factores que la sociedad aprueba y recompensa. Todos conocemos a personas obsesionadas con ganar, con vengarse de los que le hicieron daño, con el dinero o la ambición. Por definición, un pensamiento obsesivo es el que tiene más fuerza que tú. Es aquí donde el poder del *no* causa daño.

Desde la perspectiva del alma, pensar es una expresión de libertad. La mente no tiene obligación de preferir un pensamiento u otro. Mucho menos constituye una máquina programada para repetir una y otra vez el mismo mensaje. Lo que nos mantiene atrapados dentro de la repetición es el "*debo* pensar de este modo". Se descartan otras alternativas por el miedo, los prejuicios, el interés personal y la culpa. Para romper este pensamiento obsesivo hay que examinar el nivel más profundo donde el "debo" prevalece.

- No luches contra los pensamientos que se repiten.
- Cuando la gente te diga que siempre haces lo mismo, créeles.
- No aceptes que ganar siempre, ser siempre el número uno o hacer algo siempre es productivo.
- No te enorgullezcas de tu coherencia por el simple hecho de ser coherente.
- Si te sientes atrapado por una obsesión, pregúntate a qué le temes. La repetición encubre la ansiedad.
- Deja de racionalizar. Presta atención a lo que te hacen sentir tus pensamientos y no a lo que dicen.
- Sé honesto en cuanto a la frustración que sientes por albergar la misma idea una y otra vez.
- No defiendas tus prejuicios.
- Da pasos activos para reducir el estrés, que es la principal causa de las obsesiones. La mente sujeta a estrés repite siempre lo mismo porque no se siente relajada ni se abre para encontrar otras alternativas.
- Busca por medio de la meditación el nivel de tu mente que no esté obsesionado ni tenga ideas fijas.

Creencia negativa #4: Las ansiedades nunca pueden acallarse. Cuando la ansiedad regresa una y otra vez, nos obliga o bien a rendirnos o a resistir (lo inútil de esta lucha se mencionó antes). El poder del *no* insiste en que no existe otra alternativa. Una vez más, un patrón repetitivo grabado en el cerebro domina al libre albedrío. Tu ansiedad cobra vida propia y, si llega al extremo, se convierte en adicción. La diferencia reside solamente en las limitaciones que sufres. Quien siente ansiedad por el chocolate no puede resistirse a comerlo, pero si es adicto, sólo comerá chocolate. No obstante, incluso en sus formas más benévolas, la ansiedad puede hacerte sentir que no existe ninguna otra opción.

Desde la perspectiva del alma, la ansiedad es otro ejemplo de un atajo grabado en el cerebro. La persona que siempre come chocolate ha tomado la decisión ilícita de que el chocolate es el mejor dulce que existe y, por tanto, en vez de molestarse en considerar la variedad de dulces, siempre elige automáticamente el chocolate. Pero que la mente esté activada en piloto automático no significa que no podamos cambiarla. Siempre existe la opción de reprogramar las reacciones. Bajo el efecto del hechizo o no, renunciaste voluntariamente a esa opción, pero también puedes rescatar cualquier cosa a la que renuncies.

- Cuando sientas ansiedad, no la conviertas en una decisión de esto o aquello.
- En vez de darte por vencido o resistir, haz algo de lo siguiente: sal del lugar, pospón tu decisión, busca una distracción, haz una pausa y mírate o haz otra cosa placentera.
- No pienses en derrotar tu ansiedad. Piensa más bien que estás borrando poco a poco algo que se grabó.
- Cuando sientas desaliento por haberte dado por vencido, quédate con tus sentimientos en vez de desecharlos.
- Date cuenta de por qué acallar una ansiedad nunca funciona: principalmente, porque nunca tendrás suficiente de lo que no quieres.
- Busca lo que en realidad quieres, ya sea amor, comodidad, aprobación o seguridad. Éstas son las necesidades básicas que buscamos satisfacer con la ansiedad.
- Persigue tu necesidad real. Al hacerlo, la ansiedad automáticamente perderá consistencia y con el tiempo se desvanecerá.
- Si por cualquier razón puedes darle la espalda a tu

antigua ansiedad, aprovecha ese momento, incluso si la ansiedad regresa. Cada pequeña victoria le imprime un nuevo patrón al cerebro. No veas esto como una victoria temporaria (considéralo como un signo de que puedes encontrar el interruptor que apaga tu ansiedad).

Creencia negativa #5: El miedo te impide ser libre. El poder del no usa el miedo como refuerzo. Como el pistolero a sueldo, amenaza con ser despiadado e indiferente. Bajo el hechizo o no, la mente siempre encuentra alguna razón para tener miedo. Las cosas más sencillas se convierten en objetos de ansiedad. Los riesgos más improbables se aproximan como peligros que pueden abatirnos en cualquier momento. Al encontrarte en posición defensiva, te estás negando a ti mismo la más básica de las libertades, la de sentirte seguro en el mundo. No es la amenaza externa lo que genera esta situación. Somos nosotros los que proyectamos nuestras creencias fijas sobre todas las situaciones, de modo que sentirse seguro o no se constituye una decisión personal.

Desde la perspectiva del alma, siempre estás a salvo. El universo aprecia tu existencia. La naturaleza está diseñada para mantener tu bienestar. Si te encuentras amenazado, puede ser bastante realista a evaluar el peligro y escapar. Pero si estás paralizado por la ansiedad, la amenaza se hace ineludible. A alguien con miedo a las alturas, por ejemplo, le resulta imposible subir por una escalera de mano. El peligro de caer no impide que otras personas suban la escalera, porque tienen la capacidad de determinar que el riesgo es pequeño. Pero una fobia te quita la habilidad de evaluar el peligro de manera realista; el miedo adquiere el poder absoluto, el poder del no. Para sobreponerse a una fobia, tienes que desafiarla y reafirmar que estás a salvo.

- No luches contra tus miedos cuando te sientas atemorizado.
- Cuando te sientas calmado y seguro, trae a la mente tu miedo para examinarlo.
- El miedo es convincente, pero eso no le da la razón. Asegúrate de ver la diferencia.
- La ansiedad tiende a obsesionarnos por las cosas que nos atemorizan, echándole leña al fuego. No permitas que la repetición te engañe. Una situación no se vuelve más peligrosa porque tú sigues pensando que así es.
- Separa la energía del miedo del contenido de tu experiencia. En lugar de preocuparte por lo que te causa ansiedad, piensa directamente en el sentimiento de ansiedad y moviliza la energía por medio de liberación física, entonación, meditación y otras técnicas.
- Date cuenta de que básicamente no tienes miedo. El miedo es una emoción pasajera que puede liberarse.
- Recuerda que tienes la opción de aferrarte al miedo o de soltarlo. Cuando sientas ansiedad, actúa de inmediato para soltarla. No vivas en el miedo ni trates de razonar con él.
- Evita culparte. El miedo es universal. Lo sienten incluso las personas más fuertes y valientes. Tener miedo no significa ser débil, significa que todavía no lo has soltado.
- Sé paciente contigo mismo. El miedo y la ansiedad son los mayores obstáculos para todos. Sé agradecido contigo mismo y felicítate cada vez que superes un miedo.
- Si el miedo regresa no lo consideres una derrota. Pronto llegará el momento en que puedas sentarte con calma y movilizar la energía del miedo. Lo importante es que eres tú quien tiene el control.

Creencia negativa #6: Los "malos" pensamientos están prohibidos y son peligrosos. La gente desperdicia gran cantidad de energía sutil haciendo a un lado los pensamientos que no quiere afrontar. La negación y la represión parecen funcionar como soluciones a corto plazo. Es posible que desaparezca aquello en lo que no piensas, pero los malos pensamientos (los que te hacen sentir culpable, avergonzado, humillado o desolado tienden a adherirse). Y lo único que logra la negación es que el dolor aumente con el tiempo. Aplazar también hace más difícil que se liberen las energías antiguas y estancadas, cuando finalmente se toma la decisión de confrontarlas.

Si decides retirar de tu vista los malos pensamientos, ésa es tu decisión. El peligro surge cuando empiezas a creer que ciertos pensamientos están prohibidos como si así lo indicaran las leyes de una fuerza externa. Cuando eso sucede, el poder del no ha logrado convencerte de que tu propia mente es tu enemiga. Muchas personas, incluso psicoterapeutas especializados, se sienten amenazadas por la "sombra", nombre que se le da a la zona prohibida por donde merodean los impulsos peligrosos. Bajo el hechizo o no, le temes a tu sombra y piensas que nunca te le debes acercar.

Desde la perspectiva del alma, la mente no tiene límites. Si tú sientes que está prohibido analizar tu furia, miedo, celos, desesperación y sentimientos de venganza, estás recurriendo a un falso sentido del yo. En particular, te estás dividiendo entre tus impulsos buenos y tus impulsos malos. La paradoja es que tu lado bueno jamás ganará, porque el lado malo seguirá luchando siempre por liberarse. Se inicia una guerra interior. Terminas viviendo en un estado de conflicto subyacente. En vez de tratar de ser bueno todo el tiempo, trata de lograr tu libertad. Cuando la mente es libre, los pensamientos van y vienen con espontaneidad. Sean buenos o malos, uno no se aferra a ellos. Mientras que se permita que la mente fluya, ningún pensamiento será peligroso, ni habrá tampoco nada prohibido.

- Ve la diferencia entre tener un "mal" pensamiento y actuar en función de él.
- No te identifiques con tus pensamientos. No son tú; son eventos que pasan por la mente.
- Resiste la necesidad de satanizar. Los juicios generan impulsos ilícitos que nos acosan.
- Aprende el valor de la aceptación.
- No condenes a otros por sus pensamientos.
- No crees un ideal falso de ti mismo. Ve con claridad que cualquier tipo de pensamiento, estado de ánimo y sensación existe dentro de tu constitución personal.
- Celebra la diversidad de tu mente. Una mente que es libre de pensar de la manera que desee merece apreciación, y no represión.
- Si te enseñaron que Dios puede aborrecerte por tus pensamientos pecaminosos, trata de deshacerte de esta perspectiva. Es un error considerar que tus juicios personales se deben a un Dios que juzga.
- No te obsesiones por tener siempre la razón. Ello es un disfraz para lograr que los demás estén equivocados. En secreto, temes que algo en ti mismo no funcione, por eso luchas con tanta fuerza para mostrarte infalible (piensas que eso te hace bueno).
- Cuando sientas la tentación de controlar tu mente, retráete para darte cuenta de que, por principio esa tarea es imposible. Incluso la mente más disciplinada encuentra la manera de romper sus cadenas.

Creencia negativa #7: Los impulsos naturales o son ilícitos o son peligrosos. Dado que no existen los impulsos artificiales, todos son naturales. Surgen ya sea de un deseo o de una necesidad. Cuando interviene la mente, no obstante, cualquier impulso puede convertirse en un peligro. Comer un dulce puede resultar peligroso si uno está obsesionado con el peso. Amar a alguien puede constituir un peligro si le tememos al rechazo. Hay un malabarismo complicado entre lo que sentimos y lo que pensamos que debemos sentir, y todos caemos cautivos de ese malabarismo. Ello explica por qué las discusiones sobre valores sociales lleguen hasta la violencia. La gente tiene una gran capacidad para juzgar lo bueno y lo malo y para invocar a Dios o a una moral superior para justificar su propio sentido de culpa y de vergüenza. El poder del no insiste en que el bien y el mal son absolutos. Bajo este hechizo, se desarrolla un temor hacia lo que realmente sentimos. Ante la imposibilidad de evaluar nuestros sentimientos bajo una luz positiva, permitimos que estos se distorsionen. Como resultado, cada vez gastamos más energía defendiendo lo blanco contra lo negro, sin considerar el hecho de que la violencia incluso para defender es un error.

Desde el punto de vista del alma, todos los impulsos se basan en necesidades legítimas. Cuando la necesidad se ve y se satisface, el impulso se desvanece, así como se desvanece el hambre después de comer. Sin embargo, cuando se niega una necesidad o se emiten juicios en su contra, no tiene otra opción que aumentar su insistencia. Los impulsos presionan contra la resistencia que trata de mantenerlos abatidos. En determinado momento, esta guerra entre el impulso y la resistencia cobra tal dimensión que uno pierde de vista la necesidad original.

Por ejemplo, cuando alguien cae ante un impulso sexual ilícito, no cabe duda de que la necesidad elemental (de amor, gratificación, autoestima o aceptación) ha quedado enterrada a profundidad. Lo único que se ve es el impulso ilícito y la guerra que se suscita entre la vergüenza y la culpa. Si el impulso ilícito es de furia y hostilidad, la necesidad subyacente será casi siempre de seguridad y ausencia de temor. De modo que lo más importante no es la batalla contra sus propios "malos" impulsos, sino poder encontrar la necesidad que los mueve. Cuando se puede satisfacer una necesidad básica, el control de un impulso deja de ser problema.

- Intenta dejar de juzgarte. Los malos impulsos no te convierten en una mala persona.
- Debes saber que ninguna de las dos partes ganará jamás la guerra interna.
- No conviertas esto en una prueba de tu fuerza de voluntad. Ceder ante un impulso no es una prueba de que necesites disciplinarte más.
- Ser permisivo no es una solución viable, como tampoco lo es su opuesto, la autodisciplina rígida. Actuar en función de tus impulsos sólo sirve como liberación temporaria de energía, como abrir una válvula de vapor. Siempre habrá más vapor.
- Tus demonios personales serán cada vez peores si sigues avergonzándote de ellos.
- La culpa es una percepción y toda percepción su puede cambiar. La culpa no puede cambiarse por aprobación en un instante, pero es posible considerar la culpa como algo negociable. Cuando retiras la energía subyacente que te fuerza a sentir culpa, permites que florezca una nueva percepción.
- Date cuenta de que tu alma nunca te juzga. Con esa claridad, tu objetivo será vivir desde el nivel del alma. Ésa es la respuesta final a la guerra entre lo bueno y lo malo.

Avance 2
El amor despierta el alma

Un avance a nivel del alma hace que el amor se expanda, pero también acarrea desafíos. El alma toma el amor infinito de Dios y lo baja a la escala humana. Lo intenso del amor que uno pueda recibir depende de muchas cosas. La mayoría de la gente sueña con que haya más amor en su vida, pero en realidad la cantidad que tienen en este momento es a la que se han adaptado. Existe también un punto importante en cuanto a lo aceptable que es demostrar amor intenso. No todo el mundo se sentiría cómodo si se enfrentara de pronto a una avalancha de amor incondicional. Se preguntarían por lo confiable de ese nuevo tipo de amor. En el fondo de su corazón se preguntarían si se merecen un amor tan abierto y completo.

Muchas personas han tenido un contacto momentáneo con el amor más intenso y puro de su alma. Cuando esto sucede aparece un sentido maravilloso de despertar. El amor despierta el alma. Esto sucede porque lo similar atrae a lo similar. El alma no es pasiva. Vibra en empatía con nosotros cuando tratamos de liberarnos de nuestras limitaciones. Existe un sentido similar de expansión y liberación cuando se experimenta la belleza o la verdad. Se está liberando energía del alma y dejándola fluir. La electricidad de nuestra casa no nos da ni luz ni calor si no accionamos un interruptor. Algo muy similar sucede cuando se despierta la energía del alma.

La gente a veces experimenta una oleada de energía del alma sin saber cómo sucedió. Sin previo aviso sienten un amor incondicional o la presencia de Dios. Experimentan la dicha y la ausencia de límites. De pronto sienten que superan todos los límites. Entonces, ¿por qué es que la vida cotidiana los regresa de nuevo a lo anterior? Estos recorridos privilegiados hacia la consciencia expandida casi siempre son breves (cuestión de unos instantes, tal vez de pocos días y en algunas ocasiones algo más de un par de meses).

Año tras año el cerebro se ha adaptado a una forma de vida en la que resulta normal quedar muy por debajo del amor y del gozo. Ya que uno no puede forzarse a sí mismo a asumir algo nuevo, ¿qué se puede hacer? La respuesta, desde mi punto de vista, es el deseo. El deseo de amar y ser amado impulsa a la gente hacia adelante constantemente. Cuando ese deseo es muy vívido, buscamos obtener el máximo de la vida. Cuando ese deseo se marchita, la vida se vuelve estática.

Un gran número de personas prefiere la existencia sin amor porque teme demasiado arriesgar la comodidad con la que cuenta; otros han fracasado en el amor y se sienten heridos, o se han aburrido de alguien a quien amaron alguna vez. Para todas estas personas, el amor ha llegado a su fin, lo cual significa que un aspecto del alma se encuentra adormecido. Decirle a alguien en esas condiciones que el amor es infinito puede resultarle inspirador, pero la inspiración está vacía a menos que pueda experimentar no el amor infinito, sino lo que sigue. Y el paso siguiente es siempre el mismo: despertar el alma. Dado que todos somos diferentes, no existe un método fijo para lograrlo. A ciertas personas solitarias podríamos decirles que salgan de casa y que conozcan más gente, que acepten invitaciones o que entren a un servicio de Internet para encontrar pareja. Quizá nada de esto funcione.

El secreto del deseo

¿Por qué es que el amor es como agua para un alma sedienta en tanto que otras lo rechazan? Recuerdo una historia conmovedora que me contó una mujer del sudoeste. Ella se había retirado de un trabajo lucrativo en los medios de comunicación para entrar al negocio de la construcción. Decidió comprar propiedades en una zona olvidada de cierto barrio, donde pretendía renovar una serie de casas de adobe. "Es difícil tomar la decisión de construir en una zona como esa", recuerda. "Contraté trabajadores locales, pero había muchos robos en ese lugar. Muchos de esos hombres estaban desempleados y les molestaba tener por jefe a una mujer. Todos los días los niños de la cuadra se reunían en la banqueta para ver cómo dirigía la estructura del techo o el recubrimiento de una pared. Ninguno de ellos había visto en su vida cómo se construía una casa, según me imagino.

"Había dos niños que me llamaban la atención. Antonio era mayor que los demás, tendría quizá unos quince años. Tenía un historial de drogadicción y lo habían arrestado varias veces. Pero un día llegué al lugar y me encontré un mural de la Virgen María pintado en una de las paredes. Cuando pregunté, Antonio confesó que lo había hecho él. Hice entonces un pacto secreto con Antonio. Le compré el material que usaban los pintores locales para hacer los retablos tradicionales, las pinturas sagradas que pintaban sobre lámina. Se puso a trabajar con entusiasmo y pronto tuvo un pequeño negocio floreciente. Nadie hablaba de lo que yo había hecho por él, pero todos lo sabían.

"La otra era una niñita, Carla, que tenía ocho o nueve años y era sumamente inteligente y muy curiosa. Nos hicimos amigas y conocí a su madre. Me conmovía la dulzura de las dos, eran personas que casi no tenían nada. Fui a una de las mejores escuelas privadas de la ciudad y el director estuvo de acuerdo en admitir a Carla becada.

"Me tomé un día libre y ayudé a su madre a llevarla a la escuela la primera mañana, después volví a trabajar. En medio de mis actividades, cerca de la una de la tarde, descubrí que Carla se encontraba donde siempre, junto con los demás niños y observaba a los trabajadores. Ya no llevaba puesto el uniforme de la escuela. Me sentí muy disgustada y me acerqué al remolque donde vivía la familia.

"Le pregunté a su madre qué pasaba. ¿Se había portado mal Carla? ¿La molestaron en la escuela? Ella evadió mi mirada. 'Fui a las doce y recogí a Carla de la escuela', me dijo. 'Usted trató de ayudarnos, pero ése no es el lugar de Carla. Jamás se adaptaría'. Traté de no enojarme. Intenté convencerla con elogios, pero ella se mantuvo firme; su hijita no volvería a la escuela".

La moraleja de esta historia es que el amor y el deseo deben concordar. El camino espiritual se despliega si seguimos el deseo del corazón. Hay un lugar íntimo, vivo y lleno de añoranzas en nuestro interior, que se enfoca en nuestro próximo deseo. Al satisfacerse ese próximo deseo, llegará otro, luego uno más y así sucesivamente. Las tradiciones religiosas pasan por alto este punto sumamente pragmático. Ofrecen una recompensa final y gloriosa a la gente que no puede imaginarse cómo obtener su próxima recompensa pequeña. Ninguna religión puede conducir desde el exterior. Solo nosotros estamos en contacto con el impulso del deseo que quiere ir hacia delante.

Pero, ¿qué sucede si lo próximo que queremos hacer es comer pastel de chocolate? ¿O si nuestro apetito más profundo se centra en una segunda casa o una tercera esposa? El alma no juzga nuestros deseos. Depende de quiénes somos y dónde nos encontramos. El truco radica en darle la vuelta al camino del deseo, que en la mayoría de las personas se enfoca en cosas mundanas, para redirigirlo hacia un plano más alto.

El problema de las barreras

No importa cuánto queramos el pastel de chocolate o una segunda casa, existe un límite en cuanto al gozo que brindan los objetos materiales. La gran desventaja del deseo es que la repetición mata el disfrute. Las parejas se enfrentan a este problema en el matrimonio, porque la vida diaria con otra persona, independientemente de cuánto se ame a esa persona, implica un alto grado de repetición. El consejo estándar es poner sal y pimienta a la relación haciendo algo nuevo. Se puede sorprender al marido con ropa interior nueva. Se puede sorprender a la esposa con unas vacaciones en Bermuda. Este consejo puede funcionar a corto plazo, pero consiste solamente en una diversión temporaria. Hay una respuesta más profunda basada en el alma.

Según lo ve el alma, al deseo no le interesa la repetición. Quiere ir a un nivel más profundo. Quiere más intensidad, más significado, más expansión. Lo que mantiene vivo a un matrimonio es que uno vea más qué amar en su pareja. Las posibilidades crecen con el paso del tiempo. La intimidad con otra persona es un descubrimiento sensacional, que carece de sustituto. Cuando descubres esa intimidad, es natural que quieras más (quieres que aumente la cercanía). Por otro lado, el deseo que no aumenta en profundidad, que hace círculos repitiendo una y otra vez el mismo patrón, se ha desviado de alguna manera de su curso natural.

Si esta descripción te trae a la mente a un perro persiguiendo su propia cola o una carrera de coches que dan vuelta siempre en la misma pista, has entendido el punto perfectamente bien. El deseo que persigue un objetivo sin alcanzarlo jamás se encuentra estancado. El límite actúa como una barrera invisible o una línea divisoria que se supone no debe cruzarse. ¿Por qué ponemos barreras alrededor de nuestros deseos? Primero, para protegernos de experiencias incómodas. Piensen en las veces que han pasado de largo a un pordiosero en la calle (o a un Santa Claus que toca la campana para pedir donativos en época de Navidad). Si decidimos cerrar los ojos ante sus peticiones, hemos puesto una barrera invisible. Por tratarse de un límite psicológico, puede tener implicaciones emocionales para la persona que lo fija. Imaginémonos a nosotros mismos en el lugar del mendigo. Al decir: "¿Tendría alguna monedita para mí?". Muchas personas nos ignorarían sencillamente; otras apresurarían el paso para huir de su culpa; otras más se sentirían irritadas o enojadas, e irónicamente algunas pocas nos darían unos cuantos centavos o reaccionarían mostrándose muy ofendidas.

La segunda razón por la que ponemos una barrera es proteger nuestra zona de confort. Dentro de esta zona nos sentimos satisfechos, seguros y protegidos. Hay muchos tipos de zonas de confort. Las personas que se sienten seguras únicamente al estar solas, contrastan con otras que sólo se sienten seguras cuando están en compañía de alguien. Pero cualquier tipo de zona de confort que uno haya creado dificulta el cambio en nuestra vida. Cuando, como interno en mi carrera de médico, estuve en la etapa de rotación por varios departamentos del hospital, aprendí algunas lecciones importantes en cuanto a la causa de que la gente no cambie. Tengo un vivo recuerdo del hospital de veteranos en las afueras de Boston. Estaba asomado por la ventana de la cafetería mirando a los pacientes abajo.

Todos llegaban en sillas de ruedas hasta la puerta principal del hospital, donde se ponían de pie y salían caminando. Era un espectáculo aparentemente feliz. Pero un día vi a un paciente con cáncer de pulmón, al que yo había atendido, cruzar la calle y entrar a una farmacia. Dos minutos después salió con un paquete de cigarros debajo del brazo. Abrió desesperado una cajetilla y prendió el primero. Cuando le comenté esto a un residente de oncología de segundo año, levantó los hombros y me dijo que, si él mirara por la ventana, la mitad de sus pacientes estarían haciendo lo mismo, por lo que había aprendido a no mirar.

Esto sucedió hace treinta años, por fortuna la corriente ha ido en contra del tabaquismo. Pero lo más interesante al respecto es que la gente recorre un largo camino para proteger sus zonas de confort y para ponerle un cerco a las realidades dolorosas. Tengo otro recuerdo de aquella época, cuando me encontraba en rotación de psiquiatría: llegó una mujer para evaluación, y yo estaba a cargo. Dijo tener cuatro hijos pequeños y un esposo que se había quedado sin trabajo y se dedicaba a beber. Ella era diabética y tenía sobrepeso. Me sentí abrumado por lo que sucedía en su vida, pero cuando le pregunté por qué había venido a la clínica, me dijo: "Creo que estoy deprimida pero no encuentro la razón".

Yo suponía entonces que ofrecer amabilidad, comprensión y cariño le serviría a cualquier persona (subestimaba lo protectoras que son realmente las barreras; pensaba que sería fácil destruirlas). Las barreras están hechas de consciencia congelada, que es algo muy difícil de entender. Tenía yo un mentor de gran corazón en mi rotación de psiquiatría a quien se consideraba el médico más comprensivo del hospital. Este mentor lograba que las personas más difíciles de abordar y más congeladas se abrieran. Era maravillosamente abierto y despreocupado y usaba su encanto natural para desarmar a los pacientes temerosos.

Él contaba con una profunda comprensión de la razón que hace inaccesibles a algunas personas. Una cosa es no sentirse amado, decía, pero hay quien siente: "Yo no merezco amor", de una manera tan inherente a su ser que forma parte de ellos. De manera que si quedan expuestos al amor y al cuidado, huyen.

¿Por qué? Porque temen perder parte de su identidad, algo que para cualquiera constituiría una amenaza. En la próxima Navidad hagan la prueba de ser amables con el pariente que los vea con más antipatía. Al irradiar amor donde antes irradiábamos rechazo, la respuesta quizá será de desconfianza, y al persistir, puede convertirse en angustia o enojo.

En resumen, nuestras barreras forman parte de nuestra identidad. El alma puede cambiar esa identidad y el proceso empieza en la negociación con nuestros límites. Todos sabemos, en el fondo del corazón, que no estamos totalmente seguros, protegidos o satisfechos. Si queremos que lo anterior sea real, debemos poner en juego varias nuevas suposiciones:

- No le temes tanto al riesgo.
- No siempre debes tener la razón.
- Confías en que el amor es para ti.
- Le das la bienvenida a la oportunidad de expandirte.
- Ves la abundancia como algo natural en la vida.
- No esperas nada.

Estas son creencias poderosas, y todas disuelven los límites. Miremos más de cerca la forma en que funcionan.

No le temes tanto al riesgo. Correr un riesgo es lo mismo que pararse fuera de las barreras. Todos queremos ser libres, pero la ansiedad nos retiene. Toda madre sabe cómo se ve un niño cuando da sus primeros pasos (muestra una mezcla de curiosidad, intención, ansiedad y sorpresa). "¿Qué estoy haciendo? Sé que quiero intentarlo, pero me parece absurdo". Éste es el aspecto del que corre un riesgo. Expresa una mezcla de sentimientos ineludibles que surgen cuando se abandona lo que conocemos en busca de lo que desconocemos. Las barreras tratan de convencernos de que los riesgos son demasiado peligrosos. En realidad, correr un riesgo es el deseo de tener la paciencia para lograr algo nuevo.

La gente que evita todos los riesgos hace un pacto con el diablo. Obtiene seguridad a cambio de una satisfacción limitada. Pero esa seguridad resulta una ilusión. La realidad es que esas personas están atrapadas, inmóviles. Piensen en un agorafóbico, alguien que le teme a los espacios abiertos y exteriores. Quedarse en casa le da seguridad al principio, porque el exterior se encuentra protegido por las paredes. Pero con el paso del tiempo, incluso la seguridad de quedarse en casa pierde su efecto. El agorafóbico empieza a sentirse cómodo solamente en un cuarto, después en un cuarto más pequeño, hasta que sólo el cuarto más minúsculo de la casa le proporciona sensación de seguridad. ¿Por qué progresa de esta manera la fobia? Porque el deseo de salir no se puede contener, y al aumentar, la fobia contraataca creando límites más y más estrechos. Aprender que los riesgos son positivos, que nos permiten crecer, constituye un paso importante.

No siempre debes tener la razón. Estar dentro de una barrera limitante es como ser el gobernador de una isla pequeña. Tienes el control, y la esencia del control es siempre tener la razón. Conocí una vez a un hombre con una mente poderosa, ejecutivo de una gran corporación, que tenía el pésimo hábito de contradecir a quien tratara de conversar con él. Su reacción automática ante cualquier comentario, independientemente de lo obvio o indefenso que fuera, era siempre: "Eso no es cierto" (o "Hay otra forma de ver esto", "No estoy muy seguro de eso", o "Ese argumento es muy débil", etc.). En apariencia no se daba cuenta de lo que hacía. Simplemente había caído en el hábito de negarle a todos la razón para tenerla él siempre. Uno de sus colaboradores me pidió que lo asesorara al respecto. Entonces me senté a escuchar durante una hora a este hombre contradiciendo a cada una de las personas que se ponían en contacto con él. Luego decidí intentar acercarme a él directamente y señalarle que había dicho: "Eso no es cierto" por lo menos dos veces por minuto durante toda la mañana. Sin la menor duda giró hacia mí y me dijo: "Eso no es cierto".

Hay que ver todo lo que contienen unas cuantas palabras. "Eso no es cierto" le permite a alguien callar a quien esté en desacuerdo con él o ella, y poner un anuncio que dice: "Aléjense, mi mente está cerrada". Resulta que las barreras cumplen con propósitos muy complicados; no pueden definirse únicamente como defensas psicológicas. En este caso, aprender que uno no siempre tiene la razón significa aprender a confiar, porque la necesidad básica que se expresa es de control. Al intentar desafiar esa barrera, lo único que se logra es fortalecerla; tratar de probarle a una personalidad controladora que está equivocada resulta inútil. En vez de eso, debemos demostrarle una y otra vez que puede confiar en nuestro amor.

Si la barrera es tuya, lo mejor es confiar en alguien un poco cada día. Lo cual significa no decirle de antemano a la gente cómo hacer las cosas, no fijarse en detalles ni apelar al perfeccionismo, no contradecir e insistir que sólo lo que uno sabe es lo correcto. Revertir nuestro hábito de tener la razón generará incomodidad (lo cual es natural). Pero cada vez que tu confianza se vea recompensada, tendrás una razón menos para levantar tu antigua muralla.

Confías en que el amor es para ti. Muchos tipos de barreras esconden el juicio a uno mismo. Las personas que rechazan la intimidad sienten que no merecen amor. Temen verse expuestas, ya que no quieren que otras personas se den cuenta de la medida en que no merecen amor. Levantar una barrera también les permite ocultarse a sí mismos, la razón por la que sienten no merecer amor. (El amor puede sustituirse por respeto, admiración, aceptación y apreciación, que son retoños del amor). El más afortunado de nosotros ha recibido amor desde que nació. Pero eso es raro. La mayoría de la gente ha experimentado una combinación de amor y rechazo, incluso desde la infancia. Se ha visto expuesta a situaciones negativas donde se cuestiona si su persona vale la pena.

La única cura en este caso es sentirse amado, y no sucederá si uno se cierra. Por desgracia, mientras más se sienta uno poco merecedor de amor, más aislado se sentirá, y entonces crecerá la seguridad de no merecer amor. En esencia, sólo se puede atraer y conservar la misma cantidad de amor que uno siente por sí mismo. Las pruebas de esto se ven cuando una mujer dice: "Salgo una y otra vez con el mismo hombre", "Los hombres que me presentan siempre terminan por rechazarme". En el caso de los hombres la queja es la misma, pero con variación de género: "Conozco a muchas mujeres, pero no me casaría con ninguna de ellas", o "Me encantan las mujeres, pero no quiero que me presionen para algo serio". La sociedad ofrece todo tipo de respuestas listas para usarse, tras las cuales la gente se esconde del juicio de sí misma.

Esta barrera limitante puede destruirse al confiar en que uno merece amor, aunque no del todo (sería pedir demasiado), pero lo suficiente como para quedar fuera del cerco de la zona de confort. Uno puede ayudar a un niño necesitado, trabajar a favor de los pobres, darle clases a un estudiante de secundaria reprobado (estos actos de amor traen recompensas tan grandes como la de salir con alguien, y en general mayores). Cuando el amor llega a nosotros se convertirá en parte de nuestra identidad. El amor quiere crecer. Lo único que se necesita es plantar la semilla.

Le das la bienvenida a la oportunidad de expandirte. Las personas que viven encerradas en sus barreras desconfían de su propia expansión. Los humanos son los únicos seres cuya expansión se da en la consciencia. Por ejemplo, compartir y dar producen expansión. Pero se trata de un asunto complicado: no basta con el acto físico de dar. Es posible donar millones y seguir teniendo un corazón ambicioso y egoísta. Al parecer existe un mecanismo innato que hace que para algunos resulte casi físicamente necesario contraerse, retirarse y esconderse. En un experimento reciente de ciencias sociales se exhibió ante un grupo de personas una serie de diapositivas con escenas horrendas de guerra y accidentes automovilísticos. Se monitoreó a cada persona para medir su presión arterial, ritmo cardíaco y reacciones en la piel. A todo el grupo le resultó estresante presenciar las fotografías desoladoras. Pero en cierto momento, algunos de los sujetos comenzaron a sentir indiferencia ante lo que veían. Su respuesta ante el estrés se bloqueó, en tanto que la de otros no (se sentían tan alterados frente a la última escena como frente a la primera). A nivel superficial, este experimento demostró lo rápido que algunos de nosotros levantamos barreras ante experiencias que nos atemorizan. Sin embargo, otro resultado manifestó rasgos contrarios a la intuición.

Se les pidió de antemano a los participantes que especificaran sus preferencias políticas. En el resultado se vio que los que se definieron como liberales fueron los que superaron rápidamente el shock inicial y se acostumbraron a lo dramático de las escenas. Los que se definieron como conservadores fueron los que permanecieron estresados. Los científicos lucharon para explicar este resultado, porque el estereotipo del liberal defensor de causas perdidas nos llevaría a suponer que su sensibilidad sería mayor. Pero quizá se necesite una gran habilidad para aceptar la existencia del dolor y el sufrimiento y poder intervenir, en tanto que la gente que queda en shock ante el dolor y el sufrimiento lo único que quiere es dejar de verlos. Hay que sentirse cómodo ante una realidad dolorosa antes de poder hacer algo para remediarla.

Esto sucede también cuando se trata de ayudarnos a nosotros mismos. Hay que estar dispuesto a enfrentarse a la oscuridad para poder darle paso a la luz. El alma trata nuestras barreras con el mayor cuidado. Nunca exige curación. Nunca choca contra nada, incluyendo al amor. Al respecto, considero que la mente guía a las emociones. La expansión sucede por sí misma, pero la mente tiene que dar permiso primero. El acto de contraerse se basa siempre en el miedo, y el poder del miedo es totalmente emocional. Así como los padres convencen a sus hijos temerosos de lanzarse al agua, uno puede negociar con su yo temeroso y contraído. Para ello se requiere habilidad.

El paso clave es darse cuenta de que hasta la parte más cerrada y retraída de uno mismo quiere ser libre. Teniendo esto en mente, uno se pregunta: "¿Qué es lo que quiero?". La respuesta no tiene que ser colosal. No es necesario desear satisfacción, alegría y amor absolutos. Hay que encontrar un deseo factible, el próximo que nos brinde alegría; cualquiera que sea, nos acercará al alma. Puede que sientas algo de incomodidad, pero si puedes ofrecerte a ti mismo una experiencia de verdadera expansión, tu necesidad de contraerte empezará a disminuir. Cuanto más abierto estés a recibir alegría, menor será tu necesidad de contar con barreras.

Ves la abundancia como algo natural en la vida. Si crees en la escasez, es inevitable que vivas con miedo. La mayoría de nosotros considera el trabajo, la casa, la cuenta del banco y lo que poseemos como defensa contra la escasez. Pero la amenaza real es la carencia interior. Tu cuerpo es un ejemplo claro de la abundancia de la naturaleza. Lo forman cientos de miles de millones de células. Tu sangre corre por las arterias como una ola sísmica. De igual manera, tu alma es una reserva de energía, creatividad e inteligencia infinitas. No hay posibilidad de que se agote. Sin embargo, todo esto pierde importancia si tú crees que vives en la escasez.

Cuando esa creencia domina, hay que emprender una lucha colosal para sacarle apenas un poco de jugo a la vida y sobrellevarla. Por irónico que parezca, esta creencia es muy común entre la gente muy rica. Su riqueza les brinda una saciedad externa, pero su interior muere de hambre. Por tanto, ambicionan cada vez·más de lo que no les dio satisfacción en primera instancia.

Luego, existe una enorme discrepancia entre lo que nos ofrece el alma y lo que recibimos. He notado que cuando alguien se siente pobre por dentro, le resulta muy útil el siguiente ejercicio. Tomen un pedazo de papel y escriban la palabra *Abundancia*. Después enciérrenla en un círculo. Escriban ahora cinco palabras alrededor del círculo, cada una representará un área que les haría sentir mayor abundancia en la vida. (Cuando aplico este ejercicio a un grupo, les pido que no escriban cosas materiales como puede ser dinero, casas o pertenencias. Me parece que desempeño profesional, trabajo y éxito constituyen buenos sustitutos, dado que tienen un significado interior). Digamos que las cinco palabras que escribieron son:

Paz
Diversión
Compasión
Bienestar
Familia

Un hombre puso estas cinco palabras en su lista. Para él la vida se llenaría de abundancia si estas áreas estuvieran más completas. Ahora, tomen cada una de sus palabras y escriban tres cosas que pueden hacer, a partir de hoy, para que estas áreas resulten más satisfactorias. A continuación aparece lo que escribió ese mismo hombre:

Diversión:	Pasar más tiempo al aire libre.
	Jugar con los niños.
	Aprender a divertirme otra vez.
Compasión:	Darle algo al indigente del vecindario.
	Ofrecerle ayuda al compañero de trabajo deprimido.
	Trabajar como voluntario en un refugio para animales de la zona.
Familia:	Decirle a mi esposa que la amo con más frecuencia.
	Sentarme a la mesa a comer y preguntar cómo están todos.
	Prestarle atención a los signos de tristeza e infelicidad.

No basta con anhelar más en la vida. Tu deseo debe ser específico, debe apuntar desde donde estás hasta donde quieres llegar. De ese modo el deseo ni es caótico ni queda fuera de control, sino que ejerce una presión suave para cambiar.

No esperas nada. Nada puede crear mayor infelicidad que las expectativas frustradas. El ascenso en el trabajo que no se logra, la propuesta de matrimonio que se pospone una vez más, la imagen de familia ideal que nunca se materializa. Las expectativas constituyen un intento de controlar el futuro. La expectativa dice: "No seré feliz a menos que suceda x". Es aquí donde hay que tener cuidado. No tener expectativas es una manera conocida de decir que la vida está vacía y carece de esperanza. Esa meta no sirve. Hay que asumir, por el contrario, un tipo de apertura en la que todo pueda suceder y sea bienvenido.

Hace poco tuve una experiencia muy rica al respecto. La presentación de un libro me había hecho recorrer diez ciudades en diez días. Para sobrevivir al agotamiento de viajar de aeropuerto en aeropuerto y de hotel en hotel había creado una rutina. Pero ese día nada salió bien. Me levanté temprano para hacer ejercicio, pero encontré cerrado el gimnasio del hotel. Fui a desayunar jugo y pan tostado, pero, por ser domingo, lo único que servían era un espléndido bufé de *brunch*. El personal había olvidado entregar el periódico esa mañana, y el coche que tenía que llevarme al lugar de la presentación llegó tarde, obligándonos a ir de prisa entre el tráfico, mientras el público esperaba.

Encorvado en el asiento de atrás, no me sentía nada feliz y sabía por qué. No se trataba únicamente de la interrupción de mi rutina, sino del fracaso de las expectativas. Había hecho un plan mental para gozar de un buen día y ninguna de las cosas que esperaba se realizó. Mis deseos quedaron obstaculizados. Esto le sucede a cualquiera cuando las expectativas no se realizan y el resultado es una decepción. Después me di cuenta de que habría disfrutado más mi día si lo hubiera abordado sin expectativas.

1. Pude haber estado más centrado. Cuando estás centrado, no dependes tanto de las circunstancias. Los altibajos de los eventos cotidianos no te derrotan.

2. No fue necesario decidir por adelantado la definición de un buen día. Nunca podemos ver el panorama completo. Hay que dejar lugar para lo inesperado. De tal modo que nada se altere al presentarse lo inesperado.

3. Pude haber soltado los resultados. Lo único que podemos controlar son nuestras propias acciones. Los resultados están fuera de control.

4. Pude haberme tomado las cosas de manera menos personal. La vida viene y va. El universo da y quita.

Cultivar estas actitudes en uno mismo nos ayuda a no crear expectativas. No pretendo sugerir que la decepción puede evitarse por completo. Nuestra mente está repleta de imágenes de cosas que identificamos con la felicidad y, al esperar esas cosas, nos exponemos a sufrir decepciones. Sin embargo sabemos que existe un tipo de felicidad mejor. La próxima Navidad, ¿qué te haría más feliz: recibir un regalo que está incluido en la lista que hiciste o un regalo que te sorprenda por completo? El sentido de la existencia de tu alma no es cumplir con una lista mental que generaste en el pasado. Sus regalos son inesperados. La felicidad que nos trae está llena de frescura dado que proviene de un terreno ajeno a nuestras expectativas.

La magia del deseo está unida a la frescura de la vida que se renueva constantemente. El alma no equivale a un pretendiente que murmura al oído: "Te amo". El alma carece de palabras y de voz. Expresa el amor por medio de acciones, confiriéndonos lo que a continuación nos dará alegría. Puede ser algo insignificante o algo que haga temblar la tierra. Lo único cierto es que el amor despierta al alma y nos brinda amor a cambio. Esa es la experiencia que tendrás cuando tus barreras empiecen a suavizarse. En última instancia, lo que se abrirá es la posibilidad de una vida sin barreras. Esta es la posibilidad que necesitamos explorar a continuación.

Permite que tu alma ilumine toda tu vida

La influencia de la consciencia superior es constante y siempre resulta benéfica. Al igual que el calor de la luz derrite una escultura de hielo, independientemente de si la forma del hielo representa a un ser monstruoso, lo que importa es derretirlo. Si no logras sentir que el calor de tu alma se irradia en todas direcciones es porque se encuentra bloqueado. La resistencia siempre puede rastrearse en el pasado de nuestra mente. Dado que los obstáculos son invisibles, resulta difícil detectarlos. La mente es una experta para esconderse de sí misma, y el ego insiste en que levantar barreras es una de sus tareas más importantes. De manera que la mejor forma de observar lo que estamos haciendo es a través del cuerpo. El cuerpo no puede engañarse a sí mismo como lo hace la mente. Carece de acceso a la negación. El miedo y el enojo son sus respuestas ante las amenazas más fuertes. Cuando el cuerpo registra cualquiera de estas emociones significa que una fuerza exterior está presionando nuestras barreras.

El miedo debilita físicamente y, cuando se convierte en terror, paraliza. El miedo se registra en forma de un nudo en el estómago, calambres, frío, torrente sanguíneo que baja desde la cabeza, mareo, sensación de desmayo y presión en el pecho. El enojo se registra como calor y rubor en la piel, tensión muscular, mandíbula trabada, respiración rápida, irregular o ruidosa, aumento del ritmo cardíaco y latido en los oídos.

Estos signos son inequívocos, pero aún así la mente puede ignorarlos. Observen la frecuencia con que alguien dice: "Estoy bien, no pasa nada", mientras su cuerpo lo contradice completamente. Es necesario confiar en las señales del cuerpo, aunque la mente diga lo contrario. La confianza empieza por reconocer la firma de cada emoción. Cada una representa una señal de que nos estamos resistiendo. Cuando una experiencia nos genera estrés es porque, en vez de permitirle que fluya a través de nosotros, choca contra una barrera. Quizá no te des cuenta de lo que sucede, pero tu cuerpo lo siente. Sentir es el primer paso para derribar las barreras y dejar de necesitarlas.

De tal modo, resultará útil explorar estas claves físicas. Cuando hay dos sentimientos relacionados, como miedo y hostilidad, o dolor y depresión, le doy una explicación más prolongada a la emoción básica.

Humillación: Se parece al miedo en que hace que el cuerpo se sienta débil, pero sin frío. Las mejillas se ruborizan y se siente calor en la piel. Uno se contrae y se siente pequeño. El miedo extremo nos hace sentir deseos de echarnos a correr. La humillación nos hace sentir deseos de desparecer. La humillación permanece en el cuerpo y puede dispararse con el menor recuerdo del pasado. La persona que ha sufrido humillaciones severas, sobre todo en la infancia, se mostrará apática, carente de respuesta y retraída; su cuerpo manifestará debilidad e impotencia crónicas.

Sentirse apenado: Representa una humillación leve. Genera los mismos signos físicos, pero desaparece más rápido.

Frustración: Es como el enojo, pero más acumulado. Es como si el cuerpo quisiera sentirse enojado sin encontrar el detonador. Los movimientos se vuelven rígidos, un signo más de que la salida está bloqueada. La frustración puede ser también enojo combinado con negación, en cuyo caso se experimentarán signos de negación (mirada esquiva, discurso rápido y elusivo, retraimiento, músculos tensos en la mandíbula, dificultad respiratoria). En otras palabras, los sentimientos reales de la persona están bloqueados. Algunas personas muestran signos sutiles de enojo, como demasiada inquietud que les impide sentarse quietas. No toda frustración está unida al enojo, pero incluso cuando alguien se queja, por ejemplo, de frustración sexual, pocas veces se encuentra al margen de la irritabilidad y el enojo.

Culpa: Crea un sentimiento de agitación, semejante a estar encerrado y desear escapar con desesperación. Uno se siente confinado o sofocado; puede haber dificultad respiratoria. Hay opresión en el pecho y deseo de explotar, de liberar la culpa acumulada como si se encontrara físicamente atrapada. Se dice que la culpa nos corroe, lo cual se registra en el cuerpo como presión crónica en el corazón.

· *Vergüenza:* Es otro sentimiento de aumento de temperatura, que ruboriza las mejillas y genera calor en la piel. Pero se presenta también una sensación de adormecimiento interior que puede manifestarse como frío y vacío. Igual que la humillación, la vergüenza puede hacer que nos sintamos pequeños; uno se contrae y quiere desaparecer. La vergüenza se relaciona con la culpa, pero se siente más bien como un peso muerto, en tanto que la culpa es una fiera que quiere explotar para salirse de ti.

· *Ansiedad:* Es miedo crónico; una emoción que debilita al cuerpo. Quizá no estén presentes los signos más agudos del miedo, puesto que te habrás acostumbrado a ellos, tu cuerpo se habrá adaptado. Pero el cuerpo no se puede adaptar del todo, por lo que el miedo salta en signos de irritabilidad, falta de sintonía, adormecimiento y sueño. El cuerpo puede mostrar impotencia o inquietud, que parecen puntos opuestos. Pero cuando la ansiedad persiste durante semanas y meses, los síntomas tienen tiempo para modificarse y adaptarse a las circunstancias de cada persona. Sin embargo, si te quedas tendido e inmóvil, metido en ti mismo, el miedo se albergará debajo de la superficie.

· *Depresión:* Se siente fría y pesada, aletargada y falta de energía. Hay muchos tipos de depresión, porque al igual que la ansiedad crónica, esta condición puede prevalecer durante semanas, meses e incluso años. El cuerpo tiene tiempo de crear sus propias defensas. Por ejemplo, quien está deprimido se siente cansado, aunque no siempre, puesto que la gente de gran fortaleza puede seguir funcionando y esforzándose por ser enérgica a pesar de su depresión. Cuando va de la mano de un sentido de desesperanza, la depresión puede generar impotencia y aburrimiento. ¿Para qué moverse si de cualquier modo no hay esperanza en esta situación? La gente deprimida puede quejarse de tener frío todo el tiempo. No saben qué hacer físicamente cuando deben enfrentar un reto, parecen confundidos e indefensos. Muchas personas ponen obstáculos cuando se depriman, se rehúsan a reaccionar; otras pierden por completo la motivación. Su cuerpo refleja estas actitudes moviéndose con lentitud, rigidez o inseguridad.

Sufrimiento: Es como la depresión, pero todavía más frío y adormecedor. El cuerpo puede sentirse tan pesado e impotente que la persona se siente muerta en vida.

Hostilidad: Es como el miedo, pero no necesita detonante para instalarse. Hay momentos de enojo todo el tiempo combinados con una especie de vigilancia a fuego lento, pendiente de que, con el menor pretexto, estalle la ira. El cuerpo se siente rígido, tenso y listo para actuar.

Arrogancia: Es enojo disfrazado y, al igual que la hostilidad, es un asunto crónico. Los signos se ven todo el tiempo y la persona sólo necesita un mínimo detonante para empezar a actuar con orgullo, desdén y distancia. Pero la arrogancia sepulta su miedo subyacente a mayor profundidad que la hostilidad, a tanta profundidad que esta emoción normalmente cálida se vuelve fría. La gente arrogante, reprimida y controlada, no explota; lanza más bien dosis mesuradas de furia gélida, visibles en la mandíbula apretada, la mirada fría y las expresiones faciales rígidas.

Cuando detectes estas manifestaciones físicas en tu cuerpo, el primer paso es tenerles confianza. El segundo es examinar su motivación. Las barreras te hacen actuar de maneras parcialmente inconscientes. Tu ego suele tener su propia agenda y trata de imponer esa agenda aunque tu cuerpo no la acepte. A continuación aparecen algunos ejemplos de agendas del ego:

Autoimportancia: Es una estrategia general para parecer más grande, más fuerte y con mayor don de mando o control. Las señales físicas tienden a ser arrogancia y otros signos de enojo controlado. Los signos de frustración indican que nada llega a estar nunca suficientemente bien. El cuerpo muestra rigidez con frecuencia, con el cuello tenso y la cabeza en alto; el pecho puede aparecer hacia adelante o expandido. Junto con estos rasgos, la gente autoimportante presenta conductas características de la impaciencia, la beligerancia, la distancia y el rechazo frío. Ante un reto, pontifican; ante la derrota se retiran, reacios.

Estar a la defensiva: Es una estrategia del ego para manejar el miedo y la inseguridad. La persona trata de proyectar una imagen de si misma más fuerte de lo que en realidad es. Por tanto, el menor rasguño se siente como una amenaza o herida. Esta estrategia tiene grados, como todo lo que hace el ego. Los cascarrabias son defensivos crónicos y no requieren detonante. Se sienten enojados y disgustados siempre. El egotismo, que es centrarse en sí mismo por inseguridad, va siempre acompañado de la idea de que uno mismo es un fraude; por tanto, ofenderse es la forma egotista de atacar primero para que nadie investigue.

Crítica y perfeccionismo: Constituyen otra variante de atacar primero antes de que otro nos ataque. En este caso, el que critica teme que lo vean como alguien imperfecto. Hay un sentido subyacente de estar equivocado o tener defectos. La sensación de no estar suficientemente bien se proyecta hacia el exterior: "Nada puede estar bien en el otro si yo no estoy bien". Cuando nuestro ego adopta esta postura piensa que nos está protegiendo de la ansiedad y de la humillación. Los perfeccionistas aspiran a estándares imposibles, de manera que nada está suficientemente bien nunca, lo cual implica que es correcto que ellos mismos nunca estén suficientemente bien. En este caso existe también un elemento de enojo olvidado, dado que tanto el que critica como el perfeccionista se dedican a atacar a sus víctimas, por mucho que juren que "no es personal", siempre es personal (para ellos).

Dependencia: Es la manera que tiene el ego de fingirse impotente, puesto que no quiere afrontar su miedo. Las personas dependientes se aferran y actúan como desposeídas. Se niegan a asumir responsabilidades. Idealizan a la gente más fuerte e intentan conquistarla (aunque sea en sus fantasías, como la adoración hacia una figura heroica). Los signos físicos subyacentes son ansiedad, depresión, humillación. Cuando las personas dependientes se sienten felices, cobran calidez; les encanta sentirse amadas. Sin embargo, si no encuentran en quién apoyarse, se vuelven frías, se retraen y se deprimen. Hay una sensación de indefinición a su alrededor porque no saben cómo lograr lo que quieren, puesto que dependen de que alguien más lo logre por ellos, al igual que los niños. El cuerpo mostrará con frecuencia signos infantiles e inmaduros manifiestos en debilidad, torpeza, falta de coordinación y tendencia a lastimarse y enfermarse.

Competitividad, autoexigencia y autoritarismo: Es una estrategia muy general del ego, que externaliza la satisfacción que depende de ganar. El sentimiento subyacente puede ser difícil de leer. Podría ser enojo o miedo. En realidad, podría ser cualquier cosa ya que la persona está tan fija en sus logros externos que carece de ventanas que vean hacia adentro. Los signos físicos también son difíciles de leer porque la gente competitiva hace esfuerzos constantes para mostrarse enérgica, erguida y en plena carrera. Sin embargo, se puede ver con facilidad cuando fracasan, puesto que entonces muestran enojo, frustración y depresión. En vez de examinar estos sentimientos, el ganador innato los pospone mientras recarga sus baterías y vuelve a ponerse de pie. Independientemente de su aspecto exuberante y enérgico las personas demasiado competitivas saben en secreto el precio que pagan por ser número uno. Sienten emoción por llegar hasta la cima, pero la alcanzan exhaustos e inseguros, con angustia sobre lo que depara el mañana (donde habrá inevitablemente competidores nuevos y más jóvenes). Con el tiempo, los ganadores terminan frustrados y confundidos. Han levantado tantas barreras internas para proteger sus sentimientos "débiles" (como ellos los etiquetarían) que cuando deciden por fin mirar hacia adentro, casi no tienen idea de cómo hacerlo.

Fracasos, logros por debajo de lo esperado y dedicarse a mirar: Constituyen lo opuesto a la estrategia del ganador. El ego, que jamás compite ni se compromete del todo, prefiere sentarse a ver pasar la vida sin hacer nada. Los rasgos físicos suelen detectarse con facilidad. Dado que estas personas son apáticas, muestran signos de ansiedad, junto con un miedo crónico escondido que las hace frías, perezosas, mustias, indefensas y vulnerables. Su cuerpo tiene aspecto decaído, como de derrota. El pecho se ve hundido y su postura encorvada. Esquivan la mirada o miran hacia el suelo. Parecen no querer que se les vea, de manera que su cuerpo se ve encogido. Tal vez esta persona tenga trabajo y mantenga a su familia, pero por dentro lleva un sentido de fracaso crónico que hace que se sienta empequeñecida, débil e inmadura, como si por alguna razón misteriosa no hubiera logrado crecer.

Para expandir la consciencia uno debe ver más allá de las agendas del ego y aprender a ser honesto en cuanto a sus motivaciones. Existe una especie de negociación constante entre el ego y el cuerpo. Cuando cobramos consciencia de lo que nos trata de decir el cuerpo, el ego ya no puede imponernos su agenda. Contamos con pruebas físicas de estar bloqueando el flujo de experiencia, que debería ser sencillo, espontáneo y sin problemas. Cuando ves que caes en el error de una estrategia fija del ego, observa cuál es ella y suspéndela. Debemos detenernos justo en el momento en que empezamos a actuar con autoimportancia, dependencia o dominio, pues el ego recurrirá automáticamente a su comportamiento preestablecido. Al igual que los músculos, las conductas tienen memoria. Incluso un leve detonante las hace entrar en acción.

Basta con tener consciencia para estar atentos de nuestro cuerpo. Siempre habrá signos de emoción subyacente. Hay que sentir esa emoción y estar con ella. El contacto permite que la sensación física se disipe de manera natural; la incomodidad disminuye cuando el cuerpo suelta la energía distorsionada o estancada a la que nos habíamos aferrado. Ésta es la única manera de disolver nuestras defensas. Si no tenemos consciencia el cambio es imposible. Pero al aportarle consciencia al cuerpo, uno puede destruir las barreras. La realidad comienza a ser más aceptable tal como es y no como uno intenta que sea.

Felicítate a ti mismo por tu voluntad de cambiar. La consciencia es capaz de superar las barreras más inaccesibles, porque lo único que constituye una barrera es la consciencia decidida a contraerse en vez de expandirse. Hazle también un reconocimiento a tu cuerpo por su honestidad. Ha permitido que tu alma irradie luz cuando tu mente se rehusaba. Estás entablando una conexión con tu cuerpo y cada conexión, sin que importe lo pequeña que sea, te acerca a tu alma, el nivel de vida donde puedes vivir de manera permanente y con absoluta tranquilidad.

Avance 3
Sé tan ilimitado como tu alma

Se requiere de un avance importante para poder superar todas las barreras. Estamos tan acostumbrados a pensar en términos limitados, que incluso el alma se ha vuelto limitada. Se ha convertido en un objeto cualquiera con la peculiaridad de ser invisible. Prestémosle mucha atención a este enunciado: "Yo tengo alma". ¿Qué significa "tengo" en este enunciado? Al parecer, significa lo mismo tener casa o trabajo. Implica propiedad, dado que esa alma te pertenece a ti. Si poseyeras tu alma de esa manera, lo siguiente también sería realidad:

Podrías perder el alma.
Podrías regalarla.
Podrías ponerle precio.
Sabrías dónde se ubica tu alma.
Podrías compararla con la de alguien más.

Estas son apenas algunas implicaciones problemáticas que emanan del pensamiento de que el alma es un objeto invisible. Quizá exista alguien que crea en todos los puntos de la lista. En la mayoría de las culturas existen leyendas en cuanto a la pérdida del alma, como vendérsela al diablo o que el demonio se la lleve. Incluso en nuestros días, la pérdida del alma sigue siendo una amenaza muy real para los cristianos devotos. Necesitamos encontrar una idea alternativa, puesto que si el alma puede perderse o salvarse, ser bendecida o condenada, se convierte en objeto. Ha llegado el momento de hacer un gran avance y tratar al alma como lo que realmente es.

En lugar del alma que *posees,* lo cual es un mito, hay un alma ilimitada que existe en todas partes. El alma es básicamente un nexo con el universo. Consiste en consciencia pura, materia prima que forma tus pensamientos, sensaciones, deseos, sueños y visiones. Piensa en el blanco, el color más puro. Ante nuestros ojos no parecería que todos los colores se derivaran de él. De hecho parecería lo contrario, que no se le puede extraer ningún color, dado que el blanco en sí carece de color. La consciencia pura llega incluso más allá. No constituye un pensamiento, pero todos los pensamientos emanan de ella. No es una sensación, pero todo lo que sentimos deriva de ella. En realidad, la consciencia pura se ubica más allá de cualquier experiencia en el espacio y el tiempo. No tiene principio ni fin. Nada puede encerrarla, como tampoco habría sido posible encerrar la erupción de energía del Big Bang, porque la influencia del alma se extiende a toda la creación. El alma ilimitada fluye hacia tu interior, a tu alrededor y a través de ti. De hecho es tu yo real, porque constituye tu manantial.

Me parece que las religiones cometen el error de personalizar el alma como "mía" o "tuya", porque el alma ilimitada, al igual que el Dios infinito, abruma a la mente. Se necesitó algo más manejable. De ahí surge el Dios personal sentado por encima de las nubes que mira a sus hijos en la Tierra, a quienes les ha concedido un alma personal que cabe perfectamente dentro de sus corazones. Reducir el alma a un artículo de propiedad privada la hace más fácil de manejar, pero distorsiona la realidad. Tratemos de recuperar la realidad. ¿Puede cada uno de nosotros resultar tan ilimitado como su alma? Me parece que sí. Hacia esa meta es exactamente donde nos conduce nuestro viaje. Si vivir amurallados nos ha creado limitación y sufrimiento, la única alternativa es salirse de las murallas. Es allí donde se cambia la libertad por el sufrimiento, donde se encuentra la verdadera satisfacción. El alma ilimitada no puede perderse ni salvarse, Dios no puede negarla ni desalojarla, porque Dios está hecho de la misma consciencia pura.

Al abandonar la idea de "mi alma", puedes participar en la creación ilimitada. Miles de personas no saben que existe esa alternativa y muchas más tampoco optarían por una vida ilimitada si se les ofreciera. Vivir con barreras ofrece una sensación de seguridad, pero resulta ser una situación de "esto o aquello". Permítanme explicarlo.

Existe una táctica muy hábil que usan las tribus nativas de Sudáfrica para encontrar agua. En las zonas desérticas que habitan estas tribus desde hace mucho (se supone que son la rama más antigua de la humanidad que sigue existiendo), el agua escasea y es difícil encontrarla en época de sequía. Pero existe una criatura que localiza siempre los manantiales y aguadas más escondidos: el babuino. Los nativos engañan a los babuinos para que les muestren dónde hay agua, poniendo algunas nueces especiales en un tronco de árbol hueco. La abertura del tronco alcanza apenas para que el mono meta la mano. Cuando alcanza las nueces y toma un puñado, es imposible que saque el puño cerrado. El babuino es muy goloso para renunciar a sus nueces, por lo que queda atrapado. Pasan las horas y poco a poco su sed aumenta, hasta que suelta las nueces y sale corriendo en busca de agua, con los nativos tras de él. El babuino se ha convertido en su guía infalible.

He aquí una moraleja en cuanto al alma. Mientras el babuino sigue aferrado a lo que quiere, está atrapado. Pero al soltarlo logra su libertad. Mientras tú te aferres a algo, diciendo "mío", no serás libre. Estarás atrapado en la trampa de la tribu y obtendrás tu libertad al soltarlo. El misterio del alma ilimitada se centra en esos dos puntos: cuánto deseas ser libre y cómo puedes liberarte.

¿Cómo liberarse?

En términos prácticos, la gente se siente dividida entre retener y liberar. En nuestra sociedad, retener se ve bajo una luz positiva: nos aferramos a nuestros sueños, a nuestra esperanza, a nuestro sustento y a nuestra fe. Pero hay aquí una huella peligrosa del ego. El ego nos retiene demasiado tiempo y por las razones equivocadas. Tiene un enorme interés por tener la razón. ¿Es bueno vivir tras las barreras? Nunca lo sabrás mientras no desafíes la certeza de tu ego. Por eso liberar resulta tan raro. Piensen en muchas relaciones pésimas que subsisten porque uno de los cónyuges insiste en demostrar que tiene la razón. No basta la fuerza del dolor y el sufrimiento para derrotar al deseo de tener la razón. Lo prueban las discusiones infinitas entre los credos del mundo, que periódicamente conducen a cruzadas, *jihads* y otras formas de violencia religiosa. Todas las religiones predican la paz, de modo que luchar en nombre de la paz destruye el mismísimo valor que se defiende. Todas las religiones sostienen que el amor divino debería seguirse como modelo en la Tierra, pero el amor se evapora en medio del conflicto.

Vivir desde el nivel del alma es imposible sin liberar. Esta es una decisión que haces eventualmente. En la vida diaria, estas opciones de "y/o" están bien definidas. He aquí cómo parecen los dos extremos:

ALMA	EGO
Acepta	*Rechaza*
Aprueba	*Crítica*
Coopera	*Se opone*
No es apegada	*Se aferra*
Es tranquila	*Está agitado*
Perdona	*Es resentido*

No tiene ego	*Es egoísta*
Está en paz	*Es conflictivo*
No juzga	*Juzga*

Tu alma es tan parte tuya como el ego. Si nos plantearan una disyuntiva sencilla, todos elegiríamos el camino del alma. Aceptaríamos en vez de rechazar; preferiríamos estar en paz y no agitados. Pero en la vida surgen dificultades, y para enfrentarnos a ellas nos vemos forzados a tomar decisiones que no son fáciles. ¿Qué sucedería si roban tu casa y la policía detiene a unos adolescentes con la televisión plana que te robaron? Si ellos te la devuelven, ¿decidirías no demandarlos? ¿Y si detuvieran a los adolescentes y ya se hubieran desecho de la televisión, ¿te sentirías más inclinado a iniciar una acción judicial? Las negociaciones entre la misericordia y el castigo son simbólicas de la división del camino que aparece siempre que el ego iría hacia un lado y el alma hacia el otro.

Las acciones más comunes de todos los días te alejan del alma. Hoy o mañana podrías:

rechazar de antemano una experiencia
criticar a alguien o a ti mismo
oponerte a una idea nueva
aferrarte a tu punto de vista
sentirte *agitado* por dentro
sentir resentimiento por la posición en que te han puesto
aumentar el nivel de *conflicto* de la situación
emitir *juicios* y culpar a otros

En cada situación se refuerza el ego. Es natural que todos incidamos en estas respuestas sin pensarlo. Y si lo pensamos, justificaríamos el haber optado por el ego. Pero la actitud fija y persistente que resulta causa muchísimo daño. A todos nos ha enloquecido alguna persona que lleva su ego al extremo, que es tan predecible como un reloj, porque lo que se le diga o lo que se haga nunca alterará su postura de oposición, necedad y egoísmo. Esas mismas tendencias también impiden liberarse.

No es que el ego tenga una agenda totalmente negativa. En circunstancias normales no es así, pero el ego actúa principalmente en busca de autoprotección. Hay personas (unas cuantas) que han aprendido a enfrentarse al mundo sin protegerse a sí mismas. Confían en la protección de un poder superior y eso es lo que debemos aprender cada uno de nosotros. De no ser así, jamás superaremos nuestras defensas. No se nos pide que seamos santos. No se trata de ser buenas o malas personas. Sólo se necesita comprender que liberar constituye el camino para todo.

Veamos por qué es difícil liberar. Pensemos en la última ocasión en que rechazamos a alguien porque no estuvo de acuerdo con nosotros. O sintamos la sensación de negarnos a cooperar por nuestra imperiosa necesidad de oponernos. Todos los días la existencia presenta estos impulsos en cientos de maneras menores y mayores. Nuestro ego sigue reforzando el mismo argumento una y otra vez: *Intenta ser el número uno. Nadie dará la cara por ti. No puedes permitirte sacrificar lo que quieres.*

Desde el punto de vista psicológico, estas reacciones no tienen que ver con el presente, sino con el pasado. Tu ego te impulsa a pensar y actuar como un niño maltratado. Un niño maltratado quiere lo que quiere. Carece de habilidad para ver mas allá del momento inmediato, y cuando no obtiene lo que quiere llora, se bloquea y se encapricha. Sé que la expresión "niño interior" se ha romantizado como ideal de inocencia y amor. Ese niño también existe dentro de todos nosotros. Lo veremos en cualquier momento en que nuestra alma irradie luz. Pero nuestro niño interior tiene una sombra del yo que usa las tácticas de un pequeño enojado, lastimado y egoísta.

Cuando el ego se sumerge en esas energías oscuras, nos impulsa a proceder de formas muy regresivas.

Es difícil para un adulto adaptado aceptar el hecho de que albergamos una sombra que no sólo es destructiva, sino también infantil e irracional. Pero hay algo positivo al alcance de la mano una vez que superamos esas sombras. Todas las tradiciones espirituales invocan a lo que llaman el yo superior, el aspecto de la naturaleza humana que representa el alma. Nos reconocemos en el amor que predicó Jesús y en la compasión que manifestó Buda. Toda tradición espiritual deja también claro que lo que se conoce como naturaleza inferior y se identifica con el pecado y la ignorancia necesita transformarse rápidamente. Por desgracia, la decisión se presenta de una manera poco útil. ¿Cómo podemos adoptar el amor cuando al mismo tiempo nos dicen que nuestra naturaleza inferior es pecaminosa? La condenación del yo inferior se opone al amor. ¿Cómo podemos adoptar la paz cuando al mismo tiempo nos enseñan a luchar contra la tentación? Terminamos por quedar atrapados en nuestra naturaleza dividida en vez de sanarla.

En términos prácticos, la parte de nosotros mismos que juzgamos adversa no cambiará. Carece de motivación para cooperar (más bien todo lo contrario). Todo lo que combatimos se entierra a mayor profundidad, puesto que estamos amenazando su supervivencia. Permítanme ofrecer un ejemplo de la política, dado que el mundo exterior es más fácil de entender para todos nosotros que el yo interno. En los Estados Unidos se generó una gran separación entre la gente que apoyaba la segunda guerra de Iraq y la que se oponía. Poco a poco los argumentos en contra de la guerra se volvieron convincentes y hasta apabullantes. A manera de experimento, se puso en un salón a un grupo de partidarios de la guerra y se le pidió que evaluara su apoyo en una escala de 1 al 10. Luego se dio una charla sobre las razones para estar contra la guerra. Era el año

2008, el conflicto iraquí había comenzado hacía cinco años, por lo que existían innumerables reportajes objetivos sobre los asuntos más perniciosos, como las armas de destrucción masiva, la amenaza del terrorismo, la muerte de civiles, etcétera.

Los encargados del experimento expusieron su postura contra la guerra lo más apegada a los hechos posible y sin apasionamiento. Al terminar la conferencia se le pidió al grupo evaluar su postura a favor de la guerra por segunda vez en una escala del 1 al 10. Los resultados fueron sorprendentes: el grupo se mostró más a favor de la guerra. La razón no fue necesariamente que no creyeran en los hechos en contra de la guerra. Lo que sucedió es que les disgustó que les echaran en cara sus propios errores.

De manera similar, hay partes de uno mismo que al sentirse juzgadas se muestran renuentes. Estas tratarán de persuadirnos de que seamos egoístas, juzguemos y mostremos resentimiento cuando nos echen en cara la oposición desde el exterior. Las tradiciones espirituales no han tomado en cuenta que es necesario un proceso para separar al ego de sus caminos de autoderrota. Al poner este asunto en términos morales, como el pecado y el temor a la ira de Dios, la cristiandad ha adoptado un enfoque opuesto a lo efectivo. El budismo se inclina menos hacia lo moralista y posee un sistema sumamente sutil en el terreno psicológico. Pero al simplificarse, la práctica del budismo se reduce a la "muerte del ego", a un ataque directo al ego como fuente de ignorancia e ilusión.

Para empezar, la cuestión de establecer un contraste rotundo entre el yo superior y el yo inferior resulta inútil. No existe por separado una parte totalmente buena o totalmente sabia en nosotros que tenga que ganar o perder. La vida es un solo flujo de consciencia. Ningún aspecto de nosotros se creó con ningún otro fin. El miedo y el enojo en realidad parten de la misma consciencia pura que el amor y la compasión; levantar una barrera entre el ego y el alma impide el reconocimiento de este hecho tan sencillo. Finalmente, liberar no se logra condenando lo malo de cada uno y desechándolo, sino mediante un proceso que une los puntos opuestos. Nuestro ego debe comprender que pertenece a la misma realidad que nuestra alma. Necesita encontrar tanto en común con el alma que soltará su agenda egoísta a favor de una mejor forma de vida.

La historia de Jordan

Liberar suele ser el último recurso, pero a partir de ahí puede suceder algo mágico. Ciertos poderes invisibles que nunca imaginaste pueden aparecer en tu ayuda.

Jordan es una profesional exitosa, de alrededor de cuarenta años, que acaba de salvar su matrimonio cuando estaba a punto de resignarse a perderlo. "Mike no era mi alma gemela. No nos enamoramos a primera vista", cuenta Jordan. "Nos conocimos en el trabajo y me pretendió durante un tiempo antes de que yo lo aceptara. Tuve que aprender a amarlo, pero cuando me enamoré de él lo sentí como algo muy real.

"Un año después tomamos la gran decisión. Mike tenía veintinueve años y yo veintiséis. Estábamos enamorados, pero también nos sentábamos a hablar sobre lo que queríamos de nuestro matrimonio. De manera que cuando empezaron los problemas yo me encontraba con la guardia baja".

"¿Cómo empezó todo?", le pregunté.

"No sé con exactitud", dijo Jordan. "Pero Mike empezó a comportarse como mi padre, que es un hombre que jamás escucha y jamás se da por vencido. Me había casado con Mike porque me parecía exactamente lo opuesto. Mike era amable y abierto. Escuchaba. Pero después cambió. Empezamos a pelear mucho y yo me alteraba demasiado".

"¿Te acusó él a ti de haber cambiado también?", le pregunté.

"Se molestó muchísimo. Dijo que yo nunca le di suficiente espacio. Pero 'espacio' no significa aislarte durante horas trabajando y después hacerme a un lado cuando yo quería arreglar algún desencuentro. Mike me escuchaba un minuto, quizá dos. Pero yo me daba cuenta que lo quería era estar solo, regresar a la computadora y a los videojuegos".

"¿Y qué hiciste entonces?", le pregunté.

"No caí en la desesperación. Le dije a Mike que si nos amábamos tendríamos que ser capaces de pedirnos lo que necesitábamos emocionalmente. No soy una persona necesitada de amor, pero, ¡por Dios!, si tenía ganas de llorar o quería que me abrazara casi no me hacía caso".

"Quizá percibió la debilidad de tus emociones o las consideró una amenaza", le sugerí.

Jordan estuvo de acuerdo. "A Mike le asustaban las emociones y no soportaba la debilidad. Se suponía que yo tenía que hacerlo sentir triunfador. Cualquier otra cosa le parecía una traición. Debí haberme dado cuenta de eso antes. Mike venía de una familia muy rígida en la que nadie consideraba que demostrar sus pensamientos fuera algo positivo".

"¿Pensaste en dejarlo?", le pregunté.

"Eso sucedió una noche. Él estaba cenando mientras miraba un partido de fútbol. Independientemente de lo que le dijera, apenas asentía con la cabeza. Me puse de pie y le dije que apagara la maldita televisión. Respondió con una risita descalificadora. Yo pensé: 'No voy a convertirme en un cliché. Tengo toda la vida por delante'.

"Tardé mucho en dejar de sentir lástima por mí misma. Pero había estado leyendo bastante sobre el desarrollo personal y hubo una frase que me impresionó: 'Debes aceptar la responsabilidad total de tu propia vida' ".

"¿Qué significó eso para ti?", le pregunté.

"Lo que no significó", dijo Jordan negando con la cabeza, "es que todo fuera mi culpa. Me sentí motivada a ver las cosas de manera más positiva. Yo era la creadora de mi propia vida. Si quería que mi vida cambiara, contaba con los medios en mi interior. En cuanto dejé de tener lástima por mí misma, me di cuenta de que esto era una prueba. Mike se encontraba en la negación total. ¿Podía yo sola salvar el matrimonio? Eso sería un gran triunfo. No lo consulté con Mike ni con nadie. Emprendí mi proyecto secreto y personal".

"¿Y que hiciste?"

"Había aprendido un nuevo término: 'mente reactiva'. Es la manera en que uno funciona cuando reacciona constantemente ante otras personas, lo cual les da poder sobre uno. Cuando Mike oprimía mis botones, discutiendo sobre quién tenía razón y quién no, yo no podía evitar reaccionar. Durante mi infancia, mi madre tenía sólo dos formas de manejar una situación difícil. O trataba de solucionarla o la aceptaba. Hay una tercera opción, que es retirarse hasta que uno pueda enfrentarla. De modo que, en vez de enojarme con Mike, de atacarlo o quejarme, me mantuve serena, y en cuanto era posible me retiraba para estar conmigo misma".

"¿Qué hiciste después?"

"Procesé mis sentimientos internos. La mente reactiva es rápida para responder, pero cuando tu primera reacción queda eliminada, hay espacio para que aparezcan otras reacciones. Examiné el enojo como algo mío, no por culpa de Mike; la lástima por mí misma surgía de mí y no por lo que Mike me hacía. Cuando Mike y yo peleábamos, todo giraba en torno a defenderme a mí misma, pues él no soporta perder. Lo más importante de aprender a mirar dentro de uno mismo es que uno deja de actuar a la defensiva".

"¿Cómo reaccionaron tú y tu esposo?", pregunté.

"Al principio a Mike no le gustó que yo me retrajera. Pensaba que por no involucrarme en el pleito estaba actuando con superioridad. Pero eso duró poco. Después de procesar mis sentimientos, me acerqué a él y le gustó el hecho de que no regresara ni con resentimiento ni con frustración contenida".

"Cuando dejaste de jalar tu extremo de la cuerda", le dije, "se acabó la lucha".

"Fue una lección dura, pero sí. Aprendí también que lo que deploramos de otros es lo que negamos en nosotros mismos. Aborrecía que Mike llegara a casa y enseguida empezara a quejarse de que quería comida caliente y una esposa amorosa, que era lo que yo no le estaba ofreciendo. Me sentía atacada. Pero luego me pregunté a mí misma si yo no estaba atacándolo pasivamente al no ofrecerle esas cosas. Lo estaba desafiando, lo cual hacía que mi ego se sintiera bien, y a lo único que condujo fue a una vida hostil".

"¿No estarás tratando de decir que rendirte ante Mike fue la solución, o sí?", pregunté.

"En cierto modo, sí, eso es lo que quiero decir", dijo Jordan. "Me rendí, me di por vencida. Pero lo positivo de eso fue que primero llegué a un lugar de mi interior en donde la rendición no era un fracaso. Rendirse puede significar que has perdido la batalla. Pero también puede significar que te estás rindiendo al amor en vez de al odio". Se rió. "Bueno, al principio apretaba los dientes cada vez que recibía a Mike en casa con un beso y el aroma de pan recién horneado. Pero de verdad, en muy poco tiempo me sentí muy bien conmigo misma".

La misión de Jordan para rescatar su matrimonio se desplegó también de muchas otras maneras, pero hablamos sobre la parte crítica, aprender cómo liberar. Esto constituye más que la estrategia de una relación, puesto que tiene que ver con un cambio personal profundo. Te liberas a ti mismo de las reacciones dependientes del ego (lo que algunos llaman mente reactiva) y permites que los eventos se desplieguen sin un programa preestablecido. Los riesgos pueden ser aterradores. Todos tenemos una voz interior que nos advierte que la rendición es un signo de debilidad. Jordan había dominado el miedo que surge de tales situaciones. Le pregunté si había llegado a sentir miedo.

"Eso es lo maravilloso de salir del otro lado", me dijo. "Nadie sabe el terror que se atraviesa. Sólo alguien que ya lo ha vivido sabe lo difícil que es tener la fuerza necesaria para arriesgar tu concepto de orgullo y tu imagen personal de mujer a quien nadie va a pisotear".

Estuve de acuerdo. Las connotaciones negativas de rendirse están grabadas en nosotros. No sólo nos parece que significa perder la batalla, sino también que rendirse es una señal de debilidad y falta de respeto. En este caso especial, la rendición de la parte femenina ante la masculina, enciende todas las alarmas internas imaginables.

"¿Fuiste consciente de eso?", le pregunté a Jordan.

"Claro que sí. Tuve muchos conflictos conmigo misma, muchas dudas personales. Pero la conclusión fue que no me estaba rindiendo ante Mike. Me estaba rindiendo ante la verdad, y la verdad es que yo quiero amar y ser amada. Estaba asumiendo la responsabilidad de mi verdad, algo que te llena de poder si lo logras".

Jordan está orgullosa de haber superado toda su resistencia interior y su orgullo se justifica. Su matrimonio quedó intacto y ha florecido en un amor mucho más seguro que el que conocía antes. La parte que nadie conoce, el verdadero misterio, es que cuando ella cambió, todo cambió. Su esposo dejó de hacer todo lo que a ella le molestaba. Empezó a verla con otros ojos, como si estuviera redescubriendo a la mujer de la que se había enamorado.

Jordan no tuvo que pedirle que lo hiciera, simplemente

sucedió. ¿Cómo? Para empezar, cuando dos personas se aman existe una conexión profunda. Sabemos por instinto si esa conexión funciona o está rota. La conexión debe restaurarse a un nivel profundo, en un lugar al que no llegue el ego. Aquí es ineludible el elemento del alma, pero, ¿cómo puede cambiar otra persona o toda una situación sólo porque tú cambias? Si cada uno de nosotros poseyera su alma como propiedad privada, el cambio sucedería en una persona a la vez. Pero el alma ilimitada nos conecta a todos. Su influencia se siente en todas partes. De manera que, cuando cambiamos nuestra conducta en el nivel del alma, toda la coreografía debe cambiar junto con nosotros.

En tu vida: "Tú no eres yo"

La vida plantea muchas situaciones en las que liberar no es tan fácil. Por suerte existe una estrategia que siempre funciona. En vez de enfocarte en tu reacción del momento, da unos pasos hacia atrás y reafirma quién eres en realidad. Tu verdadero yo carece de agenda. Vive en el presente y responde abiertamente a la vida. De manera que la actitud que debes asumir ante cualquier respuesta previamente programada (que es lo único que puede ofrecerte el ego) será siempre la misma: "Tú no eres yo". Deja que surjan reacciones condicionadas como el miedo, el enojo, los celos, el resentimiento o el papel de víctima. No te opongas a ellas. Pero en cuanto cobres consciencia de que se están presentando, diles: "Tú no eres yo".

De esa manera se logran dos cosas a la vez. Le avisas al ego que haz descubierto su juego y llamas a tu verdadero yo para que te ayude. Si tu alma es tu verdadero yo, una vez que te abres ante ella posee el poder de transformarte. Sabrás que estás respondiendo desde el nivel del alma siempre que hagas lo siguiente:

Aceptar la experiencia que tienes ante ti.

Aprobar a otras personas y a ti mismo.

Cooperar con la solución que se encuentra al alcance de la mano.

Conservar la *calma* frente al estrés.

Perdonar a los que te hayan ofendido o dañado.

Abordar la situación *sin egoísmo,* con justicia para todos.

Ejercer una influencia *pacífica.*

Asumir una actitud de *ausencia de juicio,* haciendo que nadie se sienta mal.

Estas respuestas no pueden forzarse ni planearse con antelación (si realmente quieres transformarte). Adoptarlas sólo porque crees que te hacen ver mejor constituye una derrota personal. La misma locura que se siente al encontrarse con personas persistentemente mezquinas y egoístas surge al forzar la virtud. El problema es que lo que realmente se necesita (liberar) no ha sucedido. Las personas virtuosas públicas lo único que han encontrado es una nueva agenda del ego que hace que se vean mejor de lo que son.

Cuando te descubras reaccionando desde el ego, haz una pausa y di: "Tú no eres yo". ¿Y después qué? Hay cuatro pasos que permiten que tu alma aporte una respuesta nueva.

1. Permanece centrado
2. Sé claro.
3. Espera lo mejor.
4. Observa y espera.

1. Permanece centrado. En la actualidad, la mayoría de la gente sabe lo que vale estar centrado; significa un estado de calma y estabilidad. Si uno no está centrado se siente disperso y desequilibrado. Los sentimientos luchan unos contra otros. No hay estabilidad en las reacciones porque el próximo evento puede conducirnos hacia un lado o hacia el otro. El pánico es el estado final de no estar centrado, pero hay otros más suaves, como la distracción, el resentimiento, la confusión, la ansiedad y la desorientación. Por desgracia, saber que lo mejor es estar centrado no significa poder lograrlo.

¿Dónde se ubica este centro? Para algunos en el centro del pecho o en el propio corazón. Para otros en el plexo solar o es simplemente un sentido general de "meterse en uno mismo". Sin embargo, me parece que el centro no es físico. El corazón no puede ser tu propio centro cuando se acelera o te duele. El plexo solar no puede ser tu centro cuando tus intestinos están hechos nudos. El cuerpo siempre refleja la consciencia, por tanto tu centro se encuentra en la consciencia, que es la que nos indica la dirección correcta. Pero la consciencia siempre cambia, así que la pregunta ahora es, ¿dónde se pueden encontrar paz y calma inamovibles?

Estoy seguro de que no les sorprenderá saber que la calma y la paz absolutas se ubican en el nivel del alma, el cual se alcanza por medio de la meditación. Aunque esto ya se comentó antes, vale la pena repetir que, independientemente de quien seas o de la crisis en que te encuentres, el lugar de la paz y de la calma jamás se destruye. Cuando quieras buscar tu centro, elige un lugar silencioso donde nadie pueda molestarte. Cierra los ojos y siente la parte de tu cuerpo que experimenta estrés. Respira tranquila y regularmente, libera de esa parte de tu cuerpo la energía trastornada.

Con frecuencia tu mente contendrá pensamientos estresantes, que en general desaparecerán una vez que estabilices tu cuerpo. Si no desaparecen, exhala la energía que se ubica detrás de esos pensamientos, es decir la energía del miedo y la ansiedad. Existe más de una manera de hacerlo.

Chakra de la coronilla: En yoga, la parte de arriba de la

cabeza se considera un centro de energía o *chakra*. Constituye un lugar efectivo para liberar energía. Cierra los ojos y ve un rayo de luz blanca que sube por tu cabeza y sale a través de una pequeñísima abertura en la coronilla. Ese rayo de luz es fino, pero cubre todo el torbellino de pensamientos que hay en tu cabeza y lo proyecta hacia afuera por medio de su flujo a través del *chakra* de la coronilla (puedes visualizar tus pensamientos como un remolino de humo que el rayo de luz recoge y transporta hacia fuera).

Respiración: Saca el aire con una exhalación firme (como si soplaras las velas de un pastel, pero más lentamente). Ve como sube la luz blanca de tu exhalación llevándose consigo todos tus pensamientos estresantes. Mira el ascenso de esa luz que cada vez alcanza mayor altura y sale del cuarto hasta que ya no puedes verla.

Entonación: También sirve emitir un sonido agudo al mismo tiempo que exhalas un suave "iiii". La primera o la segunda vez que lo hagas, este ejercicio puede parecerte extraño, pero si no logras emitir el sonido o la respiración en tu primer intento, bastará con valerte de la efectividad del rayo de luz blanca que lleva la energía hacia arriba, fuera de tu cuerpo.

2. Sé claro. Se necesita claridad mental para liberar. Debes tener la habilidad de distinguir lo verdadero de lo falso para identificar lo que quieres: liberar. Cuando tienes miedo, ese miedo parece *ser* tu mismo. Cuando estás enojado, el enojo te agobia. Pero detrás de este torbellino emocional se encuentra el verdadero yo en espera de que lo conectes contigo mismo.

Esto puedo ilustrarlo mejor con la historia de Jacob, un hombre que vino a verme después de haber sufrido de depresión durante toda su vida adulta (tiene actualmente cincuenta años). Jacob no quería hacer terapia. Lo que quería era saber cómo lograr un cambio real. Le dije que la depresión podía superarse liberando. Para hacerlo, tenía que clarificar algunos puntos básicos.

"Veamos qué siente en cuanto a su depresión", empecé diciéndole. "Imagínesela en forma de una persona que entra por la puerta y se sienta en una silla mirándolo a usted de frente".

Jacob cerró los ojos y empezó a visualizar. Tras unos cuantos minutos me dijo que veía a su depresión como un viejo jorobado que entraba tambaleándose al cuarto. El viejo olía mal e iba vestido con un uniforme mugriento del ejército.

"Muy bien", le dije. "Ya que lo está viendo, ¿cómo se siente ante él?" Jacob contestó que se sentía mal. "No me lo diga a mí", agregué. "Dígaselo a él".

Al principio dudó. Pero con una ligera presión, le dijo al viejo: "Te tengo terror y me cansas. Mi mente se llena de angustia, los demás me ven como una persona apática y pasiva, pero yo todo el tiempo me siento como si estuviera luchando contra un demonio". Una vez que empezó, las acusaciones de Jacob aumentaron. Sacó todos sus sentimientos de hostilidad y de angustia. Hablaba con amargura de lo difícil que le resultaba expresar su dolor, así de desvalido se sentía ante ese viejo harapiento.

Dejé que Jacob sacara todo hasta que terminó. "Usted no saldrá de su depresión hasta que permita que ese viejo salga de su interior", le dije. "En la medida en que empuje a este hombre para que salga y lo insulte, todo seguirá igual. El problema se ha convertido en parte de usted, pero no representa lo que usted es en realidad".

Jacob se quedó en silencio. Éramos viejos amigos, de modo que podía hablar con él de manera cercana. Le dije que no se daba cuenta de que estaba aferrado a su depresión, pero que en realidad este viejo era un aspecto de sí mismo. Era una creación que partía de cierta imagen distorsionada de sí mismo y que había adquirido tanta energía a través de los años que parecía tener vida propia.

"Su depresión hace que se sienta desvalido porque cree que no tiene alternativa. Ya no se acuerda cómo es no estar deprimido. En realidad, sí tiene alternativa. Usted puede negociar con el viejo y decirle que es hora de que se vaya. Puede liberar la energía de su depresión. Puede meditar y encontrar el nivel interior de su consciencia que no está deprimido. Pero si sigue pensando que la depresión es una parte permanente de usted, habrá optado por esa alternativa. Debe hacerse responsable de sí mismo". Trataba de darle a Jacob la suficiente claridad para enfrentarse a su depresión, para que pudiera decirle: "Tú no eres yo".

Esta conversación fue sólo el principio. Nos mantuvimos en contacto hasta que Jacob desapareció por un tiempo. Hace poco volvió a aparecer y, obviamente, ya no estaba deprimido. Su energía se veía más fuerte y positiva. "¿Aquella conversación detuvo la marea?", le pregunté.

"Creo que sí", dijo Jacob muy convencido. "Me parece que vine en el momento adecuado porque me di por vencido. La lucha se alejó de mí. Vivía con la idea de que algún día derrotaría a mi depresión, pero usted tuvo razón. Al odiar mi depresión no lograba absolutamente nada bueno".

Durante el tiempo en que no nos vimos, Jacob ordenó su vida. Inició una relación seria; empezó a trabajar para una causa espiritual en la que creía. Decidió ignorar su depresión y reducir al mínimo el dominio que ejercía sobre él. Pero lo verdaderamente importante fue su cambio de actitud. Empezó a aceptarse a sí mismo, a ver que la depresión no era su yo real.

"Se aclararon muchas cosas. Empecé a ser más amable y

relajado conmigo mismo. Dejé de presionarme y de juzgarme. Tomó tiempo. Nada sucedió de inmediato. Pero al ir abriendo un espacio dentro de mí, apareció algo nuevo en escena. Le di permiso a mi mente para calmarse y dejó de correr a toda velocidad. Dejó de sentirse tan desesperada. Cuando me sentí más calmado, empecé a despertar poco a poco. El mundo cobró más luz. Con el tiempo me pareció posible ser feliz. Es la mejor manera en que puedo expresarlo".

La claridad, por ser interna, nos muestra una verdad que no puede absorberse cuando uno se siente confuso o agitado. Uno ve que no puede cambiar la parte que le molesta de sí mismo. Las personas que viven sufriendo han tenido la experiencia de lo inútil que es luchar contra sí mismas. El avance llega cuando aceptan que lo que les molesta no tiene existencia independiente y real. *Ese no soy yo. Soy así temporariamente. Esa energía será mía hasta que la suelte.*

El alcohólico que dice: "Yo soy un bebedor. Lo acepto", no está caminando hacia su sanación. Su actitud defensiva es el secreto de su condición indefensa. En lo más profundo piensa que si tratara de cambiar fracasaría. Lo que necesita es una actitud diferente o incluso ninguna actitud. Basta con tener claridad respecto a una cantidad de energía, emociones, hábitos y sentimientos para soltarlos. Como es natural, un solo momento de energía no cambia todo. Lo que tardó años en generarse tarda un tiempo en deshacerse. Pero con esa claridad llega la aceptación, y hasta el más pequeño paso hacia la aceptación abre el canal que nos conecta con el alma.

3. Espera lo mejor. Al liberarse uno no debe esperar que pase algo bueno. Cuando uno suelta debe esperar que le pase lo mejor: que el alma pueda fusionarse con uno mismo. En sí, liberar un poco de enojo, un poco de miedo o un poco de resentimiento puede parecer algo minúsculo. Daré otro escenario de la situación. Imagínense que se han acostumbrado a vivir en una casa pequeña y apretada. Se han acostumbrado tanto a ese espacio claustrofóbico que casi nunca salen. Sin embargo, hay momentos despreocupados en que piensan lo agradable que sería experimentar un mundo más amplio. De modo que abren la puerta y al salir se encuentran con un extenso paisaje lleno de luz, que se extiende hasta el infinito en todas direcciones. Ah, piensan, aquí se encuentran la alegría y el amor. Ésta es la satisfacción real. De modo que recorren ese espacio exterior, con el deseo de vivir siempre en la tierra de la luz. Pero poco después se cansan de todo este amor y alegría. De algún modo este espacio exterior parece demasiado amplio. El horizonte parece demasiado infinito. Extrañan su casa, que los llama a que regresen. De modo que vuelven y, al regresar, sienten seguridad. Vuelven a iniciar su existencia conocida. Durante un tiempo se sienten contentos, pero siguen recordando aquel espacio exterior amplio e ilimitado. Una vez más vuelven a salir y esta vez se quedan allí un tiempo más prolongado. Su sentido del amor y la alegría ya no les cansa tanto. El espacio exterior sigue siendo infinito, pero ya no les asusta tanto. La luz que brilla por todos lados ya no es tan cegadora y deciden que esta vez se quedarán ahí para siempre.

Esta es una parábola sobre el ego y el alma. El ego es una casa segura; el alma es un espacio exterior ilimitado. Cada vez que sientes aunque sea un instante de amor y alegría, libertad y dicha, has entrado a la tierra de la luz. Te sientes tan bien que quieres que la experiencia continúe, como sucede con dos amantes que nunca quieren separarse. Pero el ego, tu casa segura, te llama para que regreses. Este patrón de ir y venir es la manera en que funciona liberar. Hay que exponerse varias veces al alma ilimitada para saber que es real. Pero tu vieja condición seguirá jalándote para que regreses. Con el tiempo, tus viajes hasta el exterior durarán más y te aportarán mayor comodidad. Tu alma empezará a filtrarse hacia tu interior; con esta fusión comenzarás a entender que puedes vivir en lo ilimitado de manera permanente. Se convierte en un espacio más natural que tu casa segura, porque en lo ilimitado eres tu verdadero yo.

Por tanto, esperar lo mejor no se trata de un deseo ideal u optimista. Se trata de conocer de antemano que puedes lograr tu meta. El alma limitada se experimenta, aunque sea de manera muy débil, en todo impulso del alma. Esto se opone a la postura dominante de la psicología que sostiene que la felicidad es un estado temporario con el que tropezamos por accidente. Considero deplorable esa postura. Declarar que el amor y la alegría, principales componentes de la felicidad, son ocasionales es una enseñanza que emana de la desesperación. Ten en mente la imagen de la casa segura y de la tierra de luz que la rodea. Nadie te forzará a que sueltes el espacio limitado que ocupas, pero siempre tendrás la alternativa de salir a buscar el infinito, porque eso eres tú.

4. *Observa y espera*. La rendición en el campo de batalla ocurre sólo una vez, al final. Rendirse en el camino espiritual sucede una y otra vez, sin terminar jamás. Por esta razón, el observar y esperar no constituye un acto pasivo. No se trata de un ejercicio de paciencia o de pasar el tiempo hasta que llegue el gran momento. En cuanto sueltas algún viejo hábito o condicionamiento, en el instante en que te descubres reaccionando de manera programada, el yo cambia. Aunque usemos la palabra "yo" a la ligera, no se trata de un asunto sencillo, sino de un sistema muy dinámico y complejo. Tu yo es un microuniverso que refleja el macrouniverso. Hay un sinnúmero de fuerzas que se mueven a través de él. Con la ligereza del aire, el yo cambia ante cualquier alteración de la consciencia.

Por tanto, siempre que sueltas, estás retirando algo viejo del universo para agregar algo nuevo. Lo viejo es energía oscura y patrones distorsionados del pasado, que son fragmentos muertos que se estancaron dentro del sistema del yo. Al no tener forma de desplazarlos, convivimos con ellos. Nos ajustamos a los elementos negativos de nuestro yo (en general a través de la negación y alejando esos elementos de nuestra vista) porque suponemos que así debe ser. Liberar no será una opción mientras no aprendamos a convertirlo en una opción. Una vez que soltamos estos fragmentos, las energías negativas se alejan para siempre.

¿Qué será lo que permite la entrada de algo nuevo? Eso es lo que se nos revela cuando observamos y esperamos. Piensa en lo que sucede cuando respiras. Los nuevos átomos de oxígeno entran a tu corriente sanguínea, pero no está definido hacia dónde irán. Un átomo de oxígeno puede terminar en cualquiera de las miles de millones de células. Su destino se define en función de qué célula lo necesita más. Lo mismo sucede contigo. Cuando abres un espacio para el alma, soltando viejas energías, la parte tuya que más lo necesita, la parte que más deseas que crezca o que más urgente requiere una sanación, será la que se beneficiará.

Para poner un ejemplo a gran escala, he pensado con frecuencia que Jesús se convirtió en el mayor maestro del amor porque eso es lo que más necesitaba la gente. Ellos no carecían de sabiduría divina, de disciplina espiritual ni de iluminación (elementos que se volvieron dominantes en otras tradiciones como el budismo). En un nivel más humano, los que escucharon a Jesús querían el amor de Dios y eso fue lo que absorbieron. Sin duda Jesús fue un maestro en todo, igual que Buda. Predicó sobre el camino a la consciencia superior, incluso hacia la iluminación. Pero esos conceptos había que buscarlos en los bordes de su enseñanza, puesto que principalmente hablaba del amor en todas sus formas.

Para saber lo que es tu alma, debes seguir el camino que toma cuando entra en ti. ¿Te hará más amoroso y bueno? ¿Te hará más devoto y practicante de algún culto? El alma puede conferir cualquier cualidad (fuerza, verdad, belleza o fe). Pero no las aplica como una mano de pintura. Más bien entra en ti como el oxígeno entra en tu cuerpo, buscando dónde se lo necesita más. Hablamos de que el espíritu nos llena, como si se tratara de inflar a una persona como se infla la llanta de una bicicleta. En realidad, el espíritu es consciencia que viaja a lugares donde hace falta. Se acelerará enormemente tu crecimiento si, cuando la sanación llega, te encuentras allí para recibirla.

Con mucha frecuencia, la gente no observa ni espera. Se pierde lo que realmente está pasando en su interior. Su atención se fija en deseos y fantasías, y en este estado de distracción lo real pasa de largo. Me encanta la historia de Harold Arlen, famoso compositor de Hollywood de la época dorada del cine, a quien contrataron para que compusiera la música de *El mago de Oz.* Arlen trabajó con dedicación y creyó haber logrado una buena obra. Pero le faltaba una canción, la más especial de toda la película, la principal. No le venía nada a la mente, de modo que decidió ya no seguir trabajando ese día y se fue a comer con su esposa. Cuando iban por Sunset Boulevard, de pronto le dijo a su esposa, que iba al volante, que se detuviera. Arlen garrapateó algunas notas en un pedazo de papel que resultó ser la música de la canción que lleva por título *Somewhere Over the Rainbow.*

En varios sentidos, los artistas y los creadores son los que mejor saben recibir al alma, porque se sintonizan con la inspiración. La inspiración no se presenta al azar. Siempre es un asunto de llamada y respuesta. La necesidad surge y la solución aparece. De manera que tenemos que asumir una actitud creativa ante nuestro propio crecimiento interior. Hay que ser consciente de la necesidad y estar alerta a la respuesta. Cuando le preguntaban a Harlod Arlen cómo había compuesto esa canción tan maravillosa decía: "Me abrí, esperé y obedecí". No estaría mal asumir ese credo, que es sencillo y profundo.

Avance 4
El fruto de la rendición es la gracia

Un avance puede conducir a la rendición final. Como liberarse es un proceso, llega a su fin poco a poco. Pero este punto final es muy diferente a todo lo que uno imagina, puesto que dejarás de ser la persona que hoy ves en el espejo. Esa persona pasa por la vida con una infinidad de necesidades. En la rendición final, renunciarás a todas tus necesidades. Por primera vez podrás decir: "Yo me basto a mí mismo". Te encontrarás en un mundo donde todo cuadra como debe ser.

El yo completamente nuevo no se puede imaginar con anticipación. Un niño pequeño no tiene idea de que el futuro le depararán los drásticos cambios que detona la pubertad. Sería muy confuso tratar de entender esta experiencia antes de que se presente (existe ya suficiente confusión cuando llega el momento). Soltar la infancia se da naturalmente, si uno es afortunado. Soltar nuestra identidad de adultos es mucho más difícil. No tenemos mapas que nos guíen, aunque existe un cierto llamado de los grandes maestros espirituales del mundo. San Pablo lo compara con el crecimiento. "Cuando yo era pequeño hablaba como niño, pensaba como niño, razonaba como niño; cuando me hice adulto terminé con mis costumbres de niño".

Pasar de la infancia a la edad adulta significa cambiar nuestra identidad, pero San Pablo se refiere a un tipo de transformación mucho mayor. Así, nos dice: "Sigan al amor y luchen por los dones espirituales", y después nos presenta una visión de lo que sucederá si alguien responde al llamado.

El amor es paciente, el amor es amable, el amor no es envidioso, ni engreído, ni arrogante, ni brusco. No insiste en sus verdades, no se irrita, ni es resentido; no se regocija en el error, sino que se regocija en la verdad. Disculpa sin límites, cree sin límites, espera sin límites, el amor no pasa nunca. (I Corintos 13:4-7)

San Pablo era muy consciente de estar invitando a un cambio sobrenatural en el que toda la naturaleza humana se transformaría y el único poder capaz de lograrlo sería la gracia. La palabra "gracia" no aparece en la Biblia sin sus connotaciones cercanas (abundancia, pureza, amor incondicional, dones concedidos gratuitamente). Hay aquí algo universal que sobrepasa el ámbito judeo-cristiano. Al liberarse por completo, una persona puede lograr una nueva identidad. El fruto de la rendición es la gracia, el poder de Dios que todo lo abarca.

La gracia es la influencia invencible de lo divino. Una vez que llega a la vida de una persona, las herramientas antiguas que hemos usado para manejar nuestra vida (razón, lógica, esfuerzo, planeación, pensamiento por adelantado, disciplina) se descartan como las rueditas auxiliares que se usan para aprender a andar en bicicleta. Pero el proceso real es sombrío y amorfo. La gracia se asocia con la misericordia y el perdón, pero en realidad si se le retiran sus investiduras religiosas la gracia es la consciencia ilimitada.

La gracia puede abolir las limitaciones de la vida. No hay nada que temer, nada por qué sentir culpa. Toda la cuestión de lo bueno contra lo malo desaparece. La paz deja de ser un sueño que perseguimos para convertirse en una condición innata del corazón. Estas cosas no son el resultado de la intervención sobrenatural, sino de acercarse al final del proceso. La palabra *gracia* aparece casi cien veces en el Antiguo Testamento, pero, curiosamente, Jesús no la usa ni una sola vez. Tal vez esto se explique porque a Jesús lo conocimos cuando terminó el proceso de encontrar su yo ilimitado; en ese sentido él es único.

La gracia, como el alma en sí, le da escala humana al poder infinito de Dios. Constituye más que un toque mágico, puesto que significa una transformación total. La mente humana apenas alcanza a comprender cómo un gusano puede transformarse en mariposa, mucho menos comprende el milagro de cómo se transforman los seres humanos por medio de la gracia. De algún modo, lo único que se necesita es rendirse. Aunque el proceso de nacer de nuevo se registra en todas las culturas, veamos si podemos acercarnos más a su comprensión.

Transformación del "yo"

Sin el don de la gracia, la naturaleza humana se encuentra caída, corrupta, pecaminosa, impura, ignorante, culpable y ciega (términos tradicionales de la cultura judeo-cristiana). Estos conceptos son poco útiles porque se basan en lo moral. La palabra *barrera* es neutral. Se refiere sencillamente a un estado de limitación. Si tomamos a una persona y la forzamos a vivir con severas limitaciones (digamos, en un calabozo) aparecerán todo tipo de problemas, desde paranoia hasta alucinaciones, que no se deben a que el prisionero tenga defectos morales, sino a su confinamiento. La diferencia entre un prisionero cautivo en su celda y tú y yo es que nosotros elegimos voluntariamente vivir detrás de nuestros barrotes. La parte de ti y de mí que toma esta decisión es el ego.

El ego es tu yo conocido, el "yo" que va por el mundo y trata los asuntos cotidianos. Mientras este yo se sienta satisfecho, no hay razón para emprender la búsqueda del alma. Pero, ¿es satisfactoria la vida? Todo gran maestro espiritual parte de la suposición de que no es así. Jesús y Buda se enfrentaron a un mundo donde la gente normal vivía azotada por la enfermedad y la pobreza. Sobrevivir al nacimiento y llegar a los treinta años constituía un reto mayor. No era difícil convencer a la población de entonces de que la vida cotidiana era un mar de sufrimiento. Ese problema es constante, incluso en las sociedades modernas que han hecho grandes avances contra la enfermedad, la pobreza y el hambre.

Buda y Jesús no se interesaban por las causas materiales del sufrimiento. Más bien buscaban la razón en su raíz, en el "yo" que maneja la vida cotidiana. Ese "yo" es una identidad falsa, decían. Enmascara al yo real, que sólo puede encontrarse en el nivel del alma. Pero este diagnóstico no condujo a nada parecido a una cura rápida. El yo no es como un coche que puede desarmarse para después construir un modelo mejor. El "yo" cuenta con una agenda. Piensa que cree saber cómo manejar la vida cotidiana y, cuando amenazan con destruirlo, contraataca (después de todo la supervivencia misma entra en peligro). Por esta razón, el ego se convirtió en el gran enemigo del cambio (más en Oriente que en Occidente; en Occidente el pecado y el mal asumieron ese papel, una vez más por razones morales). Se volvió obvio que el ego era un oponente sutil porque se había vuelto sumamente dominante. La identidad de una persona no es como una túnica que se puede quitar. Transformar nuestra identidad es más bien como el ejercicio de una cirugía en nosotros mismos; tenemos que actuar como doctores y como pacientes. Esta tarea es imposible en el mundo físico, pero totalmente posible en la consciencia.

La consciencia puede mirarse a sí misma, y al hacerlo, puede encontrar fallas y fijarlas. La razón por la que puede enmendarse a sí misma es que tiene que ver únicamente con la consciencia. No hay necesidad de salir del yo, no hay necesidad de dormirse para bloquear el dolor y no hay necesidad de violencia contra el cuerpo.

Antes de que empiece la cirugía, se necesita una enfermedad o un defecto. El ego, por todo lo que afirma al intervenir en la vida cotidiana, tiene un problema notable. Su visión de la vida

no funciona. Lo que prome
factoria es una ilusión, un pe
toda la vida sin tocarlo jam
este defecto, el resultado es f
petir con la visión del alma
condicionados para creer qu
nuestro enfoque ante la vida,
ble y lejana a los asuntos co
opuesto a la verdad. Permítar

No tengo una imag
imágenes.
Otra gente se
a alma
Puedo

240

DEEPA

Dos visione

La visión del ego:

Tengo todo lo que necesito para estar cómodo.

Estoy sereno porque las cosas malas no se me pueden acercar.

Por medio del trabajo arduo se puede lograr todo.

Me mido a mí mismo por mis logros.

Gano con más frecuencia que pierdo.

Tengo una fuerte imagen de mi mismo.

Por mi atractivo, me gano la atención del sexo opuesto.

Cuando encuentre el amor perfecto, las cosas se harán como yo digo.

La visión del alma:

Soy todo lo que necesito.

Me siento seguro porque no tengo nada que temer en mí mismo.

El flujo de la abundancia de la vida me trae todo.

No me mido a mí mismo por ningún parámetro externo.

Dar es más importante que ganar.

en de mi mismo; estoy más allá de las

siente atraída hacia mí en términos de alma

encontrar el amor perfecto porque ya descubrí que
primero existe en mí mismo.

Está bien decir, según pienso, que la segunda postura describe la vida en el estado de gracia. Define a la vida transfor-
mada, no a la que preside el ego. Sin embargo, al comparar las
dos opciones, la mayoría de la gente encontraría más razonable
la versión del ego. Lo cual se debe al factor de que está muy
acostumbrada a que así sea. Lo conocido, agregado a la inercia,
nos mantiene haciendo lo mismo todos los días. Además, lo
que hace que el camino del ego a la satisfacción parezca fácil es
que este se basa en mejorar las condiciones de vida paso a paso.
Si hoy tienes un trabajo modesto, tendrás uno más importante
mañana. Tu primera casa pequeña un día se transformará en
una casa más grande. Si surgen problemas en el camino, pueden superarse. El trabajo duro, la actividad constante, la lealtad
y la fe en el progreso se combinan para que la vida sea mejor.

Esta es la versión del ego del crecimiento personal: independientemente de lo limitada que sea tu vida llegará el momento
en que mejorará. Esta visión, tan enfocada en lo externo,
ignora lo que ocurre en realidad dentro de la persona. No hay
correlación entre la satisfacción y el progreso externo. Un país
tan pobre como Nigeria tiene habitantes más felices que los de
otras sociedades, incluso los Estados Unidos (medición que
arrojan las encuestas que le preguntan a la gente cuán feliz es).
En lo que respecta al dinero, la gente se siente más feliz cuando
supera el nivel de pobreza, pero una vez que quedan satisfechas
las necesidades básicas de la vida, seguir aumentando la canti-

dad de dinero en realidad le *resta* a la gente oportunidades de ser feliz. Los estudios de personas que han ganado la lotería revelan que al cabo de uno o dos años los premiados no sólo atraviesan por su peor momento en términos materiales, sino que la mayoría dice que quisiera nunca haber ganado. (No es necesario decir que las propias instituciones de lotería nunca difunden los resultados de estos estudios).

Pagamos un precio caro por usar elementos exteriores como medida de quiénes somos. Los reveses de la economía crean miedo y pánico generalizados. En una relación personal, el amor desaparece cuando la otra persona deja de ofrecer suficientes manifestaciones emocionales y atención personal (apoyos externos indispensables para el ego). Cuando se presenta el conflicto la gente sufre en silencio o pelea inútilmente para hacer que la otra persona cambie. El ego insiste en que una esposa mejor, una casa más grande y más dinero aportarán la satisfacción que uno anhela. Lo que no se le ocurre a la gente es que la incapacidad de sentir satisfacción probablemente no sea su culpa *ni* la culpa de sus circunstancias, sino que tal vez se deba simplemente a que por principio eligieron el camino equivocado.

La visión de satisfacción del ego es inalcanzable porque cada "yo" aislado es independiente y está desarraigado de la fuente de la vida. La mejora prometida únicamente puede ser externa, dado que no existe seguridad en el interior. ¿Cómo puede ocurrir? La única manera en que el ego puede manejar el desorden y el descontento de la psique es amurallándola. El "yo" está lleno de compartimientos secretos en donde el miedo y el enojo, el arrepentimiento y los celos, la inseguridad y la impotencia se ven obligados a esconderse. Es por ello que aparecen niveles extraordinarios de ansiedad y depresión en nuestra sociedad, estados que se tratan con medicamentos que sólo fortalecen la muralla que aísla el problema. En cuanto se retira el efecto atenuante del medicamento, la depresión y la ansiedad regresan.

El concepto de satisfacción del alma parece mucho más difícil, aunque se despliega automáticamente en cuanto se alcanza el nivel del alma. La satisfacción no es asunto de mejora personal, sino que tiene que ver con apartarse de la agenda del ego, cambiando lo exterior por el mundo interior. El alma mantiene un tipo de felicidad que no depende de las condiciones externas. El camino del alma conduce a un lugar donde experimentarás satisfacción como derecho de nacimiento, y como parte de lo que tú eres. No es necesario que te esfuerces para lograrlo, basta con que existas.

La gracia proviene de la visión clara de quién eres realmente.

La historia de Annette

Saber quién eres en realidad es la única forma de ser totalmente feliz. Existe actualmente una concepción popular denominada "tropezarse con la felicidad", título también del libro publicado en 2006 que escribiera el profesor de Harvard Daniel Gilbert. La idea central es que la felicidad llega casi por casualidad (como si nos tropezáramos con ella en la oscuridad), porque la gente no sabe en realidad lo que la hará feliz. Se trata en gran medida de predicciones equivocadas, nos dice Gilbert. Creemos que un millón de dólares nos hará felices, pero el día que realmente tenemos el millón de dólares en la mano resulta muy diferente a cómo lo imaginamos. El sol no brilla el doble; la vida no deja de tener sus imperfecciones molestas. Como mínimo, el día que tenemos un millón de dólares resulta peor que cualquier otro, porque le faltan muchas cosas para ser un día extraordinario.

No me causa ningún problema la observación de que a la

gente le faltan herramientas para lograr su propia felicidad, como tampoco la noción de que muy pocas veces podemos ver por adelantado lo que realmente generará la felicidad. La imagen sentimental del millonario triste es bastante real. Los momentos más memorables de felicidad radiante suceden de manera inesperada. Pero me parece un gran error afirmar que la vida humana tropiece con la felicidad. Una verdad más profunda es que tropezamos con la identidad. Usando los planos imperfectos que traza el ego armamos un yo. Nos motivan los recuerdos de lo que nos lastimó en el pasado y lo que nos pareció bien, por ello adquirimos fuerza para repetir las cosas buenas y evitar las malas. Como resultado, el "yo" es producto de un accidente, de gustos y disgustos al azar, de viejos condicionamientos y de innumerables voces de otras personas que nos dijeron qué hacer y cómo ser. Al final, toda esta estructura es absolutamente indigna de confianza y, de hecho, irreal. Ya que has visto a través del yo tramposo, debes soltarlo por completo. Representa el barco equivocado que no conduce a la lejana orilla de la satisfacción, y siempre ha sido así.

"Durante años tuve problemas con las relaciones que entablaba. Básicamente, nunca sentí que me amaran lo suficiente", dijo Annette, una mujer exitosa e independiente que es parte de un grupo al que enseño a meditar. "El último novio que tuve estaba conmigo sólo porque la chica con la que quería casarse se comprometió con otra persona. Empecé a sentir que yo nunca le había importado. Y cuando terminamos decidí ver a una terapeuta.

"La terapeuta me preguntó qué era lo que quería lograr en la terapia. No es una pregunta fácil, pero yo sabía que no me sentía amada, de modo que le dije que quería superar ese sentimiento. Luego me preguntó qué significaba para mí ser amada. ¿Quería que me protegieran, me cuidaran, me consintieran? Le dije que no. Para mí ser amada significa que me entiendan.

Esas palabras me surgieron espontáneamente, y me sentí bien. En mi infancia, no hubo nadie que me entendiera. Mis padres eran buenas personas e hicieron un gran esfuerzo, pero su amor no incluyó entender quién era yo. Les preocupaba demasiado que encontrara al hombre perfecto, que formáramos un hogar y una familia".

"De modo que iniciaste un recorrido interior", le dije.

Annette afirmó con la cabeza "Mi terapeuta resultó espléndida. Descubrimos todos mis puntos ocultos (no me guardé nada). Confié muchísimo en ella. Durante meses reviví todo lo relacionado con mi pasado. Hubo muchas revelaciones y muchas lágrimas".

"Pero sentías estar logrando algo", le dije.

"Al soltar asuntos viejos, la sensación de liberación me resultó increíble", dijo Annette. "Sin darme cuenta, pasaron cinco años y cientos de sensaciones. Una tarde en su consultorio hubo algo que me quedó claro: 'Me entiendes en todo', le dije. 'Ya no tengo secretos qué decirte, ni tampoco pensamientos vergonzosos ni deseos ocultos'. En ese momento no sabía si llorar o reír".

"¿Por qué sucedió eso?", le pregunté.

"Cuento con una mujer que me entiende en todo", dijo Annette. "Tengo lo que siempre deseé, pero, ¿cuál ha sido el resultado? No me sentí súbitamente más feliz ni he estado más contenta. Eso era lo que me provocaba deseos de llorar. Lo que me inclinaba a reírme es más difícil de explicar".

"Habías llegado a un punto final", le sugerí. "Eso implica el comienzo de una nueva vida".

"Creo que sí. Tardó un tiempo en manifestarse. Pero después me di cuenta de que cuando se presentaba una situación que antes me enojaba, en vez de encenderme, una voz en mi interior me decía: '¿Por qué haces eso? Si ya sabes de dónde viene'. La voz tenía razón. Ya me conocía tan bien a mí misma, que no era posible que volviera a mis viejas reacciones".

Esto resultó ser un gran punto de cambio. Annette había logrado el raro privilegio de poder reexaminarse a sí misma desde cero. Le había puesto fin a todo lo que el yo del ego había construido durante años. Una vez que lo vio tal como era (una estructura caprichosa, tambaleante, sin relación con su yo real) pudo dejarlo atrás. Su mente ya no estaba atada al pasado.

La mente puede usarse para muchas cosas, pero la mayoría de la gente la usa principalmente como almacén. La llenan de recuerdos y de experiencias, junto con todas las cosas que les gustan y les disgustan. ¿Qué es lo que nos hace conservar algunas partes del pasado y desechar otras? No es que nos aferremos a las experiencias placenteras y descartemos las dolorosas. Existe un nexo personal con ambas sin el cual el pasado se desvanecería, y no por amnesia. Este nexo es psicológico. Mantiene el dolor que sigue lastimando y el placer que espera repetirse. Sin embargo, por estar en el pasado tu almacén mental está lleno de una mezcla de cosas que ya no te sirven.

Algo así le dije a Annette y estuvo totalmente de acuerdo. "Ya había tenido yo la fantasía de que mi yo real se escondía en algún lugar de mi pasado. Si alguien más sabio y fuerte que yo manejaba todas las piezas, me devolvería una persona completa".

Superar el yo del ego significa dejar atrás una vieja ilusión y empezar a afrontar una realidad nueva. Todos nos aferramos a imágenes de nosotros mismos que se acumulan año tras año. Algunas de ellas nos hacen vernos bien, otras nos hacen vernos mal. Pero las imágenes no pueden sustituirse por lo real. Tu yo real tiene vitalidad, está vivo, se modifica y cambia a cada momento. Lo que me fascina del caso de Annette es que ella es una de las pocas personas que conozco que terminó con el yo del ego. En el trabajo con su terapeuta, llegó hasta el final de todo lo que tenía que ofrecer. En la vida de todos, el ego extiende sus dominios al decir: "Espera, sigue intentándolo. Yo sé qué hacer". Pero haz un alto para considerar en qué consiste esta estrategia:

Si tu trabajo arduo no te ha dado lo que deseas, trabaja más.
Si no tienes suficiente, consigue más.
Si tu sueño fracasa, no dejes de perseguirlo.
Si sientes inseguridad, cree más en ti mismo.
Nunca reconozcas el fracaso; el éxito es la única alternativa.

Este tipo de motivación para el ego, en forma de eslogan, se encuentra muy arraigado en la cultura popular. Perseguir un sueño sin jamás darse por vencido se ha convertido en un credo que repiten los ricos, famosos y exitosos. Sin embargo, por cada ganadora de un concurso de belleza, ganador de una carrera de autos, de la Serie Mundial o de una audición de Hollywood, existe una gran cantidad de personas cuyo sueño no se cumplió. Persiguieron ese sueño con la misma intensidad y creyeron en él al igual que los demás. Pero a ellos no les funcionó en ningún sentido la estrategia del ego. Por suerte, existe otro camino exactamente opuesto a la estrategia del ego:

Si tu trabajo arduo no te ha traído lo que quieres, busca nueva inspiración.
Si no tienes suficiente, encuéntralo en ti mismo.
Si tu sueño fracasa y te das cuenta de que era una fantasía, busca un sueño que concuerde con tu realidad.
Si sientes inseguridad, aléjate de la situación hasta que encuentres tu centro de nuevo.
Ni el éxito ni el fracaso te sacuden; el flujo de la vida conlleva ambos, como estados temporarios.

El yo real es un fantasma cambiante y evasivo, que siempre va un paso delante de nosotros. Se disuelve en el instante en que creemos que lo vamos a atrapar. (He oído que a Dios lo describen así, como alguien al que siempre hay que perseguir, para terminar descubriendo que, donde fuera que lo hayan visto por última vez, acaba de irse). Nunca puedes fijar con clavos a tu verdadero yo. Para entenderlo, tienes que seguirle los pasos mientras avanza. El descubrimiento del verdadero yo sucede en el transcurso del camino. Pasa igual con la gracia, ya que es parte del yo real.

Ubicar tu fe

Hemos llegado al punto que será incómodo para muchos. Un yo fluido y cambiante representa un cambio radical del yo seguro y fijo que el ego nos promete. Es inquietante sentir que el suelo que pisamos se vuelve inestable. Pero el proceso de liberar conduce a este punto. Hay que cambiar de aliados. La rendición nos hace descender a la gracia, pero no de inmediato. La gracia es una forma de vida que no se apoya en ninguna de las viejas propiedades del ego. Jesús lo resumió así:

No reunáis tesoros para aquí en la Tierra; donde la polilla y el moho los carcomen, donde los ladrones taladran las paredes y se los roban. No, reunid para vosotros tesoros en el Cielo, donde ni la polilla ni el moho los carcomen, ni los ladrones perforan las paredes ni se los roban. (Mateo 6: 19-20)

Tu vieja forma de vida centrada en ahorrar, planear, mirar hacia delante, buscar seguridad y confiar en los bienes materiales debe cederle el paso a una forma nueva que se basa en confiar en la Providencia, sin planear ni mirar hacia adelante y obteniendo tesoros no físicos. Este tema se reitera en el sermón de la montaña. Dije antes que San Pablo no nos proporciona el proceso por el que la gracia se apodera de una persona. Ocurre lo mismo con Jesús, como se ve en los evangelios. Se requiere de una transformación profunda, pero los pasos para llevar a una persona de aquí para allá no están trazados. Jesús y San Pablo, por su parte, hacen énfasis principalmente en la fe.

La fe es la seguridad interior de que el cambio radical puede suceder y sucederá. Pero la fe no tiene que ser ciega. Ni tiene que basarse en nada fuera de ti mismo. Al pasar por el proceso de liberar, descubrirás que hay razones para tener fe aquí y ahora.

La fe en tu experiencia. Liberar conlleva la experiencia de sintonizarte con el alma. Como resultado, el alma empieza a desempeñar un mayor papel en nuestra vida. De manera gradual, pero firme, comienzas a vivir algunas de las siguientes experiencias:

Me siento inspirado.
Veo la verdad de la enseñanza espiritual.
Percibo tener un yo superior.
Se está generando una realidad más profunda.
Mi vida interior me da satisfacción.
Entiendo las cosas de una manera nueva.
Saludo cada día con energía fresca.
Mi vida se siente más completa.

A veces les digo a las personas que escriban esto en un papel y que lo lleven consigo. Pueden sacar la lista y conectarse con uno sólo de estos puntos y estarán sintonizadas. Si no, es tiempo de empezar a sintonizarse. El flujo de la vida se renueva por sí mismo. Trae energía fresca todos los días para abordar cambios nuevos. Pero cuando no se ha logrado la conexión con el alma, la energía no surge como debiera.

¿En dónde entra la fe? Cuando estamos alineados con el alma, sentimos que la vida es ilimitada, y la consciencia exuda confianza y gozo serenos. Pero al desintonizarse estas cualidades desaparecen. En esos momentos hay que tener fe en la experiencia personal, que nos dice que es real carecer de límites. Se trata de un estado de consciencia al que se puede regresar. Me parece que el yo del ego es una cabaña pequeña y cómoda, en tanto que lo que ofrece el alma es un extenso paisaje con un horizonte infinito. Nosotros nos refugiamos en nuestra cabaña de vez en cuando. A veces por estrés, a veces sólo por costumbre. La psique es impredecible, hasta el punto en que puedes experimentar inseguridad sin razón aparente.

Afortunadamente, la razón no es importante. Una vez que experimentas la libertad, te sentirás atraído de nuevo hacia ella. Descubrirás que es cómodo expandirte y, con el paso del tiempo, la tentación de volver a tu cabaña menguará. No es necesario presionarte a ti mismo. La libertad habla por sí sola; el impulso de experimentarla ya forma parte de ti y nunca morirá. Esto es lo primero y lo más importante que debemos creer.

La fe en tu conocimiento. La gente que se jacta de ser racional suele rechazar lo espiritual porque no se apoya en hechos concretos. Sin embargo, su argumento tiene un punto débil porque no todos los hechos pueden medirse.

Es un hecho que el Polo Norte se ubica a 90 grados de latitud norte, como también es un hecho que cada uno de nosotros piensa, siente, desea y sueña, y que de esta realidad invisible dependen los factores externos. El Polo Norte carecería de ubicación si no hubiera una mente que lo midiera.

Al recorrer el camino, se adquieren conocimientos en los que uno puede confiar. Estas páginas han comunicado algunos conocimientos cruciales, pero depende de ustedes verificarlos. ¿Qué tipo de hechos tengo en mente?

La consciencia puede cambiar al cuerpo.

La acción sutil puede generar en uno más amor y compasión.

Los patrones de energía distorsionada pueden curarse.

El flujo de la vida ofrece energía, creatividad e inteligencia ilimitadas.

Todo problema contiene una solución oculta.

La consciencia puede contraerse o expandirse.

Hay otra forma de vivir que tu ego no conoce.

A estas alturas, ninguna de estas afirmaciones debe sonar mística. Aunque tengas dudas en cuanto a una o más de ellas, ten fe de que el conocimiento real existe en el ámbito de la consciencia. La consciencia con la que naciste se ha expandido a través de los años. Le has agregado habilidades nuevas y senderos neuronales a tu cerebro. Los neurólogos han confirmado que las prácticas espirituales como la meditación resultan reales en términos físicos; lo mismo sucede con el logro espiritual de compasión.

Por tanto, el proceso de despertar al alma requiere poca fe adicional. Es una extensión natural de los descubrimientos que tienen base científica sólida. Aunque esto no constituye la prueba final. Hace mucho me inspiró una frase del filósofo francés Jean-Jacques Rousseau: "Cada persona nace para probar una 'hipótesis del alma'". En otras palabras, somos un gran experimento que se lleva a cabo en el interior de cada uno de nosotros para comprobar que existe el alma. El experimento se

renueva a sí mismo en cada edad. En otros tiempos se basó en
la fe en Dios y en las escrituras. Hoy se basa en la fe en cuanto
a que la consciencia puede crecer y evolucionar. Los términos
cambiaron, pero no el reto.

Fe en ti mismo. La cultura popular graba constantemente en
nosotros que tener fe en ti mismo te conducirá a los más elevados logros. Pero el yo en cuestión realmente significa el ego,
con su deseo inalienable de ganar, poseer, consumir y encontrar placer. Eso es lo último en lo que debes tener fe. Sería
mejor replantear todo el asunto de la fe y dirigirla hacia un yo
que todavía no conoces. Nadie debe tener fe en el yo del ego,
pues sus demandas son constantes. Pero el yo que todavía no
conoces requiere fe, porque constituye el punto final de la
transformación. Mientras no pases por esta transformación,
serás un gusano que sueña en volverse mariposa.

   ¿Cómo se puede tener fe en un yo que todavía no conocemos? Dado que esa pregunta es muy personal, la respuesta será
diferente para cada uno. De modo que plantearé la pregunta de
una manera diferente: ¿Qué te convencería de que has cambiado en un nivel profundo y permanente? A continuación
enumero algunas respuestas que me parece les resultarían válidas a la mayoría de las personas:

   Ya no vivo con dolor.
   Ya no me siento en conflicto.
   He superado la debilidad y me he fortalecido.
   La culpa y la vergüenza han desaparecido.
   Ya no siento ansiedad.
   La depresión se ha retirado.
   He descubierto una visión en la que creo.
   Experimento claridad en vez de confusión.

Estos cambios están arraigados en el yo, porque las condiciones que requieren el cambio más profundo (depresión, ansiedad, conflicto, confusión) se sienten como parte de "yo". La gente no las adquiere como si se tratara de un catarro. Puede que sufran distracciones temporarias, pero regresan siempre. Freud llamaba a la ansiedad la visita indeseable que se niega a marcharse. Cada paso que des para sacar a la visita indeseable será un paso de fe en ti mismo. Estarás logrando liberarte. Más aún, se estará revelando poco a poco un nuevo "yo". Lo que sucede es que el yo transformado no es como un pasajero que espera el tren. El nuevo yo se revela de un aspecto por vez.

La tradición espiritual sostiene que el alma es poseedora de todas las virtudes. Es bella, verdadera, fuerte, amorosa, sabia, comprensiva y está llena de la presencia de Dios. Nadie puede quitarle estas cualidades. Tu ego no puede comprarlas ni adquirirlas, más que de manera provisional. Una persona sumamente amorosa puede cambiar amor por odio. La persona más fuerte puede desplomarse. Pero al revelarse tu yo real, todas estas cualidades se vuelven incondicionales. No serás consciente de que han descendido sobre ti (la gracia no es una lluvia de agua fría o de luz blanca). Más bien, sólo serás tú mismo. Pero cuando se invoque al amor, el amor llegará y estará listo para expresarse. Cuando se invoque a la fuerza, la fuerza se presentará. Por lo demás no sentirás nada especial. La vida continúa igual que para todos. Pero en tu interior, de una manera difícil de describir, sentirás una absoluta seguridad. Sabrás que posees todo lo que necesitas para enfrentarte a las dificultades de la vida.

El maestro moderno de sufismo A. H. Almass expresa esto con una gran belleza en un ensayo que se titula "Hanging Loose" ("Sin ataduras"):

Cuando tu mente es libre sin interesarse, preocuparse o enfocarse en nada en especial, y tu corazón no se aferra a nada ni retiene nada, eres libre… lo que hay es lo que hay. La mente no vive diciendo "Quiero esto", o "Quiero verme así", o "Tiene que ser de este modo". La mente carece de ataduras. La expresión "Sin ataduras" nos habla de lo que significa estar liberado.

El proceso de rendición te lleva al punto en que puedes vivir sin ataduras, sin necesidad de retener cosas que después te preocupen. La agenda del ego se destruye. Lleva tiempo, pero llega poco a poco. Mucho antes de ese momento, tu mente aprende lo que se siente al estar en silencio, cómoda y sin ataduras. Te desplazas disfrutando de este estado y, al ser así, la gracia trae al verdadero yo para llenar el espacio que ocupaban antes los torbellinos de la mente. Para tu sorpresa, entras a una situación en la que se necesita al amor y en la que tienes ese amor. Es parte tuya (como lo habías imaginado en lo más profundo de tu corazón). De la misma inexplicable manera, el valor se ha vuelto parte de ti, como también la verdad. La promesa de los grandes maestros espirituales, que te dijeron que la gracia se te entrega como regalo, se cumple en su totalidad. Entonces sabrás, de una vez por todas, que tener fe en ti mismo tuvo su justificación. Por lo que tener fe también debe justificarse en este momento, sea cual fuere el punto del camino en el que te encuentres.

En tu vida: Encontrar la gracia a mitad del camino

La gracia hace que surja una transformación personal, pero esto pasa de manera tan silenciosa, que incluso las personas que gozan de más bendiciones quizá no lo reconozcan, e incluso si lo reconocen quizá lo olviden. Resulta benéfico poner a funcionar cualquier bendición, pues se convierte en una parte de ti mismo que sale hacia el mundo. Tú representas la gracia a través de tus acciones y no como una posesión privada que puede admirarse detrás de unas puertas cerradas.

Si quieres mostrar gracia, necesitas manifestar las cualidades de la gracia. Las palabras que el Nuevo Testamento asocia con la gracia constituyen una guía.

Misericordioso
Da gratuitamente
Disponible para todos
Generoso
Que perdona

No presento estas cualidades como virtudes morales ni como un deber. Se trata más bien de una prueba tornasol. Podrás medir cuánta gracia ha llegado a tu vida según la facilidad con la que lleves a cabo estas acciones. Existe una diferencia enorme entre dar desde el ego y dar desde el alma, entre mostrar misericordia y prodigar perdón. La diferencia se siente adentro y no deja lugar a equivocaciones.

Mostrar misericordia. La mayoría de la gente muestra misericordia porque es menos complicado o hace que se sienta magnánima. En todo caso, el ego siempre saca algo. Me viene a la mente el juicio de un hombre condenado. Tiene la cabeza inclinada hacia abajo. En ese momento, el juez posee todo el poder y, sea severo o no, su poder se valida. Pero la misericordia que proviene de la gracia carece de yo. Uno se inclina hacia el malhechor. Lo ve vulnerable y desesperado. Uno comprende que han sucedido más cambios en las personas por un acto de misericordia que con años de castigo. En pocas palabras, vemos en otra persona una condición humana que compartimos, y para eso se requieren los ojos del alma.

Esto no significa que la misericordia deba seguir el modelo de una sala de la corte. Uno muestra misericordia cuando no señala las fallas de los demás, cuando se rehúsa a culpar incluso cuando la culpa sea merecida, cuando evita hacer chismes y difamar a otra persona a sus espaldas. La misericordia nos permite ver lo mejor de una persona, darle el beneficio de la duda, ver la posibilidad de un cambio positivo. En todos estos casos, se asume una postura carente de juicios. Hamlet dice: "Usa a todo hombre después de su deserción y ninguno se librará de los azotes". Es un don de la gracia no considerar a todo hombre según lo que merece sino según lo indica la misericordia.

Da gratuitamente. El ego vive en un mundo de oferta y demanda, en donde todo tiene un precio y la regla es el ojo por ojo. Esto no se aplica a la gracia, que se recibe gratuitamente, sin pensar qué se entregará a cambio. Por desgracia, el Nuevo Testamento apoya su argumento en la naturaleza pecaminosa del hombre. La postura de San Pablo es que todos somos tan pecadores que merecemos la ira y el castigo de Dios, quien por ser nuestro Padre amoroso perdona a sus hijos imperfectos. Este tipo de esquema moral le sirve a mucha gente. Sienten el peso de sus fallas y sus malas obras. Dios muestra mayor amor pasando por alto sus pecados y borrándolos con el poder de la gracia.

Sin embargo, no se requiere la intervención de la moral. La naturaleza del alma es prodigar gratuitamente, de la misma manera en que un río nos da el agua. Establece un canal y el agua fluirá. El ego se enreda con preguntas de quién merece qué, y con cálculos de cuánto dar y cuánto quitar. La gracia es gratuita junto con sus dones. Cabe recordar que el universo nos brinda todo, y es irrelevante si el ego considera que nos ha dado suficiente o no. Tu cuerpo ha recibido gratuitamente energía, inteligencia y alimento desde el momento de tu inicio. La causa de que los seres humanos padezcan de privaciones somos en última instancia nosotros mismos o nuestras circunstancias. No es una condición fija de la vida de hace miles de millones de años, antes de que aparecieran los seres humanos sobre la Tierra. Con la misma gratuidad con la que respiramos, nosotros podemos actuar desde la gracia dando sin ataduras.

Disponible para todos. La gracia es la gran niveladora. No reconoce diferencias, pero se le entrega a cualquiera que se haya rendido. (Según una metáfora cristiana, la lluvia cae por igual sobre el justo y sobre el injusto). Por otro lado, el ego le otorga suma importancia a ser especial. Queremos que alguien nos ame más que a nadie en el mundo. Anhelamos estatus, reconocimiento, un sentido de singularidad. Pero desde la perspectiva del alma, la singularidad es una condición universal. Tú eres una creación única independientemente de lo que hagas. No es necesario probárselo a nadie.

Cuando le haces sentir a alguien que es igual a ti, estás desplegando una cualidad de la gracia. Da lo mismo que te hagas más o que te hagas menos. Tampoco es una cuestión de "nobleza obliga" o de darle al pobre porque tu tienes más. Ante los ojos del alma, la igualdad es sólo un hecho, y tú lo estás reconociendo. Cuando el ego domina, todos evaluamos nuestra ubicación, alta o baja, en cualquier situación. Nos acercamos a las personas que reflejan la imagen personal que tenemos de nosotros mismos. Sutilmente hacemos a un lado a los demás. Bajo la influencia de la gracia este comportamiento cambia, porque de manera genuina dejamos de sentirnos más altos o bajos los demás. Al darnos cuenta de esto sentimos un gran descanso. Se gasta tanta energía en proteger nuestra dignidad, estatus, orgullo y logros, que cuando pierde sentido defendernos de la caída, sentimos un gran avance hacia la liberación.

Generoso. Ser generoso es permitir que el espíritu se desborde. Se puede ser generoso en todos los niveles de la vida (darle a alguien el beneficio de tu alegría es tan valioso como darle dinero, tiempo o la oportunidad de escucharlos). Siempre que eres generoso derrotas a la carencia. Tu ego teme en secreto la ruina porque cree que le falta algo. Lo anterior puede ser el resultado de escasos recursos, de un Dios injusto, de la mala suerte o de defectos personales. Es raro encontrar a alguien a quien no le preocupen, en un momento u otro, una o todas estas deficiencias. La gracia es testimonio vivo de que no se carece de nada, ni en la vida personal ni en el mundo que nos rodea.

Me imagino que no existe una brecha mayor entre el ego y el alma que ésta. Si uno declara que no hay carencias en el mundo, provocará innumerables discusiones, con muchas posibilidades de que lo califiquen de insensible, ciego, inmoral o cosas peores. ¿Qué no ves la cantidad de pobreza y de hambre que existen en el mundo? Las palabras de Jesús en cuanto a la Providencia que observa la caída del gorrión pueden parecerle poco convincentes a alguien que no sabe de dónde llegará su próximo alimento. Pero la enseñanza se basa en la consciencia, no en el ayuno o la hambruna de este año. La gracia es generosa una vez que desciende, y antes de eso, las fuerzas materiales tienen el poder.

La generosidad del ego es un despliegue de riquezas; concentra su atención en el bienestar material del que da y la necesidad del que recibe. La generosidad del alma no le presta atención a sí misma. El impulso es natural y carece de yo, igual que un árbol cargado de fruta cuyas ramas cuelgan hasta el suelo. Si puedes ser generoso a partir de un desborde del espíritu, estarás actuando desde la gracia.

Perdona. Esta es la prueba más clara. El perdón incondicional es una característica de la gracia. El ego no puede copiar esta cualidad del alma. Si no hay gracia, el perdón siempre queda condicionado. Nos esperamos hasta que pase el enojo. Ponemos en una balanza lo justo y lo injusto. Alimentamos quejas e imaginamos represalias (o los llevamos a cabo antes de perdonar). Existen condiciones claras. Cuando puedes perdonar haciendo a un lado estas condiciones, estás actuando a partir de la gracia.

Algunos maestros espirituales dirían que el ego, por principio, es incapaz de perdonar. La cristiandad le otorga al perdón calidad de atributo divino. La humanidad caída, con imperiosa necesidad de perdón, no puede abolir el pecado sin la salvación. El budismo cree que el dolor y el sufrimiento son inherentes a la naturaleza humana hasta que se supera la ilusión del yo separado. No se trata de que estas tradiciones sean pesimistas o de que los malos comportamientos sean una maldición constante. Es más bien que Jesús y Buda tuvieron un panorama realista de la psique, que está enredada en una compleja telaraña del bien y el mal. No podemos dejar de sentir que el dolor es injusto (es decir, nuestro propio dolor) y, con esa idea en mente, todas las heridas son una prueba de injusticia. El dolor nos hace sentirnos víctimas. Ello significa que la tendencia de la vida a brindarnos dolor hace que todo y todos sean culpables. Si tuvieras que perdonar todo por lo que culpas a alguien, el proceso te llevaría toda la vida.

Poder perdonar significa que has encontrado la manera de salir de la trampa. El perdón parece fácil cuando te liberas de la imposibilidad de perdonar. Termina el juego de la culpa. También la idea de ser víctima. En presencia de la gracia, el perdón es un reconocimiento de que toda herida tiene su sanación. Para empezar, si uno se ve sanado de antemano ya no hay nada que perdonar.

Avance 5

El universo evoluciona a través de ti

Finalmente, se requiere un avance para revelar lo valioso que eres. Casi nadie considera ser necesario en el gran esquema de las cosas. Sin embargo, al ser la punta de la evolución, el universo te necesita de manera muy singular. Formas parte de un plan que no puede imaginarse por adelantado. No cuenta con directrices rígidas, fronteras fijas, ni resultados predecibles. El plan se hace sobre la marcha y depende de la participación de todas y cada una de las personas.

En cierta ocasión escuché a un famoso gurú de la India hablando acerca del plan cósmico (o plan divino, como lo llamaba). Se refería al plan en los términos más inspiradores, pintando un futuro de abundancia sin precedente y la ausencia total de sufrimiento. Había un gran público, constituido mayoritariamente de occidentales. Yo sentía en la sala un ambiente de lucha emocional (la gente quería creer lo que escuchaba, pero no se atrevía). Por fin un alma valiente se puso de pie y preguntó: "¿Se está llevando a cabo el plan divino en este momento? El mundo parece tan caótico y violento. Cada vez hay menos personas que creen en Dios".

Sin dudar, el gurú dijo: "Creer en Dios no importa. El plan es eterno. Siempre se desplegará. Nadie puede detenerlo". Con un amplio movimiento del brazo, agregó: "Todos ustedes deben unirse. No existe mayor propósito en la vida, y si hoy se unen, cosecharán los primeros beneficios".

El que había hecho la pregunta alzó una ceja. "¿Qué sucede si yo no me uno?", preguntó. "¿Qué pasaría entonces?"

El rostro del gurú se tornó severo. "El plan divino no te necesita para desplegarse". Se acercó más al micrófono. "Pero si te retiras, no se desarrollará a través de ti".

En última instancia, creo que ésa es la respuesta correcta. Si sacamos lo "divino" de la ecuación y hablamos en términos del universo que está en constante evolución, puedes unirte o no al flujo de la evolución. La decisión es individual. De cualquier manera, la evolución seguirá su curso, pero si decides quedarte fuera, no procederá a través de ti.

¿Por qué soy importante?

En el pasado, la vida se hacía más fácil al saber lo que Dios nos deparaba. Al saber dónde te ubicabas en el esquema divino, las tribulaciones físicas se volvían secundarias. Si no estás de acuerdo, tendrás un camino doloroso, sin dejar de ser fijo. No sé de ninguna cultura en la que el destino de alguien quede a la deriva. Incluso en el judaísmo, en el que una interpretación (pero no todas) niega la existencia de la vida después de la muerte, Dios dispone que esta vida, por ser única, debe vivirse con la mayor devoción posible. La virtud de vivir al amparo de Dios es que tu pequeña existencia no cuenta sólo con un propósito elevado, sino con el más alto de todos porque eres parte de la creación de Dios.

Sin embargo, con todo el poder que significa vivir para Dios, la religión siempre se ha visto minada por una seria contradicción. Todos se consideran valiosos ante Dios, pero nadie resulta realmente necesario. Se pierden miles de vidas individuales año tras año en las guerras. Otras muchas vidas terminan a causa de enfermedades y hambruna, o caen víctimas de la mortalidad infantil. Pocas personas hablan de esta contradicción, pero tiene un efecto oculto. Los médicos deben darle noticias fatales a pacientes en condiciones incurables. Esas noticias provocan un shock, pero es conmovedor observar que la mayoría de los pacientes en agonía son desinteresados. La razón por la que no quieren morir es porque su familia los necesita. La gran pregunta, "¿Por qué estoy aquí?", pasa a manos de otras personas. Esto también se relaciona con el miedo que expresan los ancianos, que ni es miedo a morir ni a sufrir un mal crónico que los deje impedidos. Los ancianos le temen a volverse una carga para sus hijos.

Es humano darse cuenta de que todos nos necesitamos mutuamente. Pero si esto se lleva demasiado lejos, se convierte en un sistema de codependencia en el peor de los sentidos: Sólo existo para necesitar y para que me necesiten. Recuerdo que al principio de mis estudios de medicina anhelaba que hubiera por lo menos una persona que al enterarse de que tenía cáncer incurable de hígado o de páncreas, murmurara, "Qué pérdida será para el mundo mi partida". No la pérdida para la familia o los amigos, sino la pérdida absoluta, algo que aumenta la pobreza del mundo. De esa manera vemos el fallecimiento de personas notables. Pero, desde la perspectiva del alma, tú eres una presencia tan grande para el mundo como Mahatma Gandhi o la Madre Teresa, y restarte de la ecuación cósmica sería una pérdida de igual importancia. La seda más exquisita permanece intacta si se jala un hilo, pero la marca se notará.

Mucha gente se resiste a la noción de su valor absoluto en el universo. Sin darse cuenta, manejan un comportamiento que se conoce como impotencia aprendida. Un ejemplo famoso proviene de los experimentos con perros realizados en la década de 1950. Se pusieron dos perros en jaulas separadas y a cada uno se le dio un leve shock a intervalos irregulares. El primer perro contaba con un interruptor para detenerlos y muy pronto aprendió a manipularlo. Como los shocks eran leves, este perro no mostró efectos adversos. El segundo perro recibió shocks al mismo tiempo, pero no tenía un interruptor para detenerlos. Su experiencia fue muy diferente. Para este perro, el dolor constituyó una incidencia al azar fuera de su control.

Pero la segunda parte de este experimento es la más reveladora. En esta ocasión, se puso a los perros en jaulas donde la mitad del piso producía shocks y la otra mitad no. Lo único que tenía que hacer el perro al sentir el shock era saltar una pequeña barrera para quedar en la zona segura. El primer perro, que había aprendido a apagar los shocks, ya no tenía el interruptor, pero no lo necesitaba. Rápidamente aprendió a brincar hacia la zona segura. El segundo perro, sin embargo, se rindió de inmediato. Se echó y aguantó los shocks, sin hacer ningún esfuerzo por cambiarse de lugar. Esto representa la impotencia aprendida en acción. Al aplicarse a la vida humana, sus implicaciones resultan devastadoras. Existe un sinnúmero de personas que acepta que el dolor y el sufrimiento de la vida llegan por azar. Nunca han tenido control de los shocks que conlleva toda existencia, por lo que no buscan escapatoria, incluso si se presenta alguna.

Es importante saber cómo funcionan las cosas. De lo contrario la impotencia aprendida nos abate. El primer perro aprendió que la vida tiene sentido: si presionas un interruptor, el dolor se va. El segundo perro aprendió que la vida no tiene sentido: sin importar lo que hagas, el dolor es inevitable. Ello significa que o bien nadie está a cargo o que al que está a cargo nada le importa. Puede que el cerebro de un perro no piense así, pero el nuestro sí lo hace. Al carecer de sentido de propósito, permanecemos en la impotencia, porque Dios no está presente o porque no le importa lo que nos pase. Para liberarnos de esta impotencia aprendida, debemos creer que somos importantes en el gran esquema de las cosas.

La historia de Brett

Nuestro propósito está oculto a nuestros ojos, pero hay momentos en que vemos que todo cuadra. Quizá no sepamos cuál es el plan, pero tenemos la seguridad de que existe *algo* que funciona dentro de un proyecto mayor. En ese momento nos damos cuenta de que los sucesos más comunes tienen sentido dentro de un patrón extraordinario.

A los setenta años, Brett es un jardinero entusiasta. Hay un rosal en su jardín que es muy alto y de una belleza impresionante; florece en amarillo pálido con rosados. "Ésta es la única rosa mística que he cultivado y tiene su historia", me dijo. "Cuando los nazis invadieron Francia, se detuvo el cultivo de flores. Todo terreno disponible debía usarse para alimento, por lo que un joven dedicado a los rosales en Lyon tuvo que arrancar 200.000 plantas para que las quemaran. Era un entusiasta del cultivo. Se sintió devastado al tener que destruir las décadas de trabajo que iniciaran su padre y su abuelo, por lo que conservó sus mejores plantas de semillero. La guerra cobró mayor oscuridad, y él tuvo la fortuna de poder mandar a los Estados Unidos un paquete que contenía capullos de esta nueva rosa, con uno de los últimos mensajeros diplomáticos que salieron de Francia.

"No tuvo noticia de lo que sucedió con su puñado de injertos hasta la liberación de Francia en 1944. Al cabo de unas semanas recibió un telegrama conmovedor. La rosa había cruzado el océano y, lejos de ser una promesa, era una flor estupenda, tal vez la rosa más esplendorosa que hubiera existido en los invernaderos de los Estados Unidos. Se decidió fijar una fecha en la que se le presentaría al público "La Paz", nombre que llevaría la rosa. De ahí siguió una serie de coincidencias que se volvió leyenda. La fecha de la presentación llegó, coincidiendo con el día de la rendición de Japón. El día en que "La Paz" ganó el premio a la mejor rosa del año 1945 fue el de la rendición de Alemania. El día en que se reunieron los primeros delegados para constituir la ONU, a cada uno se le recibió con un capullo de "La Paz", que resultó ser la fecha en que Alemania firmó los últimos documentos de su rendición".

Brett hizo una pausa. "Todos los que formamos parte del mundo de la rosa conocemos 'La Paz' pues se trata de la rosa más famosa del mundo. Se ha vendido de a millones. Le dio su fortuna al joven cultivador francés Francis Meilland. Sin embargo, no es por eso que califico de mística a esta rosa. La tragedia de Meilland fue morir joven, a los cuarenta y seis años. Poco antes de su fallecimiento fue a ver a su oncólogo y en la mesita de la sala de espera había un florero con 'La Paz', que parece algo más que una coincidencia. Pero cuando Meilland regresó a casa, le dijo a su familia que había visto a su madre sentada junto a las rosas, sonriéndole. Ella había muerto hacía viente años, y en su honor su hijo le había dado a 'La Paz' un nombre más en Francia: 'Madame Antoine Meilland'. ¿Qué le parece?"

Percibí lo emocionante que era esta historia para Brett. "¿Qué le parece a usted?", le pregunté.

"Creo que todo estaba predestinado. Fue como si la primera semilla que Meilland plantó en 1935 tuviera la misión de convertirse en el símbolo de la paz mundial después de la guerra. La gente lo tomó así. "¿Quién podrá contradecirlo?"

"Creo que usted podría decir que la realidad oficial los contradice", señalé. "Eso se reduce a una serie de coincidencias".

"Lo sé", dijo Brett. "Habría que ser ingenuo y estar lleno de fantasías para pensar que todo encajó con tanta perfección. Es como si cada uno de los eventos supiera que formaba parte de la misma historia y eso no es posible, ¿o sí?"

Depende. Hay mucha gente que sin darle importancia dice

que "todo pasa por algo". Pero al mismo tiempo no ven un sentido superior en su vida. Los animales están libres de este dilema. Sus metas pueden descubrirse con sólo observarlos. Una vaca con hambre come; una gata en celo se aparea. Pero las metas humanas pocas veces son visibles. Cuando vemos que una turba de compradores atiborra las tiendas en época navideña, todos están haciendo lo mismo, pero sin compartir la misma meta. Algunos se verán llenos del espíritu de las fiestas y querrán conferir placer con sus regalos. Otros llevarán a cabo un ritual social, en tanto que otros más serán consumistas irremediables.

Ayudaría mucho saber cuál es el plan general. De otra manera, lo único que nos queda es observar a una serie de individuos que busca algún sentido y que muy pocas veces llega a descubrirlo.

Las reglas del juego

El plan del universo en desarrollo se encuentra justo frente a nosotros, aunque no lo veamos. Estamos ciegos ante él porque el plan *somos nosotros*. O, para hacerlo personal, tú eres el plan cósmico (o el plan divino, si así lo prefieres). No existen reglas ajenas a tu mente, ni acciones ajenas a tu cuerpo. Ante cualquier cosa que decidas hacer, el plan da un giro y se acomoda. Cada vez que tienes un nuevo deseo, el universo se modifica en función de él. No tiene más alternativa, porque el único sentido de la creación eres tú, aquí y ahora.

Sé muy bien que esta descripción parece hiperbólica. Durante toda tu vida has tenido un panorama del mundo que te ubica debajo de un poder superior. Si no es el poder de Dios, es el poder de las fuerzas de la naturaleza. Si no es el poder de las figuras de autoridad, es el poder de la naturaleza humana y de sus impulsos autodestructivos. Nada de eso es cierto (o, para ser más precisos, nada de eso es cierto en cuanto descubres tu verdadero yo). En última instancia, descubrir tu objetivo se reduce a descubrir quién eres realmente.

El plan cósmico que forma parte de ti sigue ciertas directrices invisibles:

1. *Todo es consciente.* No existen zonas muertas en la creación. La consciencia es una actividad de todo el universo, que significa que cuando eres consciente de algo, el universo también es consciente a través de ti. Lo que haces y lo que ves modifican todo el esquema.

2. *Todo cuadra.* No hay partes sueltas en el universo. No hay nada que sobre. En su condición de ser completo el universo mantiene a cada una de sus partes en su lugar y le asigna a cada una el papel necesario. Cuando algo tiene aspecto azaroso, lo que vemos es un patrón que está cambiando hacia otro.

3. *Todo el esquema se organiza a sí mismo.* No se necesita un controlador exterior. En cuanto una galaxia, una mariposa, un corazón o toda una especie empieza a moverse, sus mecanismos internos saben qué hacer.

4. *La evolución se despliega dentro de sí misma.* Una vez que algo crece, va en busca de la forma más elevada de sí mismo (la mejor estrella, dinosaurio, helecho o ameba). Cuando esa forma termina, hace la transición hacia una nueva forma que es más creativa e interesante.

5. *La libertad es la meta por excelencia.* No se gana por llegar al final; se gana al encontrar un nuevo juego en

el momento en que termina el anterior. No se trata de una libertad vacía. Jamás te encontrarás flotando en el vacío. Más bien, ésta es la libertad de las posibilidades que jamás terminan.

En todos los niveles la naturaleza sigue estas cinco directrices. Son invisibles, existen sólo en la consciencia. La razón por la que no has sido consciente de ellas no es un secreto de Dios. El plan no es abstracto. Todo lo contrario, está incluido en cada célula de tu cuerpo. Puedes tomar consciencia del plan si así lo decides, y entonces el universo adquirirá un nuevo rostro.

1. *Todo es consciente.* Vivir de acuerdo con esta verdad significa que respetas todas las formas de vida. Te consideras parte de un todo que vive y actúas como si todas tus acciones ayudaran a que el todo evolucione. Reconoces un parentesco con todos los niveles de consciencia, desde el más elemental hasta el más elevado.

2. *Todo cuadra.* Esta verdad abre tu mente para que veas la manera en que el todo de la vida interactúa. En vez de pensar en términos mecánicos, ves que cada evento se despliega de manera orgánica. En vez de tomar la vida como un objeto a la vez, buscas un panorama mayor. Sería también natural investigar por qué y cómo cuadran las cosas. ¿Existe una inteligencia superior que piensa a escala cósmica? Si así fuera, ¿serás tú un pensamiento en esta mente universal o parte del proceso del pensamiento (o ambos)?

3. *Todo el esquema se organiza a si mismo.* Ésta es una de las verdades más fascinantes, porque sostiene que

nada empieza ni termina. El universo no es como una marea que sube y vuelve a bajar. Es como todo el océano, que inhala y exhala, que hace que las olas suban y vuelvan a caer hacia el ser completo. Ningún evento está separado. Nosotros vemos separación por lo estrecho de nuestra perspectiva. A través de un cristal más amplio verías que todos los eventos ocurren al mismo tiempo.

Pensemos en una hormiga que aprendió a leer. Es la hormiga más inteligente del mundo, pero sigue siendo pequeñísima. De modo que para leer un libro tiene que caminar de una palabra a la otra. La trama del libro es totalmente lineal desde la perspectiva de la hormiga, por lo que le sorprendería que tú (una criatura mucho mayor) viera el libro como un todo y pudieras abordarlo a tu gusto, leyendo el final antes del principio, tomando los puntos destacados o seleccionando sólo lo que te interesa. Todo esto lo puedes hacer porque la lineal es una de las muchas maneras que existen para abordar el libro. Lo mismo sucede con la vida.

4. *La evolución se despliega dentro de sí misma.* Una vez que te des cuenta de que el pensamiento lineal constituye una elección (por cierto muy arbitraria), verás la evolución de una manera totalmente nueva. Piensa en el diagrama de un museo donde aparece un primate encorvado que se convierte en el hombre Neanderthal, después en un cavernícola y, por último, en *Homo sapiens,* cada uno de los cuales se ve más alto y más erguido. Ese es el ejemplo completo del pensamiento lineal, pero pasa por alto que la fuerza motriz

de la evolución humana es el cerebro, que no se desarrolló en línea recta, ni en lo más remoto, sino que creció de manera global. Cada nueva área del cerebro contribuyó a la evolución del todo. El cerebro completo reconoció cada nueva habilidad.

Por ejemplo, cuando nuestros ancestros se irguieron por primera vez, se modificó la coordinación motriz, la vista, el equilibrio, la circulación sanguínea y otros muchos aspectos mente-cuerpo que hoy reconocemos como nuestros. El pulgar oponente, que se ofrece como ejemplo de evolución física en los libros de texto y separa a los seres humanos de los primates inferiores, carecería de significado sin un cerebro que ha aprendido las infinitas posibilidades inherentes a esta nueva habilidad de hacer presión con el pulgar sobre cualquier otro dedo de la mano. Se requirió una respuesta global por parte del cerebro para que, a partir de esta habilidad rudimentaria, se crearan el arte, la agricultura, las herramientas, las construcciones y las armas. La evolución es una actividad total del universo.

5. *La libertad es la meta final.* Si la evolución se presenta en todas partes de manera global, ¿hacia dónde se dirige? Durante siglos, los seres humanos hemos supuesto ser la meta final de la creación de Dios, y a pesar de la impresionante degradación que le impone Darwin a la especie humana, considerándola igual a muchas otras, seguimos pensando que ocupamos un lugar privilegiado. Pero no se encuentra en el punto más alto de la escalera. Más bien, somos la única criatura que comprende que la creatividad es infinita. La

evolución se dirige hacia todas partes, no hacia un punto final. La meta del universo por excelencia es el despliegue sin límites. Para decirlo en una sola palabra, la evolución se está volviendo cada vez más libre, y su gran meta es la libertad total.

Las leyes de la naturaleza dictan la manera en que se combinan las unidades de materia cuando un átomo choca con otro átomo, aunque este ámbito al mismo tiempo queda abierto a una variedad infinita. Formamos parte de un diseño dinámico, libre, creativo e impredecible. La prueba de esto se encuentra en lo que llamamos juego. Pensemos en un juego de béisbol. Existe por completo en la consciencia. Los seres humanos decidieron que pegarle a una pelota de piel con un palo tenía un valor. Se generaron reglas invisibles que todo jugador tiene en mente. Nadie habla de estas reglas cuando el juego comienza, pero las infracciones se notan y se penalizan de inmediato. El campo de béisbol está limitado por líneas y barreras precisas, pero dentro de estos límites los jugadores tienen libertad de movimiento. No hay dos juegos que sean exactamente iguales; no hay dos jugadores que tengan el mismo estilo o nivel de talento. Una vez que empieza el juego, esta combinación de reglas fijas o de juego libre determina quién gana. Un juego de béisbol tiene final abierto hasta el último momento de la novena entrada, a pesar de que haya un conjunto de reglas rígidas que lo gobiernen.

Todo juego es un despliegue de consciencia en su modo creativo. El universo funciona de la misma manera. Quienes defienden lo que se llama "diseño inteligente" (la noción de que un creador sabio hizo todo lo que hay en el universo para que cuadre perfectamente) no se equivocan al admirar la creación. El problema real es que el diseño inteligente no es suficientemente inteligente. Limita a Dios a una gran idea que nunca cambia, cuando en realidad el universo cambia de manera constante y es cada vez más creativo.

Si todo el universo es consciente, contamos con una explicación instantánea de por qué nada es accidental. Aunque es difícil imaginar que una roca al lado del camino sea tan consciente como cada uno de nosotros. Hay una manera, sin embargo, de superar esta objeción. Imaginemos que estamos viviendo en un sueño, pero que no lo sabemos. Dentro de nuestro sueño vemos a otra persona que se mueve y que parece tener consciencia de nosotros. Vemos animales que se comportan también como si tuvieran consciencia (son curiosos, por ejemplo, y se los puede entrenar para que aprendan nuevas conductas). Pero las rocas y las nubes resultan inanimadas, de manera que suponemos que carecen de consciencia. Después llega alguien y dice: "Todo tiene consciencia. Así debe ser. Todo lo que ven a su alrededor pasa en el cerebro de una persona. Esa persona eres tú. Tú eres el que sueña, y mientras este sea tu sueño, comparte contigo la consciencia".

Existe apenas una línea finísima entre: "Estoy soñando" y "Me encuentro dentro de un sueño", puesto que el cerebro crea ambos estados. ¿Por qué no cruzar la línea? En algunas culturas no se necesita mayor invitación. Los antiguos *rishis* de la India comparaban la vida con un sueño porque el total de la experiencia es subjetivo. No hay forma de experimentar el mundo que no sea subjetiva. Si toda experiencia sucede "aquí adentro", tiene mucho sentido que todas las cosas cuadren: nosotros hacemos que cuadren. Incluso el azar es un concepto creado por el cerebro humano. Cuando aparecen enjambres de mosquitos al atardecer, ellos no creen que su orden sea al azar, como tampoco sucede con los átomos del polvo interestelar. No vemos en esos casos ninguna forma ni diseño que se ajuste a nuestras preconcepciones, pero a la naturaleza no le importa eso. Vista en el microscopio electrónico cada célula de nuestro

cuerpo es como un torbellino de actividad veloz, pero eso constituye sólo una percepción. En cuanto a la naturaleza, cada
aspecto de nuestro cuerpo cuenta con un orden y un sentido.

Aquí nos encontramos ante una elección. Podemos tomar la
postura de que el orden sólo existe donde los humanos decimos o podemos tomar la postura de que existe orden en todas
partes. En cualquiera de las dos opciones lo único que hemos
hecho es adoptar un punto de vista. Si la mitad de la población
del mundo dijera que Dios diseñó toda la creación, y la otra
mitad que se trata de un evento al azar, el universo seguiría
siendo lo que es. La consciencia seguiría fluyendo a través de
nuestro cuerpo, cerebro, mente y todas las criaturas vivas, ignorando las barreras artificiales que le imponemos. La opción no
se limita a ciencia o religión, sino a participar o no en el plan
cósmico. Existe un aspecto voluntario y otro involuntario.
Como en el juego de béisbol, debes querer jugar, pero una vez
que lo haces, entras por completo.

En tu vida: Participación desde el centro

Al igual que con cualquier juego, cuando entras al juego de la
vida, debes jugar para ganar. Debes comprometerte desde el
centro de ti mismo. Conocer las directrices que te brinda el
plan divino te da una enorme ventaja. No conocerlas es como
jugar a un juego cuyas reglas se te revelan de una a una, sólo
cuando las rompes. Para la mayoría de la gente la vida funciona
de ese modo. Descubren la manera de vivir por prueba y error.
Hay quienes se apoyan en reglamentos que se supone cubren a
todas las personas y a todas las contingencias (la Biblia es uno
de esos libros, pero existen muchos otros). En la India estas
guías para vivir (compiladas en textos que se conocen como
Puranas) cuentan con miles de páginas en las que se describen
diversas situaciones y combinaciones de conductas. Sin

embargo, nadie ha llevado una vida ejemplar por seguir una receta.

Entre carecer de reglas e imponer normas rígidas, el universo ha dejado espacio para las directrices dinámicas que imponen las menores limitaciones al libre albedrío. Para participar por completo, cada directriz nos permite un logro máximo. Los logros no significan éxito material. Significan la comprensión total de cómo funciona la consciencia.

Tu mejor juego

Deja que la consciencia haga el trabajo.

No interfieras con el flujo.

Ve a todos como una extensión de ti mismo.

Vigila el cambio y úsalo con sabiduría.

Recoge información de todas las fuentes.

Espera hasta que tu intención quede clara.

Date cuenta de que nada es personal (el universo está actuando a través de ti).

Pide mínimamente inspiración.

Considera cada paso como parte del proceso.

Estas tácticas tienen algo en común: están de acuerdo con el plan invisible que subyace a la vida de todos. Pero como la participación es voluntaria, existe un fuerte contraste entre las personas que se alinean con el plan y las que no. Permítanme ilustrarlo punto por punto.

Deja que la consciencia haga el trabajo. Las personas que siguen estas directrices son sumamente subjetivas, pero su subjetividad no es veleidosa, no se dejan llevar por cualquier ánimo pasajero. Más bien, son autoconscientes, lo cual significa que saben cuándo se sienten cómodas en una situación y no se desplazan hasta que les parece correcto. Su cuerpo les da señales de tensión y de estrés que toman en serio. Estas personas confían en sí mismas, lo cual constituye un estado totalmente subjetivo, pero de gran poder. Confiar en un yo arraigado en el ego sería una locura, pero cuando en verdad sabes quién eres puedes confiar en ti desde el nivel del alma. A ese nivel la consciencia no resulta sólo subjetiva. Fluye a través del universo, del alma, la mente y el cuerpo. Dejar que la consciencia haga el trabajo significa rendirse ante un principio organizador más basto que tú mismo, tan basto que abarca toda la realidad.

No interfieras con el flujo. Existe una doctrina budista profunda que habla del gran río que fluye a través de toda la realidad. Una vez que te encuentras a ti mismo ya no se requiere mayor acción. El río te recoge y te lleva sobre sus aguas por siempre. En otras palabras, el esfuerzo a nivel personal, el que todos estamos acostumbrados a realizar en la vida cotidiana, pierde sentido después de un momento determinado. Se incluye también el esfuerzo mental. Una vez que te vuelves más consciente del yo, te das cuenta que el flujo de la vida no requiere análisis ni control, porque todo eres tú. El gran río parece llevarte sólo a ti. De hecho, eres tú mismo el que te lleva a flote (no como persona aislada, pero como fenómeno del cosmos). Nadie te dio el trabajo de timonear. Se trata de que disfrutes el trayecto y observes el paisaje.

Aprender a retirarte de tus responsabilidades falsas significa soltar el deseo de controlar, defender, proteger y asegurarse contra el peligro. Todas esas son responsabilidades falsas. En la medida en que puedas soltarlas, dejaras de interferir con el flujo. En la medida en que te aferres a ellas, la vida seguirá poniéndote al alcance más cosas qué controlar, más cosas de las que tendrás que defenderte. Los riesgos florecerán por todas partes. No se trata de que el destino esté en contra tuya. Lo que sucede es que verás el reflejo de tus creencias más profundas, pues al desplegarse la consciencia trazaste el drama en tu mente de antemano. La tarea del universo es desplegar la realidad; la tuya únicamente es plantar la semilla.

Ve a todos como una extensión de ti mismo. Cuando la gente inicia el camino espiritual suele descubrir que no la entienden. Se les acusa (incluso a su espalda) de que se han centrado únicamente en sí mismas. La implicación es: "No se trata nada más de ti". Si "tú" significa el ego aislado, eso resulta verdadero. Pero a nivel del alma, el yo cambia. Al perder sus barreras, se fusiona con el flujo de la vida. En el camino espiritual adquieres el sentido del flujo y decides unirte a él. Entonces (y sólo entonces) todos constituyen una extensión de ti mismo. ¿Cómo sabes que has alcanzado este punto? Primero porque no tienes enemigos; segundo, porque sientes el dolor de otros como propio; tercero, porque descubres que una empatía común une a todos.

Al surgir estas tres percepciones, la realidad se modifica. Estás buscando tu nueva casa en el paisaje ilimitado del espíritu. Pero incluso antes de que lo logres, tú ya estás conectado con todos los demás. Nada impedirá que vivas en esta verdad. Habrá siempre diferencias de personalidad. Lo que cambia es el interés en el yo. En vez de tratarse de "mí", empieza a tratarse de "nosotros", de la consciencia colectiva que nos une a todos. En términos prácticos, esto significa la búsqueda de acuerdo, de consenso y de reconciliación. Estos constituyen los objetivos primarios de cualquiera que viva dentro del flujo.

Busca el cambio y úsalo con sabiduría. Puedes usar la naturaleza transitoria de la vida a tu favor. Muchas personas le temen al cambio; otras permiten que pase sin percatarse. Con esas actitudes, usar el cambio de manera creativa no es posible. Una estrategia de la vida diferente a la estrategia dinámica y de crecimiento no funcionará. El cambio en sí es neutral, ya que para cualquier cambio constructivo existe uno estructivo. Pero la clave está en el *principio* del cambio, pues esto significa que ir con el flujo de la vida conlleva crecimiento y creatividad, en tanto que intentar que se congelen los sucesos, los recuerdos, el placer y la inspiración trae una condición estática. Los momentos más inspiradores o placenteros de tu vida anhelan que se les saboree y prolongue. Pero debes resistir esa tentación, pues en el instante en que trates de aferrarte a esa experiencia perderá vitalidad y también lo que la hizo especial.

Usa el principio del cambio para mantener la frescura y la renovación en tu vida. Asumir la actitud de que el flujo de la vida se renueva siempre te ayudará a evitar el estancamiento y la ansiedad en el futuro. Lo que le provoca angustia a la gente en cuanto al futuro es el miedo de que lo mejor ya sucedió o de que la pérdida de una sola oportunidad resultará decisiva. "Lo que se fue" es un tema recurrente en los romances fallidos, y se aplica también a las profesiones fallidas, los proyectos abandonados y las aspiraciones frustradas. Pero en realidad "lo que se fue" se reduce a una idea fija a la que nos aferramos. Toda persona creativa basa su éxito en la confianza de que la inspiración es continua. Mientras más crees, más tendrás para crear. En un documental sobre un famoso director de orquesta que cumplía ochenta años, el momento más conmovedor aparece con su último comentario: "No deseo vivir muchos años más, sólo espero saber que estoy exactamente empezando a decir todo lo que quiero decir a través de la música".

Recoge información de todas las fuentes. El universo es multidimensional, y cuando hablamos del flujo de la vida, se trata de un flujo multidimensional. Imagina no sólo un río poderoso que se dirige hacia el mar, sino también cientos de corrientes pequeñas que afluyen, se mezclan, cada una aumentando su torrente. Para obtener más de la vida, debes ser consciente de que cualquier cosa puede contribuir a ella. La inspiración proviene de todas las direcciones, tanto internas como externas. Necesitas antenas alertas para percibir la manera continua en que tu alma se comunica contigo. No es asunto de sintonizarte con una televisión por cable de cien canales esperando encontrar un programa interesante. Más bien, un torrente de sensaciones bombardea al cerebro cada día y algunas se dirigen a ti (tienen un significado personal sólo para ti).

En la tradición India se dice que Dios pasa tanto tiempo ocultándose como rebelándose, lo cual señala una verdad cotidiana. El siguiente estímulo que recibirás está dormido mientras no lo despiertes. El futuro es un lugar oculto al que llamamos lo desconocido. Aunque lo conocido, que es el aquí y el hoy, no viene de otro lugar sino de lo desconocido. El instinto que dice "hay algo allá afuera que me está esperando" es válido. Te encuentras en el punto de unión entre lo desconocido y lo conocido. Tu tarea es buscar en la oscuridad y encontrar algo que tenga significado para ti.

Algunas personas evitan esta tarea repitiendo lo conocido una y otra vez. De lo que no se dan cuenta es que lo desconocido nunca es verdaderamente invisible. Tu alma anticipa lo que necesita, y te pone claves y señales en tu camino. Esta es la forma de guía sutil de tu alma. Descarta lo inútil, lo que carece de sentido, la guía innecesaria y los principios falsos. Si te sintonizas con estar alerta, desarrollarás la capacidad de vibrar con lo que debes hacer (sentirás que es bueno, atractivo, seductor, intrigante, desafiante, todo a la vez). Estar abierto a estos sentimientos que son totalmente subjetivos te permitirá recoger las claves que te deja el alma. Lo desconocido parece oscuro sólo para quienes no pueden percibir su luz oculta.

Espera hasta que tu intención quede clara. Demasiadas personas buscan motivación en los lugares equivocados. Intentan aumentar su energía y manejarla. Quieren la mayor de las recompensas. Se sientan a esperar un rayo que les revele el siguiente gran invento, negocio o idea. La verdadera fuente de motivación no es nada de eso. El tipo de motivación que incluye la semilla de las ideas que darán fruto con energía y pasión proviene de una intención clara. Saber exactamente lo que quieres hacer, con una convicción inamovible, constituye la chispa que genera todo, incluso las grandes ideas y las grandes recompensas. La confusión y la incertidumbre dividen el flujo de la vida en canales débiles y separados. Dado que la intención clara no puede forzarse, muchas personas viven sin encontrarla. Ponen un poco de sí mismas en media docena de áreas de su vida. Pero no existe un gran secreto en cuanto a la intención clara; depende únicamente de esperar.

Esperar no es un acto pasivo, aunque lo parezca; el tipo correcto de espera implica discriminación: seleccionas desde tu interior lo que te parece bien y lo que no. Permites que ciertas fantasías e ideas vagas hagan lo que quieran (con el tiempo, las que carecen de sentido se disolverán). No le quitas el ojo a la posibilidad de una chispa que no quiera apagarse. Hay muchos aspectos más (búsqueda angustiada, lucha contra dudas personales, la atracción de ambiciones grandiosas y vuelos de imaginaciones imposibles). Poco a poco surgirá una intención clara, y en ese momento, las fuerzas invisibles que alberga el alma saldrán a ayudarte. A muchas personas la espera de una intención clara las agota tanto que sólo la viven unas pocas veces, en general en sus años de incertidumbre, cuando los adultos jóvenes se sienten obligados a empezar una carrera. En su búsqueda, se sienten desorientados y bajo presión; ven cómo sus contemporáneos más motivados los superan en el mercado de trabajo.

Pero en retrospectiva, uno puede ver que los individuos que esperaron hasta que se reveló su intención clara fueron los afortunados. A pesar del estrés, de la presión de sus contemporáneos y de la duda, tuvieron la fuerza interior de que "algo allá afuera los estaba esperando". O que algo aquí los esperaba.

El resultado es el mismo, un potencial oculto que tenía que sacarse con cuidado del material enmarañado de la psique. Lo mejor que puedes hacer es pasar por este proceso tantas veces como sea posible. La niebla que envuelve tu alma puede ser espesa, pero se disipará si lo deseas, no importa cuánto dure el proceso.

Date cuenta de que nada es personal (el universo está actuando a través de ti). Nos parece raro oír que no debemos tomarnos la vida de manera personal. ¿Hay algo más personal? El plan del universo se compone en su totalidad de fuerzas impersonales, que se aplican de igual manera a todos los objetos y a todos los eventos. Carecen de fuerza a tu favor o en contra tuya, lo mismo que la gravedad. Encontrarte con tu alma es lo mismo que encontrar a tu yo impersonal, puesto que el alma tiene acceso directo a las fuerzas invisibles que sostienen al cosmos. La inteligencia es impersonal, lo mismo que la creatividad y la evolución. Todo esto se descubre sólo en lo más profundo de tu consciencia. Para obtener el mayor provecho, piensa en la vida como una escuela y la consciencia como un plan de estudios.

El ego considera que todo es personal, lo cual representa una gran desventaja; la experiencia me sucede a "mí". El budismo intenta disipar la noción de que la experiencia le sucede a este "mí". Más bien, los budistas dicen que la experiencia se despliega por sí misma y que tú, al vivirla, resultas únicamente un conducto. De tal modo, contamos con fórmulas como: "Pensar es el pensamiento mismo". Puede resultarnos incomprensible una afirmación tan sencilla como: "El ser es" o "El bailarín es el baile". Pero el punto esencial es práctico: mientras menos te tomes la vida de manera personal, más fácil será que esta fluya a través de ti. Tomar las cosas a la ligera funciona. Tomarlas demasiado en serio no funciona. Como tampoco suponer que toda experiencia o te levanta o te destruye. El flujo de la vida no se divide en dos columnas de menos y de más. Todo tiene su propio valor intrínseco, medido en energía, creatividad, inteligencia y amor. Para descubrir esos valores la gente debe dejar de preguntarse: "¿En qué me beneficia esto?". Por el contrario, hay que observar lo que sucede y encontrarle a todo algo fascinante.

Pide mínimamente inspiración. Lo mundano de la vida cotidiana puede resultar enloquecedor. Se puede superar el tedio acumulando el mayor número de intereses, pero al final descubrirás que nunca pasas de la superficie. Lo que hace mundana a la vida es mantenerse en la superficie. En las profundidades, toda experiencia está llena de vitalidad. Sentirás que vibras, sin que importe el aspecto de tu vida en la superficie. En algunas tradiciones espirituales lograr que la rutina diaria nos haga vibrar es la meta más alta. La idea de transportar agua y cortar leña puede hacernos sentir universales. Respeto a esas tradiciones, pero a veces extraño la cualidad más vibrante que puede ofrecer la vida: la inspiración. El alma se limita al pedir que la rutina diaria se llene de luz. ¿Porqué no llenar de luz los logros extraordinarios?

La consciencia carece de valor. Puede tomar la forma de cosas feas, aburridas, inertes, si tu intención se mueve en ese sentido. Como la paleta de un artista, que está llena de colores, pero no garantiza cuadros magníficos, la consciencia contiene vibración, brillo y fascinación. Sin embargo, incluso una persona con consciencia del yo no logra automáticamente una vida con esas cualidades. Debes darle forma a tu consciencia con la intención, por lo cual resulta crucial pedir inspiración. Tampoco debes conformarte con menos. Ya dije antes que tu alma ubica las señales a lo largo del camino, las claves que te estimularán. Para ser más preciso, estas señales dependen de a dónde vayas y de dónde vengas. Si recorres un camino con bajas expectativas, lo que encuentres corresponderá a esas bajas expectativas.

Tu alma carece de agenda. No tiene la misión de convertirte en lo mejor que puedes ser. Pero sí de realizar el potencial que descubras en ti mismo, lo que significa que tú y tu alma cooperan en la empresa. Si pides, te dará. Lo que te dé te llevará a pedir tu siguiente intención. Dado que es raro encontrar en cada ocasión una intención clara, con frecuencia pedimos cosas complejas, conflictivas y confusas. Al hacerlo, el alma termina dándonos oportunidades inferiores a lo ideal. Nos encontramos con extremos que no se tocan o con pistas falsas. Para evitar que esto suceda, pide mínimamente inspiración, es decir, mantén en mente tu concepto superior y en cualquier situación busca el resultado superior de acuerdo con ese concepto.

Como siempre, esta estrategia es esencialmente subjetiva; se da en el interior. Pero sólo apegándonos con constancia a nuestro concepto podremos alinearnos con el potencial superior que nacimos para expresar. Lo mejor que podemos ser radica en una serie de decisiones que rechazan una y otra vez lo inferior a lo mejor. No hablamos así de las compras consumistas. Tampoco del automóvil, la pareja, la casa o el trabajo por debajo de lo mejor. Se trata de rechazar la idea, motivación, propósito, solución, meta o elección que no sea la mejor, y de esperar algo mejor y confiar en que tu alma te lo traerá.

Ve cada paso como parte del proceso. Cuando algunas personas dicen, "Todo es parte del proceso", percibimos un tono de resignación, como si la vida requiriera de tiempo y paciencia. Pero si puedes soportar la molestia durante suficiente tiempo, poco a poco el proceso funcionará. Esto parece describir a un proceso burocrático que se tarda en realizar acciones o a una banda transportadora que produce resultados mecánicamente. El proceso que describo no es así para nada. Más bien es algo dinámico, impredecible, fascinante y en constante cambio. Estar dentro de ese proceso conlleva alegría y satisfacción máximas. Los grandes guías espirituales, que pueden ver la vida desde el punto de vista metafísico, suelen declarar que el proceso se ocupa de sí mismo. A un notable gurú de la India le hicieron una vez la siguiente pregunta: "¿Mi evolución personal es algo que estoy haciendo o algo que me sucede?", y él respondió: "Es ambos, pero si debemos elegir, se trata de algo que te sucede".

Sin embargo, el camino espiritual no se siente como algo automático. Aquí y ahora, más bien desde la perspectiva de la hormiga que desde la del águila, la vida requiere participación. Debes enfocarte en cada minuto; los nuevos retos aparecerán constantemente y no se pueden ignorar. Es muy sencillo entonces ver tu vida como una secuencia de momentos, con pasos hacia adelante o hacia atrás. La mayoría de las personas participa en su vida exactamente de esa manera, "viviendo un día a la vez", según reza el dicho. Esta perspectiva nos convertiría a todos en sobrevivientes. Le negaría a la vida su condición de completa, y al quitársela resultaría, imposible participar de todo corazón. Desde luego que aceptaríamos una rebanada de pan a la vez si no supiéramos que toda la hogaza es nuestra.

Nos vemos forzados a hablar con metáforas porque el proceso de la vida es misterioso. ¿Está sucediendo ahora mismo si estás llenando tu coche de gasolina, cambiando el pañal de un bebé o sentado en el sillón de un dentista? ¿Llegarás a una conclusión gloriosa en una fecha que puedes marcar con un círculo en tu calendario? La mezcla de lo visible con lo invisible, de lo sublime con lo decepcionante es ineludible. La única actitud viable que puedes asumir es: "Ya pasó". Algunas veces "lo que pasa" no significa nada; desearías que terminara pronto. Algunas veces es como si el cielo se abriera y desearías que durara para siempre. Pero se trata de un pájaro en vuelo.

Nunca lo atraparás. El milagro es que las creaciones más maravillosas, como el cerebro humano, se hicieron para perseguir al ave. Estamos tejidos dentro de un enramado de experiencia que se hace más notable mientras pasa el tiempo, pero cada hilo constituye un leve pensamiento, deseo o sentimiento. Cada momento que vivimos añade otra puntada, y aunque no podamos ver el diseño final, nos ayuda saber que el hilo es de oro.

10 PASOS
HACIA LA
PLENITUD

PROMESAS QUE
PUEDES CUMPLIR

E l ser completo es el resultado de conectar el cuerpo, la
mente y el alma. El ser completo no nos divide contra
nosotros mismos; por lo que todas las decisiones que
toma son benéficas en todos sus niveles. Una vez que nos
damos cuenta de cómo funciona el alma, no hay razón para dar
marcha atrás y vivir de ninguna otra manera diferente que
desde el nivel del alma. Sin embargo, vivir sin el alma ha sido
muy fácil, ignorando el hecho de estar divididos contra nosotros mismos. La vida sigue sin que ese punto se resuelva. Las
malas decisiones aportan dolor y sufrimiento, pero la gente
se acostumbra a vivir así. En otras palabras, la vida de un ser
no completo es "fácil" porque en realidad cuesta trabajo
romper los hábitos, la inercia y los viejos condicionamientos.
(Recuerdo a mi primer maestro de meditación que insistió en
que, si no me comprometía con la práctica diaria, era mejor
que ni siquiera empezara. "No sé cuántos años tarde uno en

alcanzar la iluminación", decía, "pero desertar se hace en un día").

El secreto es vivir el *Todo* ahora, incluso antes de lograrlo por completo. Lo que se necesita es un estilo de vida que mantenga viva nuestra visión. Lo "holístico" significa comida orgánica, no dejar huellas contaminantes, practicar la prevención y confiar en la medicina alternativa. Todo lo anterior es innegablemente bueno (prueba el crecimiento de la consciencia en el que apenas soñaban las generaciones anteriores). Pero no te mantendrá en el camino espiritual. El estilo de vida holístico debe apoyar los nexos con tu alma, aún cuando sean frágiles.

Los maestros espirituales han luchado con este problema durante siglos, preguntándose cómo tender un puente entre la vida vieja y la vida nueva. Enseñar y predicar no basta. Poner ejemplos resulta insuficiente. Aunque muchos seres humanos han cruzado este puente impulsados por la luz (podemos decirles santos, yoghis, bodishattvas o simplemente ejemplos inspiradores) y lo que han logrado es real. Si analizamos sus historias, veremos un estilo de vida que puede aplicarse a cada uno de nosotros en estos tiempos de transición. Es un estilo de vida sencillo, y puede seguirse sin necesidad de que nadie más lo sepa y lo apruebe. Lo he desglosado en diez pasos sencillos.

10 pasos hacia la plenitud

1. Alimenta tu "cuerpo de luz".
2. Convierte la entropía en evolución.
3. Comprométete con la consciencia profunda.
4. Sé generoso de espíritu.
5. Enfócate en las relaciones en vez de en el consumo.
6. Relaciónate conscientemente con tu cuerpo.
7. Recibe cada día como a un mundo nuevo.
8. Deja que lo atemporal se encargue del tiempo.

9. Siente al mundo en vez de tratar de entenderlo.
10. Busca en pos de tu misterio personal.

Todos estos pasos se dan en la consciencia. Significan mucho para mí en lo personal porque son el fruto de mi propio viaje. Cuando era niño, en la India, aprendí que mi destino se encontraba en una balanza entre *vidya,* o sabiduría, y *avidya,* o ignorancia. Esta elección, que se remonta miles de años, se pintó en términos gráficos que un niño pequeño puede entender. Yo nací en la época de desorden en que el país luchaba contra todo lo imaginable, desde enfrentamientos en las calles entre hindúes y musulmanes hasta la gran desigualdad social y las millones de personas que vivían al borde de la hambruna. ¿Qué podría salvarnos? Ni creer en Dios, ni los programas sociales masivos, por buenos que fueran, lo lograrían. Aprendí desde pequeño que la vida se desarrollaba a partir de los valores que tuviera uno en su consciencia. ¿El camino de la luz o el camino de la oscuridad? A mis ocho años yo sabía cuál elegir. La felicidad, el éxito, la prosperidad y el bienestar llegarían a mí si vivía yo a la luz de *vidya.*

En años posteriores perdí la inocencia y llegué a ver a esta promesa algo vacía, como la de Benjamin Franklin que dice que "levantarse temprano y dormirse temprano hace al hombre saludable, rico y sabio". Lo que sí era efectivo era el temor a vivir en *avidya,* que traía enfermedad, pobreza y desgracia. Esas amenazas no me acosaban de la manera en que los niños temen que el diablo está esperando si se alejan de Dios. Pero durante cerca de cuarenta años deambulé entre los dos polos, de la sabiduría a la ignorancia, o si lo prefieren, entre creer y no creer. Conozco por experiencia propia la brecha que existe entre la visión y la realidad. Hoy, que con toda firmeza creo en la transformación, a veces regreso a la brecha. La mayoría de la gente sabe lo que se supone que le conviene, pero sigue haciéndose promesas personales ("Nunca haré trampa", "No terminaré divorciándome", "Jamás daré una puñalada por la espalda con tal de salir adelante"), que nunca son suficientes. (Una vez un discípulo confundido le preguntó a un gurú: "Maestro, ¿cómo puedo convertirme en una buena persona?". El gurú le respondió: "Es casi imposible. Si lo piensas mucho, existen miles de razones para levantar un alfiler del piso y miles de razones para no levantarlo". El discípulo se sintió muy preocupado. "¿Entonces qué puedo hacer?". El gurú sonrió. "Busca a Dios". Entonces el discípulo se sintió mucho más preocupado. "Pero, señor, buscar a Dios me parece fuera de mi alcance". El gurú negó con la cabeza. "Encontrar a Dios es cien veces más fácil que tratar de ser bueno. Dios forma parte de ti y cuando localizas esa parte, ser bueno llega naturalmente").

Para que el sendero espiritual nos conduzca a nuestro objetivo, debemos hacer promesas diarias que podamos cumplir. Los diez pasos que presenté son justamente eso. No requieren que excedas tus límites, que de cualquier modo se expandirán. A estos diez pasos no los pueden afectar los viejos hábitos y condicionamientos, porque no se te pedirá que luches contra tu viejo yo. Lo único que tienes que hacer es ayudar a tu nuevo yo para que crezca en silencio. No se necesita más. El secreto es que la transformación interior no puede verse mientras sucede. El cerebro se modifica. El cerebro no tiene manera de preservar sus antiguos senderos una vez que se crean otros nuevos. En cierto sentido, el alma borra sus caminos, aunque también sucede algo muy tangible.

Un buen amigo mío sostuvo una profunda búsqueda durante años. En apariencia llevaba una vida normal. Siempre que me lo encontraba le preguntaba cómo iba su búsqueda. Su respuesta, acompañada siempre de una sonrisa, era siempre la misma. "Estoy saliendo de la incubadora". Así pasaron varios años. Él era muy discreto y dudo que más de unos cuantos hayamos sabido sobre su búsqueda interior. Llegó así el día en que abandonó sus estrictas disciplinas espirituales y se veía mucho más feliz. Cuando le pregunté qué había cambiado, respondió con elocuencia.

"Cuando empecé, sentía mucha timidez por mi condición espiritual. Mi familia me veía como antirreligioso desde que me negué a ir con ellos a la iglesia al cumplir dieciocho años. Después empecé a meditar, pensé que estaba cambiando, pero si alguien me veía, no opinaba nada. A la gente le gustaba cómo era yo antes. De manera que persistí en silencio y dejé que todos creyeran que era el de siempre.

"Después me di cuenta de que mis deseos ya no eran los mismos. Ya no había nada que quisiera o no quisiera con desesperación. Dejé de perseguir las cosas que todos consideraban importantes. Mis amigos y mi familia se dieron cuenta de que me había vuelto mucho más raro. Eso era todo lo que decían. Seguí trabajando en mí mismo y avanzando.

"Pasó el tiempo y sucedieron más cambios. Me enfrenté a mi ego y todo lo que implicaba. Entré en mis antiguas creencias y mi necesidad de tener la razón todo el tiempo. Todos los días había que revisar algo nuevo. Continué vigilando y avanzando. Nada del exterior resultaba drásticamente diferente, pero hubo momentos en que me sorprendió que las personas cercanas a mí no se dieran cuenta de lo diferente que me había vuelto".

"¿Todo esto sucedió cuando estabas en la incubadora?", le pregunté.

Mi amigo sonrió. "Exacto. Pero un día todo terminó. Desperté sin deseos de meditar. Francamente me sentía como en blanco, como si no hubiera pasado nada en los últimos diez años. Me miré en el espejo y un tipo normal me devolvió la mirada. Casi sentí miedo un segundo, pues percibí una leve onda de terror. Me recosté en la cama y luego lo sentí como un líquido tibio que me bañaba. ¿Qué era eso? La vida misma, como un río que me llevara a flote. Desde entonces, voy a donde me lleva el río y las cosas funcionan. A partir de ese momento *todo* funciona".

Su rostro mostraba una especie de rubor de éxtasis. Pero quise preguntarle algo. "¿Por qué no dejar que el río te lleve desde el primer día? ¿Por qué esperarte hasta el final?"

"Ese es el punto", dijo mi amigo. "Hubo miles de días que pensé que *eran* el último. Pero tampoco estoy seguro de poder decir cuál fue el primero, porque eso sucede cuando quiere".

Con toda honestidad, ninguno de nosotros sabe cuál fue el primer día del camino (o cuál será el último). Por tanto, lo mejor es vivir cada día como si fuera el primero *y* el último. En el espíritu, cada vez que sale el sol nace un mundo nuevo. La vida tiene una frescura perpetua, de modo que tu camino puede gozar de la misma frescura. De otro modo, si pospones tu vida esperando a que te llegue un regalo magnífico y glorioso, quizá nunca lo recibas y tu vida se pospondrá siempre. El *Todo* debe aprovecharse en este momento, porque la eternidad surge sólo en un momento así. El objetivo de los siguientes pasos es convertir el *Todo* en una posibilidad diaria. La visión y la realidad quieren unirse. El momento de hacerlo es ahora.

Paso 1. Alimenta tu "cuerpo de luz"

Tu alma actúa como tu cuerpo espiritual, de tal modo, necesita alimento. De la misma manera que tus células intercambian oxígeno y alimento, tu cuerpo espiritual envía y recibe energía sutil o "luz". Tu corazón, hígado, cerebro y pulmones (todos tus órganos) sobreviven literalmente alimentados de luz que proviene del sol. Cada bocado de comida representa luz del sol atrapada que tu cuerpo libera en forma de energía química y eléctrica. Tus células no tienen futuro si no es a través de la luz.

La "luz" desempeña la misma función a nivel sutil. Todo mensaje proveniente de tu alma es energía codificada, porque el cerebro debe convertir el amor, la verdad, la belleza en actividad física. La energía sutil lleva a la mente a su existencia material, de manera que en términos prácticos tu futuro dependerá de lo bien que alimentes a tu cuerpo de luz. Si lo alimentas a diario con energía fresca, este te brindará inspiración y guía. En Occidente no estamos acostumbrados a pensar de esa manera, pero en sánscrito, la palabra *jyoti,* o luz, supera lo físico. *Jyoti* es portadora de significado, crecimiento, influencias buenas y malas, y de toda la trayectoria que seguirá la vida de una persona. Aunque seas un estricto materialista que cree que el cerebro es la fuente de la mente, nada es posible en el cerebro sin energía; por tanto llegarás a la misma conclusión, que las esperanzas, los deseos y los sueños de una persona deben alimentarse de luz (en este caso de luz del sol). Y tendrás que responsabilizarte de la manera en que la luz en bruto, compuesta de fotones, se convierte en un rico despliegue de significado de la mente. Solo un frijol no sabría cómo pintar una Virgen con Niño y una coliflor no podría levantar el Partenón.

Todos los días dependerá de ti la conversión de la energía del alma en significado para tu vida. No hay experiencia que carezca de significado. Tu cerebro existe para procesar el significado. De una u otra forma la luz llegará hasta ti. Apoyará la visión que tengas de ti mismo, si así lo decides. Pero en ausencia de visión, también le dará apoyo a tus viejos hábitos y tus creencias cerradas.

Piensa en la energía de tu alma como si fuera la electricidad que corre por tu casa. Una porción debe destinarse al apoyo *básico de la vida.* Tu cerebro necesita regular los diversos sistemas del cuerpo para mantenerte vivo. Otra porción de energía se dirige hacia la *actividad rutinaria.* Tu cerebro funciona para mantener la existencia de tu familia, para realizar el trabajo que desempeñas en tu oficina, etc. Hay también energía dedicada al *placer.* Tu cerebro busca las sensaciones de placer y trata de llevar al máximo esas sensaciones por medio de la diversión, los juegos, la fantasía, la motivación sexual y similares.

Hasta el momento la analogía entre la energía del alma y la electricidad con la que funciona una casa resulta bastante adecuada. Muchas personas manejan su vida y su casa de la misma manera en función del sustento básico, la rutina diaria y cierta cantidad de placer. Pero dentro de una casa puede vivir un Picasso o un Mozart, y aquí es donde se rompe la analogía, porque los genios potencian al máximo la energía del alma para otros fines. El significado se vuelve desproporcionadamente importante en su vida. Afortunadamente la disponibilidad de energía sutil es tan abundante como lo deseemos. Una vez que se tienen cubiertas las necesidades básicas de la vida, queda mucho combustible para la visión personal y las intenciones superiores.

Al abordar cada día, debemos canalizar conscientemente la energía hacia nuestra visión. Toma cualquier cualidad del alma para convertirla en propia y usarla. Estas cualidades no son misteriosas, porque en nuestro entorno hay mucha gente que crea una vida llena de sentido a partir del nivel del alma. Ahora verán la riqueza de alternativas de la que dispone cada persona.

El alma es *dinámica.* Esta cualidad puede hacer que una vida esté llena de aventura, exploración y de actividad para progresar. El tema principal aquí es *alcanzar el objetivo.*

El alma es *amorosa.* Esta cualidad puede llenar a la vida de romance, devoción y adoración. El tema principal aquí es la *dicha en expansión continua.*

El alma es *creativa.* Esta cualidad puede llenar a la vida de arte, descubrimientos científicos y transformación del yo. El tema principal aquí es la *inspiración*.

El alma es *espontánea*. Esta cualidad puede volver a la vida emocionante y llenarla de revelaciones y exploración emocional. El tema sobresaliente aquí es la *sorpresa*.

El alma es *juguetona*. Esta cualidad puede llevar a una vida de recreación, deporte y gozo despreocupado. El tema dominante aquí es la *inocencia*.

El alma es *conocedora*. Esta cualidad puede conducir a una vida de observación, estudio y meditación. El tema principal aquí es la *reflexión*.

El alma se encuentra en *expansión constante*. Esta cualidad puede proporcionarnos una vida de viajes, avances y crecimiento personal. El tema principal aquí es la *evolución*.

Con estas cualidades en mente, puedes dar a la energía del alma la forma de la vida que deseas. Dar forma nunca es algo automático y nadie puede sustituirte en esa tarea. Pero ello no significa que tengas que tomar una decisión súbita y de una vez por todas. En diferentes etapas de tu vida te atraerán diversas cualidades. "Saber" generalmente domina los años del estudiante; "amar" domina la fase de las relaciones y la familia; "juguetear" domina la infancia.

¿Se puede dar forma a una vida sin recurrir al alma? Una vida de este tipo sería inconsciente o miope. Naturalmente existen esas vidas; hay personas que se dedican por completo a trabajar en beneficio de su materialismo y de salir adelante, ahorrando para el futuro o protegiendo el presente. Uno podría definir estas opciones como carentes de significado, porque a todas les falta el potencial inspirador del alma. En algunas culturas una vida completa es la que pasa a través de diferentes etapas de significado que se supone que todos deben atravesar. Pienso principalmente en la India antigua, en donde las cuatro *ashramas,* o etapas de la vida, se asignaban al estudio, la vida familiar, la jubilación y, por último, la renuncia al mundo. Cada etapa tenía sus obligaciones específicas y la meta general era integrar al alma individual con el alma universal (en otras palabras, esto constituía el mapa del camino espiritual que toda persona aceptaba durante muchos siglos).

En la sociedad moderna, ese extenso acuerdo se rompió y debemos pagar un precio caro que se traduce en vidas inquietas, caóticas y carentes de significado. Pero no se necesita la aprobación de la sociedad para usar la energía del alma con significado (no se necesita la aprobación de nadie). La trayectoria de tu vida puede seguir cualquier sendero que elijas. Lo importante es que no desperdicies la energía de las muchas maneras en que estás tentado a desperdiciarla: por medio de fantasías absurdas, de sufrimiento inconsciente, de hábitos sin salida, de inercia y de repetición en círculo. Todo lo anterior va en contra de una vida llena de propósitos. Alimenta tu "cuerpo de luz" con significado. Reconoce la cualidad del alma que te atraiga e interactúa con el potencial que desee desplegarse.

Paso 2. Convierte la entropía en evolución

Tu alma te ofrece un futuro que constituye desde este momento en adelante un camino ascendente. No habrá mesetas planas ni pendientes resbalosas por las que caigas hacia abajo. Un futuro así depende de la renovación constante. Tu visión debe permanecer fresca y eso sólo sucede si le das un uso fresco a tu energía. Sin embargo, si tu alma no interviene constantemente, la energía tiende a menguar. La gente ha llegado a aceptar que la vida se desgasta con los años. Esto es difícil de evitar, incluso si te ves a ti mismo en términos materiales. Como se mencionó antes, todo el universo es un concurso de energía que intenta disiparse y gastarse (entropía) y la energía que quiere convertirse en algo más coherente y complejo (evolución). El mismo concurso aparece en un micronivel, es decir, en tus células. Tus decisiones diarias inclinan la balanza hacia un lado u otro. Si propicias la evolución día a día, será totalmente razonable que sigas evolucionando mientras vivas.

Cuentas con un aliado poderoso de tu lado, la mente. La mente no está sujeta a entropía. Cuando un pensamiento desaparece, se va sin agotar tu capacidad de adquirir un nuevo pensamiento que lo sustituya o cien nuevos pensamientos. El secreto para desafiar la entropía es construir estructuras más y más elevadas en la mente. Estas estructuras pueden detener el tiempo y darle una forma cada vez mejor al futuro. Para comprender lo que esto significa, piensa en cualquier estudio que dure más de un día: un cuadro, un libro, un proyecto científico o un proyecto de trabajo. Cuando retomas esa labor, tu mente no tiene que arrancar desde el principio. Habrá una estructura en tu mente que mantiene intacto tu trabajo anterior, lo cual permite que continúes donde te quedaste.

Existe un término especial en sánscrito para describir las estructuras normales que perduran. Se denomina *devata* (la palabra deriva de *devas,* que suele traducirse como "ángeles"; los *devas* realmente son los que construyen y le dan forma a la realidad. Sin los *devas* la consciencia jamás cobraría forma; fluiría como el agua de la lluvia a través de un campo abierto). Para los antiguos videntes vedas la labor de los *devatas* era garantizar que la creatividad se mantuviera sin permitir su disolución. Tú puedes realizar múltiples tareas ya que la mente es capaz de construir cualquier cantidad de estructuras a la vez. Puedes cerrar tu mente consciente (por ejemplo dormirte) sin que te preocupe que la entropía destruya tus pensamientos como si fueran polvo frente al viento. (Todo el mundo ha tenido la experiencia de despertar en la mañana y que sus primeros pensamientos fueran idénticos a los últimos de la noche anterior. La química del cerebro no puede explicar esta continuidad, dado que las reacciones químicas cambian de manera constante a una tasa de miles por segundo en cada neurona. Pero algo mantiene intactos a nuestros pensamientos y les permite apoyarse uno a otro).

Usa el aspecto *devata* de tu mente para construir y continuar la creación. Tu meta es la creatividad sin fin. En términos prácticos, esto significa desbancar el aburrimiento, la rutina y la repetición. Encuentra oportunidades creativas en todos los niveles de tu vida de la siguiente manera:

Vida familiar: Es creativa en tanto que cada persona se interese por cada una de las demás. Nadie mete a nadie dentro de una caja con frases como "Tú siempre…" o "Ya sabía que tú". No se etiqueta a nadie ni se espera que otro se comporte según la etiqueta. No se asignan papeles fijos (por ejemplo: rebelde, niño malo, niña buena, consentido de mamá, insoportable, víctima, mártir). Se alienta a cada uno a expresarse. No se rechaza a nadie por actuar diferente.

Relaciones: Son creativas si las dos personas encuentran cosas nuevas que descubrir en la otra. Esto requiere que uno vaya más allá del ego. El ego por naturaleza se mira a sí mismo, primero y antes que nada. Incluso en las relaciones con mayor nivel de igualdad aparece una tendencia a sentirse muy seguros de su pareja porque se involucran los dos egos (debes ver no sólo más allá de tus límites, sino también de los límites del otro). El incentivo de encontrar algo nuevo en tu pareja proviene de tu propio sentido del cambio. Si quieres que se valoren tus cambios personales, debes observar el cambio en tu pareja. Esto entabla un mutuo dar y recibir. Una vez que empieza, este dar y recibir florece en el aspecto más rico de cualquier relación: la evolución compartida.

Trabajo: Es creativo cuando satisface el centro más profundo de creatividad de una persona. Los nuevos retos se enfrentan descubriendo nuevos recursos en uno mismo. Como lo ven muy pronto en su carrera la mayoría de las personas, el problema del aburrimiento y la repetición resulta muy real en cualquier trabajo. Pocos empleados toman medidas para superar este problema, de modo que la responsabilidad radica en ti. Vigila los signos que muestren que no te sientes desafiado, y cuando aparezcan, exige un cambio. Asume una responsabilidad más, no un riesgo innecesario. Si tu situación actual no te permite una expansión creativa, busca otra situación que la permita. Lo peor es conformarse con la inercia en el trabajo, valiéndote de la excusa de que la creatividad y el placer son para las horas libres y los fines de semana. Habrá un gran hueco en tu vida que hará imposible que te constituyas en un ser completo.

Visión: Es parte de tu vida e implica la posibilidad pura. Cualquier energía que le dediques a construir una vida familiar, relaciones y trabajo, deja todavía muchísimo espacio para alcanzar mayores alturas. Genera tu visión todos los días. No importa cuál sea, pero debe superar tus barreras normales. Para algunas personas, su visión es humanitaria o religiosa, para otras es artística. (La mía, en los primeros años de mi edad adulta, apabullado por mi carrera médica, la familia naciente y la constante presión financiera, resultó ser espiritual). Independientemente de cuánto ames a tu familia, relaciones y trabajo, estos son pasajeros. Tu visión no. Es tu nexo con el amplio espectro de la cultura y la civilización. Te permite participar en el mito y el arquetipo, en el mundo de los héroes y las aventuras. Si mantienes enfocada tu visión, puedes tocar los bordes de la eternidad. Sin embargo, nada de esto es posible sin una visión. Al desplegarse el tiempo, la vida material se retrae. Contar con una visión te garantiza que no habrá un vacío esperándote al final de la jornada. El milagro es que cuando te dedicas a una visión, te integras a la misma fuerza cósmica de la evolución, que no tiene ni principio ni fin.

Paso 3. Comprométete con una consciencia más profunda

Imagínate en una noche estrellada de junio después de que bajó la luna. Camina hasta que encuentres un espacio de campo abierto. Recuéstate sobre tu espalda y mira al cielo. ¿Puedes verte en esa posición? Ahora piensa en esto: *El infinito está en todas direcciones, y yo me encuentro en el centro.* No se trata de una exageración (es una verdad literal independientemente de dónde te ubiques). Tú eres el centro del infinito que se extiende en todas direcciones. La misma verdad se aplica al tiempo. En cada minuto de tu vida la eternidad se tiende ante ti y detrás de ti. Una vez que absorbes esas dos ideas es difícil que te sientas limitado por el tiempo y el espacio. Pero todavía hay una capa más que agregar. Cierra los ojos, entra en ti y alberga este pensamiento: *El silencio que experimento es la fuente del infinito y la eternidad.*

Todas las enseñanzas de las grandes tradiciones espirituales se resumen en ese pensamiento. Jesús y Buda tienen en común su conocimiento de que la consciencia es la fuente de todo lo que es, fue y será siempre. En tu fuente, el tiempo depende de ti y no al contrario. Cada evento que sucede depende de ti, de hecho, porque sin tu consciencia el universo deja de existir. Las estrellas y las galaxias desaparecen. La creación es absorbida por un hoyo negro. Tu consciencia hace que la realidad florezca en todas las direcciones, y mientras más profunda sea tu consciencia, más rica será la creación. Si puedes vivir como si fueras el punto central de la realidad, con la eternidad y el infinito expandiéndose a tu alrededor, estarás viviendo en el nivel del alma.

Resulta un gran misterio que la gente no se vea a sí misma de esta manera. Aunque es fácil que sus ojos la convenzan, pues no ven muy lejos. Es fácil que su mente la convenza, pues ésta recoge sólo una cantidad de información. Y es fácil que el ego la convenza, pues vive diciéndonos que somos pequeños, individuos aislados y abrumados por la gran escala del cosmos. Por fortuna, al extenderse la consciencia, le enseña a nuestros ojos, a nuestra mente y a nuestro ego a cambiar. En términos prácticos, cuando te comprometes todos los días con la consciencia profunda, estás viviendo una nueva visión, nuevas creencias y un nuevo sentido del yo.

Nueva visión: Es posible cuando dejas de estar atado a los datos en bruto que te proporcionan tus sentidos. La gente se conforma, por ejemplo, con que sus ojos sean instrumentos ópticos a los que bombardea la luz exterior. Los fotones inciden en la retina, que después transmite miles de millones de fotones por minuto a la corteza cerebral visual para que los analice. Pero en muchas culturas tradicionales, este proceso se ve a la inversa. La vista sale de la mente con la intención de descubrir el mundo. En otras palabras, la vista lleva a la consciencia a donde quiera ir. Este modelo de los sentidos resulta verdad en nuestra experiencia de muchas maneras. Si hay algo que no quieres ver, no importa cuántos fotones bombardeen tu retina. Por otro lado, si estás profundamente interesado en ver, no habrá límite a lo que puedas lograr. Piensa en un pintor talentoso, que camina en medio de una multitud en una ciudad llena de actividad y ve inspiración en cada rostro con el que se cruza, en cada cambio de la luz del sol y en cada ángulo del paisaje urbano.

La nueva visión es una visión creativa que se puede cultivar todos los días. Existe inspiración ilimitada escondida tras las cosas cotidianas esperando a que la rescatemos. Una de las pinturas chinas más famosas consiste en dos duraznos que se encuentran uno al lado del otro. El artista redujo cada durazno a una sola pincelada. En la superficie parece lo más fácil del mundo y casi muestra carecer de calidad artística. Intenta empapar tu pincel de tinta negra y con un giro de la muñeca dibuja un círculo que parezca un durazno. Pero, ¿puedes hacerlo tan perfectamente que se pueda ver que el durazno está maduro, dulce y que brilla en su belleza? ¿Puedes hacer también que quien lo contemple sienta que tú, el pintor, eres infinitamente sensible ante la naturaleza? En esta famosa imagen sucedieron ambas cosas.

Aplica ahora este tipo de visión a ti mismo. ¿Puedes ver a tu hijo o a tu esposa de manera que su esencia te impacte, de manera intensa e inmediata? ¿Puedes transmitir amor en tu mirada y sentir amor a cambio? Todos contamos con esta habilidad. De la misma manera en que te ubicas en el centro del espacio y del tiempo, te ubicas también en el centro del amor. No necesitas hacer nada. Una nueva visión proviene de la consciencia de quién eres. Cuando te comprometas a ver con ojos nuevos, estos se abrirán.

Nuevas creencias: suceden de manera automática al ver las cosas de una manera nueva. Una vez un alumno se le acercó a su maestro espiritual y le dijo: "No creo en Dios". El maestro le respondió: "Creerás en Dios cuando lo veas. ¿Realmente lo has buscado?". El alumno se ruborizó y tomó esto como una crítica. "Lo he buscado con mucha dedicación, señor. Le ruego a Dios que me conteste. Busco signos de que me ama. Nada funciona. Quizá Dios no exista". El maestro negó con la cabeza. "Tú crees que Dios es invisible y por eso no lo ves. El Creador se encuentra en la Creación. Ponte en contacto con la naturaleza. Aprecia los árboles, las montañas, los campos verdes. Ve todo con gran amor y afecto, no de manera superficial. En un momento determinado, Dios se dará cuenta de que amas su creación. Como un artista que ve a alguien admirando su cuadro, Dios querrá conocerte. Entonces llegará hasta ti y una vez que lo veas creerás en él".

Puedes tomar esta historia como una parábola o como una verdad literal (tomando en cuenta que Dios es tanto hombre como mujer, o ambos fusionados en uno). Como parábola, la historia dice que al ver con amor y apreciación surgen los niveles sutiles de la naturaleza (incluso de tu propia naturaleza) y que, al volverse más fina tu percepción, se revela el nivel sagrado de la vida en sí. En este momento lo único que tienes que creer es lo que hayas experimentado personalmente. Pero también vale la pena tomar la historia literal. Mira cualquier cosa que ames. Ya sea una persona querida, una rosa o una obra de arte, y ahí verás a Dios. Resulta inevitable porque no hay nada fuera de ti mismo y, cuando aprendes a mirar debajo de la superficie, verás tu propia consciencia. Así, tu sistema de creencias se modificará de acuerdo con tu consciencia, porque habrás descubierto que creer en ti mismo es todo lo que necesitas.

Un nuevo sentido del yo: Aparece cuando crees en ti mismo con toda seguridad. Todos nos aferramos con fuerza a una imagen propia que es parte fantasía, parte proyección y parte reflexión de otra persona. Si la manzana nunca cae lejos del árbol, lo mismo sucede con nuestro sentido del yo. Empezando con nuestras familias originales, hemos dependido de otras personas para que nos definan. ¿Eres bueno o malo, amado o no amado, brillante o aburrido, líder o seguidor? Para responder estas preguntas, y cientos más, acumulas información del exterior. La mezclas luego con tus propias fantasías y deseos. El ingrediente final es lo que proyectas en otras personas; es decir usas a otros para medirte a ti mismo. Este sentido total del yo es una choza construida con varas, pero dependes de él porque crees que así debe de ser, de otro modo no tendrías idea de quién realmente eres.

Un nuevo sentido del yo puede sustituir a esta construcción, vara por vara, al experimentar tu consciencia, entrar en ti y conocerte a ti mismo. La persona que conocerás no tiene una construcción débil. Todo lo contrario, descubrirás apertura, silencio, calma, estabilidad, curiosidad, amor y el impulso de crecer y expandirse. Este nuevo sentido del yo no necesita construirse. Ha existido desde el principio y existirá siempre. Una vez que conoces a tu nuevo yo, se vuelve cada vez más fácil deshacerte de los fragmentos y de las piezas del antiguo yo. El proceso requiere paciencia; necesitas conocerte día a día. Pero también se trata de un proceso jubiloso, porque en el fondo de tu corazón nunca compraste la construcción débil, o no del todo. Hay muchísimos recuerdos de cómo se constituyó, pieza por pieza, a veces por accidente, otras en contra de tu voluntad. Nadie quiere en realidad ser menos que lo que otros ven. Anhelamos ser reales y, si ese anhelo vive en tu mente, bastará. La persona que buscas es la misma que te está buscando a ti.

Paso 4. Sé generoso de espíritu

El *Todo* se puede permitir la generosidad. Nunca siente carencias. Independientemente de cuánto des, más recibirás. Creo que ése es el secreto que proviene del dicho: "Se bendice más al que da que al que recibe". Cuando das, revelas una verdad espiritual que sostiene que el flujo de la vida nunca se agota. Sin embargo, la gente entra en conflicto cuando da a nivel superficial pero por debajo siente carencia. La generosidad empieza en el nivel del alma, a la que nunca le faltan las dos cosas totalmente necesarias para la vida: energía y consciencia. Cuando tienes la seguridad de que tú como persona no carecerás de esos dos elementos, puedes permitirte ser generoso de espíritu. Ése es un mayor regalo para el mundo que el dinero. Ninguno de los dos excluye al otro. Siendo generoso de espíritu, dar a cualquier nivel resulta fácil y natural. En términos prácticos, la generosidad de espíritu se resume así:

Ofrecerte tú primero
Nunca retener la verdad
Ser una fuerza de armonía y coherencia
Ubicar tu confianza en el flujo de la abundancia

Todos estos puntos concuerdan con tu objetivo general de crear un estilo de vida que puedas seguir en privado mientras generas un verdadero cambio en todo tu entorno.

Ofrécete tú primero. En este caso "tú" significa el yo real. Ofrecer una versión que sea copia de ti mismo resulta tentador, y la mayoría de la gente termina por ceder ante ella. Muchos desempeñan un papel que complace las expectativas de la sociedad (esposo, trabajador, figura de autoridad, seguidor, dependiente, víctima). Siguen las demandas del ego bajo el patrón de "favor con favor se paga", de manera que cuando dan algo tienen la expectativa de que regrese. Se apoyan en el estatus y en el ingreso como rasgos definitorios. Estos factores, por ser externos, crean un yo falso. No hay ningún flujo del interior hacia afuera que es lo que significa la generosidad de espíritu. Existe una enorme diferencia entre presentarse como benefactor que dona dinero y tiempo, y presentarse como alguien que ofrece su verdadero yo. El yo real es abierto y vulnerable. Siente compasión ante la condición humana. No reconoce divisiones entre un alma y la otra.

Ofrecer el yo real nos puede asustar, pero como suele suceder, el miedo es un mal consejero. Cuando ofreces el yo real, no te constituyes en presa de las enormes necesidades de otras personas o de su capacidad de sacar ventaja. Más bien, te fortaleces. El yo falso, por su condición externa, es como una delgada armadura, en este caso confeccionada con un sentido de inseguridad. Deshacerte de lo falso te quita la armadura que siempre fue una ilusión. En realidad, tu cuerpo ha estado usando el irrefrenable flujo de energía y de consciencia para poder sobrevivir. Cuando fingías estar cerrado, tu cuerpo permanecía abierto ante el universo. ¿Por qué no adoptar una estrategia que ya se ha demostrado que funciona? Alínea tu espíritu con los débiles, los desposeídos, los equivocados y con los niños de la Tierra. Ábrete a ellos, no te estás ofreciendo a ti mismo como alma sola, te estás ofreciendo como un espíritu del *Todo*.

No retengas la verdad. Cuando la energía y la consciencia fluyen, la verdad fluye con ellas. Cualquier elemento falso bloquea al espíritu de su fuente. No se te pide que defiendas la verdad con mayúscula, porque los absolutos no están en cuestión. Al desplegarse la vida, lo único que puedes representar es tu verdad, que cambiará con el tiempo mientras evolucionas. Considera la verdad como el bien frente al mal. Alguien menos evolucionado, siente el mal como un poder que genera miedo y que se opone con fuerza al bien. Con un mayor crecimiento, esto cambia: existen áreas grises entre el bien y el mal, pero también hay menos temor al mal o idea de que tiene poder. Cuando una persona ha evolucionado mucho, el bien y el mal tienen menos importancia que la separación del alma y existe la confianza de que el *Todo* resolverá los conflictos del bien contra el mal. Toda posición tiene su propia verdad según la siente cada persona.

Lo importante es no retener la verdad, cualquiera que sea. La verdad retenida es una verdad congelada y estancada. Siempre que hables con la verdad avanzarás en tu evolución personal. Mientras más suceda esto, más mostrarás tu confianza en que prevalezca la verdad. La ausencia de verdad se debe más al silencio que a las mentiras. No estoy pensando tanto a gran escala, sino a nivel íntimo. En los hogares donde existe abuso físico o emocional, donde alguien bebe en exceso o consume drogas, donde los signos de depresión y ansiedad son inconfundibles pero no se tratan, los demás miembros de la familia en general guardan silencio. Apelan pasivamente a su propio sentido de impotencia. Esperan en vano que la situación mejore por sí misma o que, por lo menos, permanezca estable. Lo que en realidad sucede es que el silencio hace que el problema empeore, porque el silencio implica indiferencia, hostilidad sin palabras y carencia de opciones. Al hablar con la verdad se abren las opciones. Se demuestra interés. Se rechaza la desesperanza.

Sé una fuerza de armonía y coherencia. Por definición, el ser completo se encuentra en estado de armonía en tanto que la fragmentación constituye un estado de conflicto. Si no nos encontráramos divididos por dentro no lucharíamos contra la tentación, el enojo, el miedo y las dudas personales. El alma es una influencia armonizadora, y demuestra su generosidad de espíritu irradiando esa misma cualidad. Hace poco un amigo me contó una anécdota impresionante: Cuando caminaba por la calle de una gran ciudad donde estaba de visita, tuvo el impulso de entrar a una pastelería elegante, atraído por su vidriera extravagante. En cuanto cruzó la puerta percibió problemas. El dueño de la pastelería le estaba gritando a la chica que atendía en el mostrador. Ella lloraba y los dos estaban tan ensimismados que no se dieron cuenta de que había un cliente en la tienda. Mi amigo dijo que tuvo una intuición súbita. *Yo puedo traer armonía a esta situación.*

Le dio la espalda a la discusión, que terminó en cuanto se percataron de su presencia. Por sí solo, eso es insignificante, pero mi amigo persistió. Se centró en su paz personal (cuenta con experiencia de años en meditación). Y pudo sentir que la atmósfera de la tienda se suavizaba, y aunque pocos puedan creer lo que sucedió en seguida, el dueño y la empleada del mostrador intercambiaron sonrisas. Cuando mi amigo salió de la pastelería vio que se abrazaban y que se expresaban disculpas mutuas. ¿Puede tu sola presencia generar armonía en una situación del mismo modo? El primer paso es creer que es posible, el segundo es la voluntad de no tomar partido, sino de actuar únicamente como una influencia de paz, en silencio si se puede, pero hablando si resulta necesario. En el fondo, los conflictos no tratan de lo correcto y lo equivocado, sino más bien de lo incoherente y de emociones y pensamientos caóticos que son producto de energía caótica y consciencia fragmentada. Lo correcto y lo equivocado entran en escena como reflejos del escándalo; al gritar que tienes la razón, no tienes que admitir que te sientes lastimado, confuso o destrozado. En vez de contribuir al escándalo, puedes traer paz no sólo porque suene moral y bueno hacerlo, sino porque sin la influencia de la paz no se da ningún cambio productivo.

Confía en la abundancia. El *Todo* contiene justamente todo, que emana de fuentes infinitas. Puedes pensar que esto es una verdad incierta en tu vida personal, porque nadie cuenta con dinero, estatus, poder y amor infinitos. Donde no predomina la carencia, sigue prevaleciendo el miedo de sufrir la carencia. Es necesario reubicar la abundancia. Cuando la consideras uno de los infinitos recursos del espíritu, tu atención se desvía de las cosas materiales, para confiar en que siempre habrá suficiente de lo que tu alma tiene para dar. Muchas personas se limitan a la fe religiosa (creen que Dios nunca los expondrá a retos mayores de los que puedan manejar). Pero esto me parece simplista, porque cuando miras a tu alrededor, hay mucha gente que sufre en silencio sus cargas y mucha más que vive disminuida y aturdida. En el campo opuesto se encuentran los materialistas espirituales, los que miden el favor divino por las dimensiones de sus cuentas bancarias, que declaran que Dios ayuda a los que se ayudan a sí mismos. (Debajo de la superficie, ¿no estarán diciendo en realidad que Dios *sólo* ayuda a los que se ayudan a sí mismos? Ése es el verdadero abandono de la fe, porque reduce a Dios al papel de porrista de los ricos).

Me parece que lo mejor es excluir por completo la fe de este punto. La abundancia no es ni materialista ni religiosa. Se trata de confiar en el flujo, sabiendo que el *Todo* no tiene huecos y que jamás deja un vacío. Puedes ser generoso con cualquier cosa que te brinde tu alma y habrá más que fluya hacia ti. Sé generoso con la compasión, el amor, la inteligencia, la verdad y la creatividad. Mientras más expreses estos factores, más se te dará en todos los niveles. Al mismo tiempo, no conviertas tu alma en un cajero automático. El flujo no constituye una línea recta entre A y B, y cuando eres generoso no hay garantía de que a continuación se presentará un resultado que te beneficie. Pero en el gran esquema, evolucionarás cada día, porque el alma, en su flujo a través de ti, te transforma al mismo tiempo.

Paso 5. Concéntrate en las relaciones en vez de en el consumo

El *Todo* depende de relaciones completas. No puedes estar completo si estás aislado. Las relaciones son la verdadera prueba de cualquier estado espiritual, de otro modo quizá te engañes a ti mismo (tu ego puede estar utilizando a tu alma para fortalecerse). En eso se centra la siguiente famosa anécdota del yoga:

Un recluso espiritual ha estado sentado en una cueva de las cumbres Himalayas en busca de iluminación día y noche. Por fin, luego de años de ardua disciplina, se presenta la luz y el recluso se da cuenta de que ha alcanzado su meta. Lleno de alegría, baja la montaña para darle la noticia a los habitantes del pueblo. Cuando llega a las afueras del pueblo, un mendigo que apesta a alcohol choca con él. "Fíjate por dónde caminas, tonto", le reclama el iluminado. De pronto hace una pausa y, sin decir palabra, regresa a la cueva.

Las relaciones se vuelven completas cuando tú te vuelves completo. Pero el paralelo no es automático. Debes poner atención para ver el potencial oculto de otra persona. Me conmovió mucho una visita a Cuba hace unos años. Mis anfitriones me pasearon alrededor de la isla, y vi a varios cantantes y bailarines callejeros, muy comunes en la India cuando yo era niño, pero que hoy han desaparecido. Vi que las meseras sonreían y coqueteaban con los clientes de los cafés y que una atmósfera de felicidad prevalecía en casi todas partes, por lo menos en apariencia. Un día le pedí a mi chofer que me explicara lo que yo veía. "Somos demasiado pobres y no podemos comprar nada", me dijo. "Por eso tenemos que enfocarnos en las relaciones". Nunca se me había ocurrido que el consumismo minara las relaciones de manera tan seria. Consumir implica enfocarse constantemente en bienes materiales, pero también distraerse con el torrente de videojuegos, televisión, música, aparatos de alta tecnología, etc.

Es degradante definir a cualquier persona como consumidor. Me viene a la mente la imagen de una boca voraz y abierta (y el inevitable proceso del manejo de deshechos una vez que termina la digestión). Pero no quiero convertir esto en un asunto moral. Desde el punto de vista de tu alma, tú estás conectado con todo. Estar conectado significa relacionarte. Debajo de todo evento en el mundo hay hilos subyacentes que tiemblan como cuando se maltrata una telaraña. Nos comunicamos por medio de estos filamentos de amor, compasión, cooperación, comunidad y crecimiento. Cuando los filamentos se debilitan, pasa lo mismo con todas las cosas. (Como lo vimos antes, los niños que pasan horas dedicados a los videojuegos crean una modificación en su cerebro que les genera habilidades motrices especiales en detrimento de habilidades sociales: pueden combatir a cincuenta invasores extraterrestres por minuto, pero no pueden relacionarse con seres humanos reales). El consumismo impone una cuota escondida al cerrar los canales del crecimiento. En cambio, la cultura digital ha generado redes que sirven para conectar a la gente, en general para beneficio mutuo. Mientras más relacionado estés en términos electrónicos, más sujeto estás a la comunidad global. Pero no existe un vínculo emocional o un sentido de seguridad en esta unión. Los mensajes de texto lanzan unas cuantas palabras, pero provienen del nivel más superficial de la interacción humana.

Si examinas tu propia vida, podrás medir con facilidad cuánto ha cercenado tus relaciones el consumismo. A continuación, les hago unas preguntas sencillas:

¿Mi familia encuentra tiempo para relacionarse entre sí?

¿Cuán juntos nos sentimos todos?

¿Mis hijos me manipulan para obtener lo que quieren?

¿Calmo a mis hijos sobornándolos con cosas nuevas que comprar?

En nuestra familia, ¿nos apresuramos para estar solos frente a las computadoras, iPods, televisiones y videojuegos?

¿Podemos sostener una conversación familiar sobre algo que realmente importe?

¿Con qué frecuencia manejamos nuestros problemas buscando más distracciones?

¿Mido lo que valgo por la cantidad de dinero que tengo y las posesiones que he acumulado?

¿Comprar es una terapia?

Pocas personas podrán responder estas preguntas con honestidad sin sentirse incómodas. Desde luego que las distracciones ofrecen una salida fácil y en las relaciones surgen sensibilidades que nos gustaría evitar. Pero el relacionarse es la única manera en que dos personas pueden compartir una vida juntos. No se necesita agregar calificativos como relación *comprometida,* relación a *largo plazo* o incluso relación *feliz.* Como emoción o estado de la mente, la felicidad puede lograrse sin involucrarse en el problema de la relación con otra persona y, en el mejor de los casos, pedirle a otra persona que lo haga feliz a uno carece de justicia y de realismo. Lo que resulta profundamente importante en una relación es el nivel de consciencia que conlleva.

A nivel superficial, te relacionas con alguien para sentirte mejor, para obtener lo que quieres y para compartir cosas buenas.

Si logras llevar la relación a un nivel más profundo, se pueden compartir metas comunes, sentir apoyo mutuo y expandir el "yo" al "nosotros".

Si puedes alcanzar todavía mayor profundidad, una relación empieza a disolver las barreras del ego. El resultado es una comunicación real entre dos personas, en donde cada una vive en el interior de la otra. Por último, en el nivel del alma no hay "otra persona". La individualidad renuncia a sus exigencias y el ego se rinde ante el espíritu. En este nivel participas del *Todo* y todas tus relaciones son expansiones del *Todo.*

Los expertos dicen con frecuencia, y parece que todo el mundo está de acuerdo, que las relaciones requieren mucho trabajo. Eso sin duda es verdad a nivel del ego, porque los conflictos surgen cuando dos egos entran en contacto. Pero para empezar, relacionarse a nivel del ego garantiza un fracaso porque se orienta hacia el punto opuesto del alma. Siempre que te encuentres trabajando mucho para superar lo que sea en tu relación (aburrimiento, irritación, hostilidad, opiniones irreconciliables y puntos de desacuerdo) habrás caído en la agenda del ego. Trabajarás con toda la dedicación posible, pero no te estarás relacionando, sino que estarás sólo negociando. El secreto es darte cuenta de que las relaciones existen en su totalidad dentro de la consciencia. Dado que tú eres la fuente de la consciencia, puedes modificar cualquier relación dentro de ti mismo. No tienes que pedir, exigir ni negociar ningún cambio en la otra persona. Me doy cuenta de que esto va en contra de los principios de consejeros y terapeutas, pero ten en mente que la gente que acude a terapia a causa de relaciones conflictivas, lo que tiene en realidad son egos frustrados; la consciencia se perdió antes de que empezara la primera hora de terapia.

Una vez que te dedicas a profundizar tu consciencia, las relaciones mejoran, porque estás mandando nueva energía a través de los filamentos invisibles que nos unen a todos. La única advertencia es que no debes hacer de la consciencia una propiedad privada, ni una razón más para sentirte aislado. Deja que la otra persona obtenga todas las ventajas de tu crecimiento interior. Esto significa que cualquier impulso de amor será para ella. Toda revelación que se presenta se compartirá. Al expandirte, debes transformar el ser en el hacer. Sin embargo, no importa lo que suceda en la superficie, descansa con la seguridad de que todas las personas con las que te relaciones percibirán tu energía. Los vínculos no mienten. No pueden fingirse, lo cual es una razón más para encontrar el verdadero nivel en el que se presenta la unión. Sólo ahí las relaciones dejan de ser trabajo y se dan sin esfuerzo. Una vez que entablas un vínculo, no hay razón para desconfiar de la otra persona, porque los dos son uno y se encuentran en el único camino que importa, compartiendo el mismo *Todo*. La soledad, el aislamiento y la inseguridad del ego saltan a la luz por lo que son (productos secundarios de las almas desconectadas antes de que se encuentren).

Paso 6. Relaciónate conscientemente con tu cuerpo

A todos nos han adiestrado para ignorar el valor espiritual de nuestro cuerpo. Siglos de programación han fomentado la ilusión de que el cuerpo no tiene mente y mucho menos alma. Pero como lo hemos visto varias veces en este libro, tu cuerpo se ha mantenido fiel al alma a pesar de que tú no lo hayas hecho. Se abre al flujo de la vida. Mantiene a cada célula a través de la abundancia infinita de energía e inteligencia del universo. Irónicamente, la gratitud que le damos a Dios debería recibirla también nuestro cuerpo, que nos ha mantenido de una manera más confiable que cualquier poder "superior". Tu cuerpo te cuida conscientemente todos los días, sin perder nunca el foco o la atención. Puedes agradecerle este fiel servicio relacionándote conscientemente con él.

O, para ser más precisos, completando el círculo. La consciencia quiere fluir con libertad del cuerpo a la mente y regresar de nuevo. Sin embargo, con demasiada frecuencia el cuerpo envía mensajes que provocan un corto circuito en la mente. Ciertos mensajes nos dan miedo o menguan nuestra imagen personal. No tenemos tiempo para escuchar al cuerpo o lo posponemos porque hay cosas más importantes. Considera las siguientes situaciones cotidianas:

Sientes una punzada de dolor.
Ves signos de envejecimiento.
No te sientes "muy bien" físicamente.
Percibes que tu energía disminuye.
Tu piel te hace sentir incomodidad.

No ves correspondencia entre el aspecto de tu cuerpo y tu
yo interior real.

Hay dos formas de relacionarse con estas experiencias. Puedes separarte de las sensaciones físicas y verte a ti mismo lejos de ellas. O puedes pensar en las sensaciones físicas como mensajes conscientes de una parte de ti mismo a otra. La primera reacción es la más sencilla y común. Existe un sentido de falsa seguridad que proviene de ignorar lo que nuestro cuerpo tiene que decir. Tu debes decidir si lo tomas en serio; cuándo y dónde le prestas atención. Pero, en esencia, estás rechazando a tu cuerpo. La seguridad real llega cuando te relacionas con tu cuerpo con la misma consciencia con la que te relacionas contigo mismo. Entonces el dolor y la incomodidad adquieren un significado diferente. Dejan de ser señales de peligro de las que quisieras huir y se convierten en mensajes que requieren respuesta. (Por analogía, si te encuentras en un restaurante sentado cerca de un bebé que llora, instintivamente tiendes a sentirte irritado; si el llanto continúa quizá pidas otra mesa. Pero si el que llora es tu hijo, tu instinto es acercarte al problema y tratar de solucionarlo).

Relacionarte con tu cuerpo implica las mismas actitudes básicas que una relación íntima. Prestarles atención diaria mantiene la salud de la relación.

Confianza
Consideración
Honestidad
Cooperación mutua
Apreciación amorosa

Todos estos son aspectos de la consciencia. La gente se enfoca demasiado en las opciones fijas que presenta el cuerpo

gen de supermodelo, por no estar en su peso ideal, por no tener
bíceps perfectos o senos suficientemente grandes? ¿El paso de
los años hace menos valiosa a esa persona ante tus ojos?

La razón por la que esas consideraciones carecen de importancia es porque te estás relacionando con una persona, no con
un objeto que debe responder a una imagen ideal. Piensa ahora
en tu cuerpo como una persona íntimamente relacionada contigo. No tienes que llamarle "yo" a esa persona. Bajo cualquier
nombre, tu cuerpo se ha relacionado contigo igual que el más
fiel de tus amigos, y cuando lo veas así, la imagen del ego perderá importancia. En resumen, aprende a personificar a tu
cuerpo y así tendrás menos tentación de considerarlo un
objeto.

Cooperación mutua. No puedes esperar que tu cuerpo te
sirva si no le das nada para que funcione. El cuerpo de un ejecutivo de edad mediana no se dispone a sabotearlo cuando el
hombre decide palear medio metro de nieve para salir del
garaje. Pero si lleva años ignorando su corazón, existe el riesgo
de que el ejercicio fuerte se convierta en un peligro fatal. La
clave de la confiabilidad del cuerpo radica en la cooperación:
pídele sólo lo mismo que le has dado. En comparación con
otras relaciones íntimas, tu cuerpo pide únicamente una parte
pequeña de lo que te da a cambio. Ésta es otra área donde
resulta útil personificar a tu cuerpo en vez de darle calidad de
objeto. Piensa en tu cuerpo como un trabajador bien dispuesto
que se limita a pedir un salario modesto, pero que no puede
sobrevivir sin pago. El salario que necesita es que se le preste
atención personal. Si en realidad quieres cooperar con tu
cuerpo, prestándole un poco de atención, lleva una dieta adecuada, haz ejercicio y descansa (lo harás porque quieres que tu
trabajador bien dispuesto se sienta feliz en su empleo).

Apreciación amorosa. Tu cuerpo servirá a tus intereses y los
apoyará toda la vida. Es justo apreciar su servicio y, de ser posi-

ble, apreciarlo con afecto genuino. La mayoría de la gente está lejos de hacer algo semejante. Por lo contrario, ven a su cuerpo como un coche viejo que cada vez necesitará más reparaciones y causará más problemas por su desgaste. Se provoca así una desconexión importante. Lo que la gente espera de la vida (un futuro más cómodo y satisfactorio) no concuerda con su cuerpo, que es cada vez más incómodo y decepcionante. Sin embargo, esa falta de concordancia no es culpa del cuerpo; es producto de creencias y suposiciones que nacen en la mente. Todos nos relacionamos con seres amados que envejecen y, si tenemos suerte, nos relacionamos mejor con ellos a esa edad. La familiaridad genera apego en este caso, donde el aprecio fluye con mayor naturalidad.

Lo mismo debe suceder con nuestro cuerpo. Por ser un compañero de la familia, puedes quererlo más con el paso del tiempo. Los dos están destinados a compartir la vida y saben cosas mutuas que nadie más podría saber. Si esto suena a matrimonio, de eso se trata exactamente. El mayor objetivo de la vida es el matrimonio entre mente y alma y, como el cuerpo une a los dos, merece ser parte de una unión más perfecta en el transcurso de los años. Esto no es una fantasía que trata de compensar el avance del envejecimiento físico. Se trata más bien de enfocar tu propia consciencia. Si pretendes ser más consciente, sabio y tener mayor satisfacción en el futuro, invita a tu cuerpo a unirse a ese futuro en una sociedad igualitaria. Cuando el cuerpo, la mente y el alma se unen, los resultados serán muy diferentes que si se encuentran separados uno del otro.

Paso 7. Recibe cada día como a un mundo nuevo

Para que la vida se convierta en una gran victoria tienes que ganar muchas pequeñas batallas a lo largo del camino. Estas batallas se libran en el paisaje plano de la vida cotidiana. Vemos todos los días a las mismas personas, y, en gran medida, esperamos de ellas lo mismo. Trabajamos según una rutina que se convierte en naturaleza arraigada, con lapsos de aburrimiento, indiferencia e inercia que son posibles en todo momento. Pero debajo de esta apariencia plana, la vida se está renovando de manera constante. Tus células nunca se aburren, jamás se distraen, sufren de inercia o se aíslan. Están totalmente inmersas en estar vivas. Parece que existe una brecha, entonces, entre la vida y el cuerpo. Como la mente maneja la agenda del cuerpo, si pierdes las pequeñas batallas contra la rutina, la inercia y el aburrimiento, esta brecha crecerá. El flujo renovador se retirará y el movimiento hacia adelante se detendrá poco a poco. Sin embargo, si puedes cerrar la brecha, sucederá lo contrario. Cada día paracerá una renovación.

Existen dos lados en toda brecha. El modelo de esto es la sinapsis, brecha microscópica que separa los extremos con forma de ramas de las células del cerebro. Para tener cualquier tipo de actividad celular, los mensajes químicos deben saltar a través de las sinapsis. Cuando la sinapsis deja de funcionar, el cerebro pierde su equilibrio, y tú tienes la experiencia de perder también tu equilibrio. Todo tu sentido del yo depende de lo que sucede en la brecha. Los investigadores han descubierto, por ejemplo, que la depresión está asociada con la cantidad de serotonina, molécula mensajera del cerebro, que se envía a través de las sinapsis y se retoma después para abrirle el camino al siguiente estallido. En un cerebro normal, la cantidad correcta de serotonina atraviesa la brecha, después se reabsorbe sólo lo suficiente para que el remitente y el destinatario estén listos para el manejo de nuevos mensajes. En el cerebro de una persona deprimida se reabsorbe demasiada serotonina, y al agotarse las reservas no queda suficiente para enviar de manera correcta el siguiente mensaje. Ciertos receptores se obstruyen y otros quedan vacíos. Sin el balance correcto, no puedes tener un estado de ánimo seguro y estable.

Presenté un panorama simplificado pero que dice mucho acerca de la manera en que te encuentras con un nuevo día. Tu alma envía energía y consciencia, que tú debes recibir. Si tu cerebro está ocupado con muchas experiencias viejas y gastadas, sólo puedes recibir una fracción de la nueva energía y la nueva consciencia que se te está enviando. Todos sabemos exactamente lo que se siente, por ejemplo, al salir de una relación que fracasó: no nos permite pensar en una nueva relación. No nos sentimos receptivos en ningún nivel, empezando por los receptores de las células del cerebro, y siguiendo con el sentido del yo, de lo que esperamos del amor, de cómo vemos a las demás personas, de cómo manejamos nuestra decepción, etc. Resulta demasiado crudo pensar exclusivamente en términos de moléculas que cruzan la brecha. Todo tu yo va y viene a través de la brechas, y los receptores de los que depende tu vida son receptores de experiencia a través de todo el rango de la mente y del cuerpo.

Esta mañana al despertar, tu día pudo haber sido totalmente fresco. Todo día es un mundo nuevo. Tu cerebro está construido para recibir miles de millones de datos nuevos. Nada lo obliga a aferrarse a experiencias pasadas que atoran el mecanismo de recepción. La razón por la que el día de hoy no se siente como algo completamente nuevo es que se requiere un nuevo yo. En la medida en que quieras levantar un puente entre ayer y hoy con el mismo yo, estarás bloqueando la renovación como si trataras de llenar un receptor del cerebro que ya está lleno. Bajo el microscopio, un biólogo celular puede ver los receptores obstruidos, y con una resonancia magnética un neurólogo puede señalar las áreas del cerebro que no muestran la actividad adecuada. Pero no debemos caer en la trampa de pensar que la materia controla al yo. Tu cerebro no llenará ningún receptor que quieras mantener abierto. Si te reinventas todos los días, experimentarás un nuevo mundo con cada aurora.

Decir algo así suena alarmante en la sociedad materialista. ¿Estamos diciendo que los pacientes deprimidos provocaron su propio desequilibrio de serotonina? ¿No lograron recibir la alegría y la satisfacción que su alma quería darles? La mejor respuesta es ambigüa, por desgracia. El cerebro tiene un doble control. Se maneja a sí mismo automáticamente, lo cual significa que los desequilibrios químicos pueden generarse por sí mismos y los patrones distorsionados de actividad cerebral tienden a tener su propio impulso. Una vez que se colocan en su lugar, reinciden sin intervención exterior. De manera que sería injusto y médicamente falso decir que un paciente deprimido provocó su condición. Por otro lado, la gente contribuye a su depresión. En gran medida, la actividad del cerebro es voluntaria. Quien bebe demasiado, se involucra en relaciones tóxicas o carece de capacidad para enfrentar las épocas de estrés, sufrirá de una función deprimida del cerebro. Es muy difícil definir la zona de sombra entre lo voluntario y lo involuntario. Al final, todos vivimos en ambas áreas y debemos navegarlas de la mejor manera posible.

Por fortuna, gran parte del control radica en tu persona. Puedes decir: "Hoy quiero ser una persona nueva" y el 90 por ciento del trabajo queda hecho. Lo importante es decir "Hoy quiero ser una persona nueva" con tal claridad y compromiso que el mensaje se reciba sin errores ni confusión. Dos células del cerebro que se encuentran una frente a otra en la sinapsis pueden actuar como entidades separadas, pero en realidad son parte del total del cerebro. El cerebro es parte de un todo mayor (tú). La gran diferencia radica en que tu eres tanto remitente como destinatario de cada mensaje. Mucha gente no se da cuenta de este hecho crítico; han construido un mundo de "yo" y "no yo". En cuanto lo hacen, los bombardean toda clase de mensajes desde el exterior puesto que el "no yo" incluye a otras personas, al mundo en general y a la propia naturaleza.

Pero si todo es "yo", entonces todos los mensajes son de un aspecto del yo a otro. El nuevo día al que despertaste esta mañana eres tú disfrazado. Sus oportunidades frescas provienen de un nivel del yo que es invisible e inmaterial; por tanto, ponerse el disfraz del mundo exterior ha demostrado ser efectivo. Cuando oyes que suena el teléfono y lo contestas, oyes una voz que es de "no yo". ¿Qué podría ser más convincente? Pero no te dejes convencer tan fácilmente. Cada experiencia que llegó con este día fue subjetiva; la recibió, procesó, juzgó y absorbió tu consciencia. Por tanto este día sucedió en la consciencia, en ningún otro lado y tú *eres* la consciencia.

No hay dos personas que experimenten este día de la misma manera. Ni siquiera un minuto puede vivirse de la misma manera. Dado que experimentas un mundo singular, depende de ti cómo se reciba, procese, juzgue y absorba cualquier momento determinado. El yo realiza estas tareas y la calidad del yo determina lo que obtienes de la vida de momento a momento. En el nivel superficial hay otra persona que te habla en el teléfono ("no yo"), pero en el nivel del alma es un aspecto de la consciencia que le está enviando mensajes a otro aspecto.

El momento presente es el único lugar donde se hace posible la renovación, porque los mensajes los recibimos ahora. Sin embargo, no hay ninguna magia especial en el ahora. Si un gran chef coloca una comida deliciosa frente a ti, la experiencia de comer no depende de estar presente en el ahora. Lo que importa es la calidad del yo que recibe la experiencia. Una persona distraída apenas probará la comida, una persona deprimida la sentirá insípida, pero alguien enamorado pensará que la misma comida es divina. De manera que el ahora es como un receptor abierto del cerebro en espera de enviar y recibir el próximo mensaje.

Si estás totalmente abierto, con la consciencia alerta y expandida y la mente libre de antiguos condicionamientos, el ahora te parecerá mágico. En realidad eres tú quien confiere la magia. Una vez que te das cuenta del papel central que desempeñas, resulta natural recibir cada día como un mundo nuevo. Todo lo que hace que parezca ser el mismo mundo viejo está en ti, y al enfocarte en tu evolución personal puedes evitarlo. La niebla que oculta al nuevo mundo seguirá levantándose, hasta que llegue el momento en que la renovación sea espontánea y sin esfuerzo. Precisamente ese es el momento en que el remitente y el destinatario se encuentran en un abrazo ininterrumpido.

Paso 8. Deja que lo atemporal se encargue del tiempo

Nos dicen que el tiempo debe usarse con sabiduría, pero, ¿qué significa eso en la práctica? Para la mayoría de la gente se reduce a administrar el tiempo. Hay un número definido de horas en el día y se desperdicia mucho tiempo; el día se va antes de que hayamos hecho la mitad de las cosas que nos propusimos. Pero tu alma no ve el tiempo de la misma manera. Su marco de referencia es atemporal. Por tanto, usar el tiempo con sabiduría significa usarlo de manera atemporal. Si has oído a alguien decir: "Mi vida es atemporal", debes haber supuesto que se trataba de alguien sumamente religioso y que atemporal significa estar cerca de Dios. O que se trataba de alguien que vive en un lugar como por ejemplo el desierto, donde el tiempo parece detenerse. Hay otras posibilidades. Podría ser una persona dedicada a la meditación (quizá un budista que trata de escapar de la prisión del tiempo para alcanzar el Nirvana). En otras palabras, el término *atemporal* tiene un tono místico que puede volverlo confuso e impráctico: Si eres realista, tu tiempo se invierte mejor si logras hacer todo lo que tienes que hacer en un día.

Es muy importante hacer práctico lo atemporal. Si vuelves la espalda y te olvidas de que lo atemporal existe te desconectarás de tu alma, que no puede abarcarse en el programa de un día. Entonces, ¿es posible hacer lo contrario y expandir tu vida hacia un horario atemporal? Para abordar esta pregunta piensa en las varias maneras en que el tiempo puede tomar caminos equivocados. Podemos valernos de un ejemplo que ilustra la trampa escondida que el tiempo nos presenta: Has decidido irte de vacaciones al lugar de tus sueños, las Bahamas, que será como una segunda luna de miel. Tú y tu esposo coinciden en que ambos merecen unas vacaciones largas y que se irán sin el resto de la familia. Lo que tu esperas es volver a encender el fuego en tu relación. Por desgracia, se presentan reveses inesperados. Planear el viaje consume el poco tiempo libre con el que cuentas y empiezas a quejarte de que tu esposo no se hace cargo de su parte. Luego se cancela el vuelo al Caribe, varándolos durante un día en el aeropuerto. Los dos llegan rendidos de cansancio e incapaces de relajarse prácticamente hasta el día en que tienen que volver a casa. Además, pasas más tiempo preocupándote por los niños que se quedaron en casa que reconectándote íntimamente con tu marido. Es un alivio que terminen las vacaciones y, un mes después, la noción de una segunda luna de miel parece un recuerdo remoto.

La diferencia entre pasar un buen momento y pasar un mal momento depende del tiempo en sí. En este ejemplo salió mal lo siguiente:

El tiempo se volvió muy escaso y limitante.

El tiempo generó sufrimiento psicológico.

Bajo la presión del tiempo, la experiencia resultó superficial e insatisfactoria.

El tiempo no permitió que sucediera lo que en realidad querías.

Que lo atemporal pueda resolver estos problemas resultará sumamente práctico porque el mismo mal nos afecta a todos día a día. Para empezar, tomemos la queja básica que comparte toda la gente: el tiempo no alcanza. Con la presión de las fechas límite, con demasiadas exigencias en cuanto a nuestro tiempo, la vida diaria se convierte en una carrera con demasiadas metas que se nos alejan cuanto más rápido corremos. La administración del tiempo intenta resolver estos problemas, pero cuanto mucho sólo los mejora un poco. El trabajo llenará todo el tiempo que le concedas. La solución es vivir desde un lugar atemporal. El tiempo sólo alcanza cuando desaparece. Aunque suene a paradoja, esta afirmación conlleva un razonamiento profundo:

El tiempo no está separado de ti, forma parte de tu ser. Desde tu origen todos los eventos han sido colocados en un tiempo perfecto. El principio conoce el final. Se ha dispuesto de suficiente tiempo no sólo para que hagas todo lo que necesitas, sino para que la experiencia de moverte de A a B también sea satisfactoria. En otras palabras, el despliegue del tiempo significa realmente el despliegue del yo. El tiempo no puede atrapar al yo, tratándose del verdadero tú.

Piensa en tu cuerpo cuando estabas dentro del útero. Un embarazo normal tarda nueve meses por una sola razón. Toda la complejidad de un recién nacido se ajusta perfectamente a ese lapso de tiempo. Si el embrión necesita menos o más tiempo el nacimiento realiza el ajuste. No hay presión que dicte que nueve meses sea un plazo fijo. Con esa misma flexibilidad, cualquier cosa que quieras lograr viene en un paquete con su propio horario interior. El tiempo se sujeta a tus deseos, y no al revés. Si dos personas leen el mismo libro, lo importante es a quién le aportó más la lectura y no quién lo terminó primero.

Una vez que te das cuenta de que el tiempo es completamente subjetivo, dirigido por lo que deseas de la vida, se desvanece toda la noción de la presión del tiempo. (La escritora inglesa Doris Lessing, premio Nobel de Literatura 2007, abandonó la escuela en Rodesia a los catorce años y nunca regresó. Una vez declaró en una entrevista que su decisión resultó una gran ventaja, porque en vez de leer los libros que se asignaban en preparatoria y la universidad, tuvo la libertad de leer cualquier libro cuando y solamente cuando le interesara. De ese modo aprovechó mucho todo lo que leyó y su vida se desplegó en sincronía con los libros que la absorbieron). Si estás atado a un sentido externo del tiempo, te pierdes la clave de la existencia, que es no cumplir con fechas límite.

Lo atemporal sabe cómo usar el tiempo de una manera más eficiente de la que podría calcular la mente humana. Ni siquiera somos capaces de organizar los ritmos biológicos básicos del cuerpo, tan complejos y entrelazados que se deben dejar por completo a la naturaleza. Pero la mente es muy capaz de confundir esos ritmos. Lo mismo sucede con el tiempo en general. La mente puede decidir arbitrariamente que el tiempo no alcanza, que el tiempo se acaba y que las cosas hay que hacerlas a tiempo, pero en realidad lo atemporal se encarga del tiempo. Imagínate que de manera muy despreocupada te tardas una hora en preparar la comida, leer un artículo de una revista y hacer algunas tareas domésticas sencillas. Todas carecen de horario. Tienes un vago sentido de que quieres llevar comida a la mesa a cierta hora, pero por lo demás poner todo en su lugar no requiere esfuerzo. Te sobra incluso tiempo para pensar sobre tu lectura y quizá para perderte en un sueño con los ojos abiertos sobre un proyecto futuro que apenas está empezando a gestarse.

Toma ahora la misma situación, pero añádele una llamada en la que tu esposo te avisa que llegará a casa a cenar con su jefe. El tiempo no ha cambiado, pero tu relación sicológica con el tiempo sí. Sientes presión y lo que era fácil de lograr se carga de angustia. No hay tiempo para que leas el artículo de la revista, mucho menos para reflexionar, soñar con los ojos abiertos o planear un proyecto futuro. Has perdido el elemento de lo atemporal, cuya primera cualidad es ocuparse del tiempo. Cuando se le encarga a la mente la tarea de administrar el tiempo, ésta trata de imponer un orden crudo e insatisfactorio en comparación con la organización espontánea de lo atemporal.

Para integrarte al *Todo* debes permitir que lo atemporal se funda con el tiempo. No es sólo cuestión de cambiar nuestras actitudes. Necesitas cultivar la consciencia profunda, porque en la superficie la consciencia cambia constantemente cuando una serie de actividades exige nuestra atención. Un río corre más rápido en la superficie, pero casi carece de movimiento en el fondo. Aborda tu mente de esa manera, encontrando las profundidades quietas y silenciosas que se abren por medio de la meditación. Al igual que en el río, las profundidades quietas de tu mente no están separadas de la actividad de la superficie. Cada nivel del río está hecho de la misma agua y se mueve hacia la misma meta. Pero el viaje se vuelve mucho más cómodo cuando no te agitas como una hoja al viento.

El que un río pueda estar quieto y moverse al mismo tiempo no tiene nada de místico. Como tampoco hay razón para buscar misticismo en la capacidad que tiene la mente de estar quieta y moverse al mismo tiempo. Lo atemporal se funde con el tiempo tan fácilmente como el agua se funde con el agua. Podemos experimentar esto de manera personal. Cuando descubrimos que la quietud interior elimina la presión del tiempo es inevitable que demos el siguiente paso; veremos que si se permite que lo atemporal maneje al tiempo nunca nos faltará tiempo ni quedaremos sujetos a fecha límite alguna. Lo atemporal aporta libertad, cualidad que se filtra en el tiempo y hace que te sientas libre en este mismo instante.

Paso 9. Siente al mundo en vez de tratar de entenderlo

No puedes pensar en tu camino hacia el *Todo,* pero sí puedes sentirlo. Hacia el final de su vida, Leonardo da Vinci pasó cientos de horas tratando de entender los patrones turbulentos del agua al tomar su camino corriente abajo, pero no lo logró. El flujo rechaza el análisis y lo mismo sucede con el flujo de la vida. Sin embargo, fuimos diseñados con una consciencia que es mucho más poderosa que el pensamiento. Es posible que entremos en una habitación y percibamos tensión en el aire. Puedes sentir si alguien te quiere o no. A nivel sutil puedes sentir si perteneces a un lugar o si estás seguro. Estos aspectos sutiles de la consciencia guían la vida mucho más de lo que la gente cree. Y en su ausencia nos damos cuenta de lo paralizante que puede resultar no sentir el mundo.

Pienso en un joven que conozco, que se enamoró de una mujer y pronto se mudó a vivir con ella. Ella estaba muy enamorada de él, pero pronto se apoderó de ella una extraña sensación de inseguridad. Cada vez que el joven se iba a otro cuarto, ella lo seguía. Si él se ponía a leer un libro, enseguida le preguntaba: "¿En qué piensas?". Al principio, él no le daba importancia a la pregunta y contestaba: "En nada en especial. ¿Por qué?". Pero pronto la situación empeoró. Cada cinco minutos ella preguntaba: "¿En qué estás pensando?". Y no había respuesta que la satisficiera. El joven no tenía idea del origen de esta obsesión, que al final destruyó la relación. Fue mucho después que se percató de que la mujer era incapaz de sentirse amada. Cada vez que el joven permanecía en silencio (mientras leía, trabajaba en la computadora o no hacía nada) ella sentía pánico de que él no la amara. Cuando le preguntaba: "¿En qué piensas?", la única respuesta satisfactoria hubiera sido: "En ti, mi vida", pero incluso cuando él con mucho afecto le contestó de esa manera, ella siguió sintiendo pánico cada cinco minutos.

Este es un ejemplo de alguien que no pudo sentirse amada, lo cual se convirtió en una discapacidad paralizante. Por principio, si te sientes indigno de ser amado, no puedes sentir que alguien te ama. Hay un pensamiento fijo que bloquea tu consciencia. De la misma manera, la gente que se siente insegura no puede sentir seguridad con ningún tipo de protección externa. Los que sienten que no valen nada, no pueden mejorar su autoestima a través de ningún tipo de logro. Si los analizas en profundidad, todos estos casos ilustran una desconexión entre el yo y el mundo. Proyectamos hacia el mundo exterior el modo en que nos sentimos. Si te sientes indigno de ser amado, el mundo parece carecer de amor. Si sientes inseguridad, el mundo parece peligroso. Pero, ¿no es el mundo un lugar peligroso? ¿No estamos rodeados de acciones carentes de amor y de indiferencia generalizada? Sí, pero no se trata de absolutos. A veces el mundo es peligroso, pero la mayoría de la veces no. Hay ausencia de amor en algunas situaciones, pero en momentos inesperados el amor brilla a través de la más oscura de las situaciones. En vez de tratar de entender a un mundo que nunca deja de cambiar, puedes encontrar tu camino sintiendo y confiando en lo que sientes. Sólo entonces sabrás qué se está desplegando a tu alrededor.

Todo requiere de un sentimiento muy específico: *yo me*

basto a mí mismo. Al sentirlo, el mundo te bastará también. Sin embargo, si lo que sientes es: "Yo no soy suficiente", al mundo siempre le faltará algo. Albergarás una vaga sensación de que de algún modo te falta un ingrediente crítico para sentirte satisfecho, e independientemente de cuánto intentes entenderlo, jamás encontrarás la pieza que falta. He dicho muchas veces en estas páginas que tu cuerpo está más cerca de tu alma de lo que te imaginas, y ésta no es la excepción. Tu cuerpo sabe que es suficiente. Las células no experimentan inseguridad ni se preocupan. Si pudieran hablar afirmarían lo siguiente con absoluta certeza:

Soy autosuficiente
Me siento seguro
Sé exactamente cómo vivir
La vida satisface mis necesidades
Yo pertenezco aquí

Las células viven una verdad que no se puede expresar en palabras: son siempre autosuficientes, encajan perfectamente con el resto de las células, cumplen de manera impecable con su papel dentro del cuerpo. Tomando el cuerpo como base, puedes sentir tu camino hacia la certeza de que eres suficiente. Quizá has visto los videos que mucho han circulado de un adolescente ciego que de niño sufrió cáncer de ojo y que ha inventado su propio sonar. Al igual que un delfín, el niño emite una serie de clics varias veces por segundo y escucha el eco de estos sonidos al rebotar con los objetos. De esta manera, se mueve con una gracia notable a través de un mundo oscuro. El chico anda en su propia bicicleta, juega básquetbol y hace tareas domésticas. Cuando camina por la banqueta y siente que un objeto bloquea su recorrido, puede afinar su foco y "ver" que ese obstáculo es un bote de basura; entonces le da la vuelta. En la literatura médica hay otro puñado de pacientes ciegas que también han hecho esta adaptación. Aparentemente, su sonar les permite a los invidentes formar una fotografía mental a partir del sonido. Pero aquí hay algo raro. El sonar que usan los delfines (técnicamente conocido como ecolocalización) requiere de pulsos sonoros extraordinariamente rápidos, que llegan a 1.750 por segundo. En el mejor de los casos una persona ciega puede emitir cinco por segundo, que no bastan ni remotamente para construir una imagen mental de los objetos más inmediatos. ¿Cómo ve entonces una persona que pierde la vista? Una respuesta es que el cuerpo tiene ojos que no son ojos (que así es, literalmente. En experimentos confiables se ha demostrado que hay sujetos que pueden percibir, por ejemplo, cuando alguien que está detrás de ellos los mira). Ciertos ejemplos más extraños se refieren a personas que ven a su propio cuerpo pararse enfrente de ellos. Los neurólogos han registrado a diversos pacientes con esta clase de visión. Cuando alguien pasa por una experiencia de muerte próxima y relata haberse elevado en el aire y ver abajo a su cuerpo muerto puede también haber experimentado un tipo de visión autoscópica.

Estos ejemplos no explican las sensaciones de muerte próxima o que algunos ciegos puedan ver, pero demuestran que la consciencia se extiende mucho más allá de lo que en general se supone. El cuerpo está diseñado para tener consciencia más allá de sus cinco sentidos. Si crees que esto no es cierto, tu actitud mental puede bloquear la consciencia sutil que se supone te guía. Por otro lado, puedes aceptar que la consciencia sutil es real, y cuando lo hagas, el sentir tu camino por el mundo se volverá parte crítica de tu viaje espiritual. Para volver a la mujer que siempre preguntaba "¿En qué piensas?", si hubiera tenido consciencia, hubiera percibido el miedo que estaba debajo de su pregunta obsesiva. Al sintonizarse con este sentimiento de pánico, hubiera tomado consciencia de que se sentía indigna de ser amada y hubiera fomentado este sentimiento para concluir finalmente que se sentía indigna de amor. Aquí llegamos a un punto decisivo. Esta mujer se enfrenta a una realidad. O bien no sentirse digna de amor es un hecho que el mundo sigue reforzando con crueldad o se trata de algo que ella tiene que sanar en sí misma. Si toma la decisión de curarse, deberá reconectarse con su consciencia más profunda (el alma), que es la fuente del sentirse amado.

En vez de "no merezco amor" puede aparecer "no me siento seguro", "no estoy satisfecha" o "no tengo un propósito". Cualquier sentido de carencia puede rastrearse en el pasado y se debe a una desconexión con la fuente. Por tanto, puedes mirar hacia atrás y curar el daño. Toda la existencia del alma depende de la seguridad de que resulta suficiente. Nada puede existir fuera del *Todo*. Al reconectarte con tu alma, sintiendo tu camino paso a paso, tu consciencia se modificará. Estarás sintiendo quién eres en realidad. La meta de todo ser en su búsqueda espiritual debe ser pensar: "Soy suficiente". La buena noticia es que por tratarse de tu estado natural, tu búsqueda del *Todo* (si eres fiel a ella) está destinada a triunfar.

Paso 10. Busca descubrir tu propio misterio

El *Todo* es tuyo si así lo deseas. La gente desea trabajos, casas, coches, dinero y familia. Obtiene estas cosas porque van tras ellas y la sociedad está programada para que eso sea posible. Pero la sociedad no está diseñada para que logremos ser individuos completos. Todo lo espiritual se puso en una caja separada del resto del material de la vida. Es cierto que algunas personas tienen convicciones religiosas tan fuertes que quieren vivir una vida cristiana o una vida judía o una vida musulmana en todos sentidos. La ventaja de entregarte a una religión es que cuentas con un camino hecho, junto con un fuerte grupo de apoyo. El problema de entregarse a la religión es que exige conformidad, y si te conformas adecuadamente te convertirás en un perfecto cristiano, musulmán o judío, pero sin la garantía de ser un individuo íntegro.

Hay dos hechos ineludibles: seguramente anhelas ser un individuo íntegro con el mismo fervor que deseas tener una casa, coche, trabajo o familia, y quieres recorrer el camino por ti mismo. Me conmovió mucho la publicación de las cartas personales de la Madre Teresa, años después de su muerte, en las que la "Madre de Calcuta" revela que nunca tuvo la experiencia de Dios. A pesar de las décadas de servicio dedicado a los pobres y en contra de su imagen pública de santa perfecta, la Madre Teresa no logró lo que quería (el conocimiento personal de lo divino). Para muchos esta revelación fue deprimente. Si una santa no pudo alcanzar sus metas espirituales, ¿cómo podremos nosotros? Me gustaría sugerir que la respuesta radica en buscar tu propio misterio, no el que te entregue nadie. Los budistas expresan esto diciendo: "Si te encuentras a Buda en el camino, mátalo". Lo que esto significa es que si te encuentras a ti mismo tratando de conformarte con un ideal preestablecido, debes desterrar esa idea de tu mente.

El misterio de la vida es un misterio que tú debes resolver. Cada paso del camino debe darse sin prejuicios. Es complicado mantenerse fiel a una pasión sin una meta fija inmediata. Es mucho más fácil decirte a ti mismo: "Un día seré perfecto" o "Un día encontraré a Dios y Él me amará". Sin embargo, si persigues una meta fija, funcionarás como un tren cuyas ruedas se desplazan entre dos rieles incapaces de moverse hacia la derecha o hacia la izquierda por voluntad propia. Considero fundamental la habilidad de desplazarse hacia cualquier dirección en el momento necesario. La vida no nos llega sobre rieles. Nos llega desde todas las direcciones y por esa razón necesitamos poseer una libertad de movimiento completa, que implica una total libertad de elección. Si sientes pasión por la libertad, no necesitarás nada más en ninguna etapa del camino espiritual.

Esto se ilustró con gran claridad en un reciente experimento con ratas en el cual se intentó descubrir cómo éstas experimentaban la felicidad. Los investigadores veterinarios definen la felicidad de las ratas como una respuesta cerebral. Cuando una rata come, hay ciertas áreas de su cerebro que se iluminan indicando satisfacción. Más tarde si a la rata sólo se le recuerda la comida (por ejemplo, por medio de un olor), basta para que se iluminen las mismas áreas. Algo similar sucede con los seres humanos. Cuando nos dan señales que nos recuerdan que somos felices (no sólo el aroma de la comida, sino también fotografías de seres amados o películas de bellas playas tropicales), las áreas de la felicidad de nuestro cerebro también se iluminan.

Pero aquí surge un misterio. Cuando a una rata se le recuerda la felicidad, busca aumentar esa respuesta. El olor de la comida le despierta hambre y quiere comer. Los seres humanos no perseguimos la felicidad de una manera tan lineal y predecible. En términos del cerebro, lo perverso carece de sentido. Si hay una respuesta de felicidad, lo natural sería encenderla con la mayor frecuencia posible. Las palomas en sus jaulas llevarán a cabo la misma tarea miles de veces si reciben la recompensa de un poco de comida para picotear. Los seres humanos, por otro lado, prescindimos de la comida porque podemos olvidarnos de la biología. Una madre pobre renuncia a su plato para que si hijo coma. Un idealista político como Gandhi ayuna para sacudir la consciencia de los ingleses que oprimen a su país. Una supermodelo sobrevive con galletas y limones para tener la figura que le permite conservar su trabajo. En todos estos casos, un investigador del cerebro que estudie la situación puede pensar en la palabra *perversidad,* pero existe un mejor término: *trascendencia.*

Superamos a la biología para alcanzar mayores alturas, para satisfacer una visión de la felicidad que trascienda la felicidad que sentimos hoy. Comer es una necesidad biológica, pero trascenderla es una necesidad humana. Para nosotros la felicidad es más intensa cuánto mayor es su significado, propósito, potencia e integridad. Para millones de personas, esto puede satisfacerse con su trabajo, casa, coche, dinero y familia. Pero si te imaginas que estarás totalmente satisfecho una vez que tengas todo eso, te espera una sorpresa. En el momento en que alcances cualquier nivel de satisfacción se abrirá un nuevo horizonte y tu deseo de alcanzar ese horizonte será tan intenso como cualquier otro deseo que hayas sentido en la vida.

En última instancia, ése es el misterio. Los seres humanos nunca podrán quedar satisfechos con logros limitados. Estamos diseñados para trascender. Aunque te esfuerces por ignorar ese deseo que vive en tu interior, será imposible ahogarlo. Buscarás un tipo de felicidad mejor y al hacerlo estarás buscando descubrir tu propio misterio. Ése es el misterio que le pertenece al común de la humanidad. Llevarnos al nivel de Buda y de Jesús y bajarlos a nuestro nivel. El mismo anhelo de trascender te une a ti con tu alma y con todas las almas, por tanto, nunca tendrás que encender tu pasión por el *Todo*. La pasión vive ya en ti, es tu derecho de nacimiento.

CONCLUSIÓN:
¿QUIÉN ME HIZO?

La vida se mueve hacia adelante cuando hacemos las preguntas correctas. La primera pregunta que recuerdo haber hecho (y mis hijos a su vez me la hicieron a mí) es: "¿Quién me hizo?". Los niños toman la creación en términos personales, lo cual está bien. Pero en su inocencia se les conduce en dirección equivocada. Se les dice que Dios los hizo o que sus padres los hicieron, sin revelar la verdad, que es que realmente nadie de nosotros sabe quién nos hizo. Hemos cambiado uno de los mayores misterios por clichés. Levantamos los hombros y les damos la misma respuesta que nos dieron nuestros padres.

La verdad sólo puede descubrirse explorando quién eres. Después de todo "¿Quién me hizo?" es la más íntima y personal de las preguntas. No puedes saber cuál es tu lugar en el mundo a menos que sepas de dónde vienes. Si crees en la respuesta religiosa, que Dios te hizo, tendrás certeza sin conocimiento útil; el misterio de la vida aparece en el *Génesis* y el libro está cerrado. Por eso los que quieren conocimiento útil recurren a la ciencia. La ciencia sostiene que la creación se dio al azar, a causa de un torbellino de gases que explotó en el momento del Big Bang. Este panorama por lo menos nos presenta una creación continua. La energía y la materia seguirán produciendo nuevas formas durante miles de millones de años, hasta que el universo agotado ya no tenga más energía que ofrecer. Pero el precio de elegir el conocimiento científico es muy alto, pues se elimina al Creador amoroso y protector. Al igual que todos los objetos, tu cuerpo es un producto accidental de la acumulación de polvo de estrellas que fácilmente pudo haber sido succionado por un hoyo negro. No existe un significado definitivo en la vida, ni propósito alguno, fuera de los que nosotros determinamos y por los que luchamos.

Nunca he podido aceptar ninguna de las dos respuestas y mi duda dio lugar a estas páginas, en las que he ofrecido una tercera opción. He intentado recuperar la naturaleza sagrada del cuerpo, que es como un milagro olvidado de exquisito orden e inteligencia, presentando también conocimiento científico útil del tipo que busca la ciencia. Para descubrir ese conocimiento hemos tenido que cruzar al territorio invisible donde el materialismo se siente incómodo. Pero el hecho de que la consciencia, la inteligencia, la creatividad y el alma no se vean, no debe inclinarnos a considerar que son irreales. Finalmente, lo que cuenta es que son reales para nosotros en tanto humanos, y eso es lo que cuenta porque el misterio que queremos desentrañar es nuestro.

Espero que mis argumentos para reinventar el cuerpo en términos de energía y consciencia les resulten creíbles. Yo creo fervientemente en ellos, como también creo en integrar al alma de nuevo a la vida cotidiana. Pero en el fondo de mi mente oigo mi propia voz preguntando, como cuando tenía cuatro años: "¿Quién me hizo?".

Ante esta pregunta tan sencilla, pero tan profunda, se hace realidad el dicho espiritual: *El camino es la respuesta.* Para encontrar a tu creador tienes que explorar el universo hasta que él (o ella) aparezca. En la antigua India se sostenía que toda la creación se resumía en un ser humano. Por tanto, para explorar el universo sólo necesitas explorarte a ti mismo. Pero si eres objetivista, puedes tomar el otro camino y explorar el mundo exterior. Siguiendo todas las pistas llegarás quizá a los confines de la creación y te abrumará la sorpresa. Albert Einstein declaró que los grandes descubrimientos científicos los han hecho únicamente quienes se arrodillan maravillados ante el misterio de la creación. Maravillarse es un sentimiento subjetivo. Incluso si nos enfocamos en el exterior, terminaremos confrontándonos con nosotros mismos (una galaxia radiante es maravillosa sólo porque la contemplan los ojos humanos), y la necesidad de comprender nuestro milagro constituye una necesidad humana.

Cité antes a un viejo gurú que dijo que la mejor manera de encontrar a Dios es admirando su creación con tal intensidad que el Creador salga de donde se oculta para conocerte. Es como si un artista se enterara de que alguien admira sus cuadros con delirio. ¿Qué artista se resistiría a conocer a ese admirador? Pero esta fábula sencilla tiene naturalmente su truco, porque cualquiera que haya explorado la creación hasta el punto de llegar más allá de la luz y la sombra, del bien y del mal, del interior y del exterior, se ha conectado ya con Dios. En ese punto tú y tu creador comparten el mismo amor. De modo que la única respuesta a "¿quién me hizo?" es: "Yo me hice a mí mismo".

Podemos convivir con la furia de quienes encuentran blasfema a la idea de que los seres humanos se crearon a sí mismos. Pero nadie ha usurpado los privilegios de Dios. El nivel en el que nos creamos a nosotros mismos es el nivel del alma. El alma es tu cuerpo sagrado. Es el punto de unión entre el infinito y el mundo relativo. Al respecto difiero con Einstein. No creo que la consciencia humana deba sorprenderse ante el infinito. Creo que se puede forzar a la mente a que lo haga, pero cuando falla el pensamiento la consciencia tiene libertad de continuar. El pensamiento jamás inventó al amor, deseo, arte, música, amabilidad, altruismo, intuición, sabiduría y pasión (de hecho todo lo que hace que la vida valga la pena). Cuando la mente pensante se detiene sorprendida ante la creación de Dios, al amor le quedan todavía años luz por delante y el deseo sigue esperando más. El proceso de reinventar el cuerpo y resucitar el alma es un camino y el camino no termina jamás.

Reconocimientos

En este libro quise que el lector comprendiera que la vida es un proceso. Que la verdad penetra cuando se produce un libro. El proceso necesita a un editor astuto y solidario como Peter Guzzardi, que sabe cómo arreglar los capítulos errantes y volverlos al camino correcto. De muchas maneras él es el autor silencioso del manuscrito final. Este libro necesitó muchísimo del ambiente de apoyo que ofrecieron Shaye Areheart y Jenny Frost en la editorial. Si no hubieran creído en la palabra escrita, mi texto nunca hubiera podido servir para un fin superior. Igualmente necesarias son las personas que cuidan los detalles de producción y que le facilitan al autor la vida diaria, como en este caso Tara Gilbride, Kira Walton y Julia Pastore.

Gracias a todos ustedes y, como siempre, a Carolyn Rangel, la confiable mano derecha que siempre sabe lo que está haciendo la mano izquierda.

Índice

EL TERCER JESÚS
El Cristo que no podemos ignorar

¿Quién es Jesucristo? En *El tercer Jesús*, Deepak Chopra, el líder espiritual y autor de grandes éxitos literarios, nos da una respuesta que, además de edificante, desafía las creencias actuales y da una perspectiva nueva de lo que Jesús puede enseñarnos a todos. No hay un sólo Jesús, escribe Chopra, sino tres. En primer lugar, hay un Jesús histórico, el hombre de carne y hueso que vivió hace dos mil años y cuyas enseñanzas constituyen la base de la teología y del pensamiento cristiano. El segundo Jesús es el hijo de Dios, que ha llegado a encarnar una religión institucionalizada con devotos creyentes. Y detrás de esas dos imágenes se encuentra el tercer Jesús, el Cristo cósmico, el guía espiritual cuyas enseñanzas se dirigen a toda la humanidad. Es el Jesús que habla a los individuos que desean encontrar a Dios como experiencia personal y alcanzar la iluminación espiritual. Al interpretar el Nuevo Testamento de una nueva manera, y al volver a lo esencial del mensaje de Jesús, *El tercer Jesús* puede realmente transformar nuestras vidas y a la humanidad.

Religión/Espiritualidad/978-0-307-38916-9